イリーナさんというひと

ソ連という時間をさがして

太田丈太郎

成文社

イリーナさんというひと——ソ連という時間をさがして——目次

イリーナさんというひと——ソ連という時間をさがして——

はじめに

本書は私の二冊目となる。

最初におことわりしなければならないが、本書はイリーナ・ペトローヴナ・コジェーヴニコワ（一九二五―二〇一一）の伝記ではない。伝記を書こうにも彼女の場合、よくわからないことのほうが多い。親類もなく、イリーナさん（以下、内容に応じてこのように記す）はひっそりと独りで世を去った。

本書には、イリーナさん本人についてではなく、イリーナさんの遺した文書についてのストーリーが記されている。個々の文書がいまに伝えるメッセージはもとより、それら文書に痕跡を残した個々のヒトの「ヴォイス」を甦らせようという試みだ。同時代における個々のヒトの「ヴォイス」のネットワークをたちあげたい。響き合う「声」。

さらに本書は、イリーナさんの手元に残った文書からはじまって、他のさまざまな文書が呼び寄せられ、同時にヒトの記憶も呼び覚まされるプロセスを記事にしたものだ。結果として、当初は予想もつかなかったテーマに私自身が携わることになった。いぬいとみことコルネイ・チュコーフスキーの児童文学、ワルワーラ・ブブノワの画家としての業績、「青年同盟」をめぐるニコライ・ハールジエフの研究、島尾敏雄の小説など、一介のロシア文学研究者にはとても背負いきれないほど豊穣で重大な課題を、イリーナさんの文書は私に投げてきた。

本書は七つの章から成り立っている。それぞれ別個に読んでいただいても構わないが、著者としては、まずは通読していただきたく思う。それぞれの章の意味は、全体を把握していただいたうえでないと、深みも奥行きも出ないと考えている。それぞれの章はお互いに関連し、それぞれがそれぞれを補完しあっている。そうやって、いまやこの世から消滅してしまった「ソ連という時間」の流れとコンテクストを形づくっている。

イリーナさんの文書とどのように遭遇したのか、話せば長くなる。二〇一五年八月、千葉県の幕張で、ロシア・東欧研究者の集まる大きな世界会議（ICCEES IX）が開催された。数年前からモスクワの友人たちはもとより日本の同僚と語らって、ロシア象徴派の作家アンドレイ・ベールイのパネルを二つたちあげた。私自身はベールイの日本での受容と翻訳の歴史を概説した。

そのなかで、ブブノワが一九二六年、早稲田大学文学部の紀要にロシア語で書いたベールイ論を紹介したところ、たまたま報告を聞いてくれていたヴァレーラ・ザラトゥーヒン氏が、ブブノワの署名のある古い手紙や写真が自分の関わっている出版社の物置にあるのだが、興味はないか？　と声をかけてきた。この年の十月末、ベールイ生誕百三十五年記念の大きな会議がモスクワで開催されるのに乗じて、さっそくかれのいう物置へ出むいた。目を疑った。ダンボール二箱分の反古にちかい紙の山である。酸化して湿り、腐った古い紙の臭気が鼻を打つ。まず目に入ったのがハールジエフの署名だった。宛名にブブノワとある。さらに反古の山を掘りおこしてみると、米川正夫のブブノワ宛手紙がいくつも出てきた。ハールジエフと米川正夫の手紙だけを取り出して、残りは別の機会に検討することにした。

ところが、二〇一六年四月、勤務先のある熊本が、大きな地震でたいへんなことになってしまった。モスクワ行きを考える余裕はなかった。しかし文書の山が気になってならず、翌一七年三月に数日だけモスクワへ出た。詳細は明らかにできないが、最晩年のイリーナさんの身の回りの世話をし、彼女の他界後は身辺の整理をした人物と連絡を取った。文書の持ち主はおらず、相続人として引き取り手も存在しないというので、九月にもモスクワへ出て、反古の山をすべて回収した。

というわけで、仮とはいえ事実上、私がイリーナさんの遺した文書の相続人となった。相続人として義務を果たさなければならない。文書の意味を解明し、価値を査定しなければならない。反古とヒトをつなげる必要がある。それから、文書のしかるべき新しい居場所を探してあげなければならない。私自身、いつまでも存在するわけではない。必ず
以下に記した七章は、イリーナさんの文書と遭遇した二〇一五年以来、地道に進めてきた探求の報告である。必ず

しも「学術的」な体裁にこだわっていない。もっとも、注が多くあるけれど、読者の皆さんには無視していただいて構わない。「学術的」のフリをして最初から当たりさわりのない、つまらないものを書くよりは、むしろ自分の視座を明らかにしたい。コトバに責任を負わなければならない。

ロシアと付き合ってもう三十三年を超えた。他人の文書を追いながら、あの国と一緒にリアルタイムで変動してきた自分の「眼」をここに据えたい。「眼」は万能でない。置かれた角度や環境により、その精度は左右される。だが、それは「わたし」の眼だ。世界に置かれた「わたし」という変動の一部なのだ。ほかの誰にも代えられない「眼」だ。「眼」はいつか消える。新しい地平線を見られるのも長くない。

最終的な報告書ではないかもしれないが、それを完全に仕上げるまでには時間がかかりすぎる。いまや私たちの生きている世界は、これからどうなるかわからない。従来どおりに生きていられるとは到底思えない。そのため、ある程度のかたちになったいま（むろん充分に練り上げてきたつもりだが）、「遺産相続人」として報告書を提出することにした。改訂版を出す必要が出てくるかもしれないが、文書も写真もあまりにも分量が多いため、整理するだけでまた何年もムダにすることになる。最終版の報告書がいつになるか、もう誰にも予測できない。暫定版とはいえ、報告書として充分な内容であることを期待する。

イリーナさん本人についてではなく、イリーナさんの遺した文書についての本であると私は言った。とはいえ文書を解明し、隠されたストーリーを掘り下げていくプロセスで、イリーナさんがさしずめ狂言回しか、あるいは自作に登場する映画監督のように、脇役で登場する場面に何度も出くわした。立て役ではない、目立たないオーガナイザーとしての役割でイリーナさんが登場する。

どうか読者の皆さんには、イリーナさんがどんな役回りで、どのように登場するのか注目していただきたい。イリーナさんの遺した文書についてのストーリーに、イリーナさん自身の人生が、ひょっとすると彼女がいちばん輝いていたときの姿が映り込んでいることに、気づいていただけると幸いである。

学会誌や勤務先の紀要にすでに発表したことのある記事には、誤りと思い違いが数多く見られた。ここにお示しするのが決定版、最終的な報告とお考えいただきたい。以下、ロシア語テクストの日本語訳ならびに傍点は、すべて私による。
はたして、「ソ連という時間」は見出されるのであろうか？

注

1　二〇一五年十一月二十六日付け、太田宛私信。当人の希望で、名前を明かすことはできない。

第一章　イリーナさんのアーカイヴ

1

イリーナさんは第一に、ワルワーラ・ブブノワ（一八八六―一九八三）についての優れた評伝[1]の著者である。ブブノワはロシア・アヴァンギャルド芸術の最前線に身を置く画家であったばかりでなく、長年早稲田大学や東京外国語大学でロシア語とロシア文学の教鞭をとったことで知られる。このブブノワの生涯を、数多くの未刊行資料を駆使しながら、初めて浮き彫りにしたのがイリーナさんだった。

イリーナさんの仕事はもっぱらブブノワの評伝で知られることになったが、彼女はもとより日本と深い関わりを持っていた。新聞『イズヴェースチヤ』や雑誌『ソビエト婦人』で活躍したほか、とりわけ一九六〇年代半ばからは雑誌『ソヴェート文学』で働き、数多くの日本の作家やロシア文学研究者たちと親交を深めた。

私個人にイリーナさんと面識はなかったが、アーカイヴ回収を機会に、彼女とじっさいに親交のあった方たちやその縁者の方々から、イリーナさんについていろいろな話を聞くことができた。目的のためには非礼をもあえてする典型的なソビエト型の人間、反対に、心のあたたかい包容力のある人物など、評価はさまざまである。いずれにしても「比類ない」人物であったことは間違いない。

イリーナさんの文書は二種類に分類できる。一つはブブノワに由来する文書である。

ブブノワの文書は、イリーナさんの尽力によりモスクワのロシア国立文学・芸術文書館（РГАЛИ）に収められた

婦人会議でスピーチするイリーナさん（1950年代末から60年代初めと思われる）
片山やすの姿が見える

イリーナさんと奥野健男（1965年秋、レニングラード）

（Ф.3310）。文書館目録の記載によると、二〇〇三年から二〇〇八年のあいだにイリーナさんが文書館に引き渡した。文書の時期は一八八三年から二〇〇六年まで、しめて四百七十九点の資料が九部に分けて収められている。個人的な書簡やメモ、写真、記事、原稿、なかには絵画作品（習作やスケッチブック）も含まれている。ようやく二〇一一年六月に、一般閲覧が許可されるようになった。

とはいえ、なんらかの理由で国立文書館が受け取らなかったものがある。本章と以下の章で紹介するのは、この「非公式」のブブノワ文書である。一九九四年、ブブノワの回想と論文、書簡類をまとめた本『ものをとらえるレッスン』[2]が出版されたが、実際に残された書簡類は膨大な数にのぼり、たとえばブブノワが頻繁に手紙のやりとりをしていた友人ニーナ・ミチューリナや、イリーナさん自身の書簡も、僅かな数が本に反映されているだけである。文書館が受け取らなかったものに、いまだ大量の書簡類（往復書簡で残っているものもある）が存在する。なかでも、ブブノワに宛てた米川正夫の書簡が十点（本書第三章）、八杉貞利の書簡が三点、ロシア・アヴァンギャルド芸術研究の第一人者ニコライ・ハールジエフの書簡（本書第四章）も四点が残されていることを特記しておく。これらの書簡も、『ものをとらえるレッスン』に収録されなかった。

さらに、ブブノワが亡くなるまで手元に残していたらしい写真がある。早稲田大学や東京外国語大学の同僚たち、画家仲間や教え子たち、知人たちの写真が残されている。そのなかから、ブブノワが裏に「お気に入りの教え子」と記している佐々木千世の写真を紹介しよう（裏には撮影者名「イシイ・シゲオ」とロシア語でメモ）。

佐々木の身につけているワンピース、帽子、ネックレスは、画家の岡本唐貴が佐々木をモデルに描いた《みどりの石》（一九五八）という作品での装いとまったく同じで、たいへんに興味深い。岡本はブブノワと交際があり、米川正夫がブブノワに岡本の消息を書面で伝えている。一九六二年夏には岡本も、ソ連でブブノワと再会した。[3]

撮影者が版画家の石井茂雄（ブブノワの「親戚」オノ・ヨーコの従兄弟にあたる）であるなら、石井にも岡本と交際のあったことがうかがわれ、どうして石井によるこの写真の装いが肖像画で採用されたのかなど、興味は尽きない。

ブブノワの教え子の安井亮平氏から、この写真はブブノワが帰国するときの見送りに行った東京駅で撮影されたものであるとご教示いただいた。[4]ブブノワが実の娘のようにかわいがっていた佐々木の一九五八年七月二十一日の東

京駅での姿、ブブノワとの別離時の姿を画布にとどめるため、岡本はほかでもないこの装いの佐々木の肖像を残したのだろう。
岡本唐貴の肖像画をめぐっては、佐々木自身がブブノワに手紙（ロシア語）で知らせている。一九六〇年四月十日付けのもので、モスクワのロシア国立文学・芸術文書館に保管されている。ブブノワが一九五八年にソ連へ帰国して、アブハジアのスフミに落ち着いてから書かれた手紙である（本書第三章補遺）。

親愛なるお母さん、ワルワーラ・ドミートリエヴナ！〈…〉いかがお過ごしでしょうか。お仕事は？　今度は三姉妹でお暮らしになるのですね、素敵です！　いつかかならずお宅へお邪魔いたします。きっとお目にかかりましょうね。
いくつかお知らせがあります。まず、画家のドブルーイニャ［佐々木が当時訳していたロシア中世叙事詩『ブィリーナ』に登場する勇士の名前］（岡本唐貴）が《みどりの石》という題名でわたしの肖像画を描きました、絵は「アンデパンダン」展に出品されました。服は「スイサイ」のように色さまざまで、帽子は黄色、背景は暗緑色です。全体的に静謐な感じがします。ドブルーイニャ自身この絵が気に入っているようです。

ひょっとすると、この手紙に佐々木は右の写真を同封したのかもしれない。
佐々木は一九六一年七月にロシア・東欧の一人旅に出て、『ようこそ！　ヤポンカ』（婦人画報社、一九六二年）という旅行記を出版したのち、再度ヨーロッパへ出た。ドイツで学位も取ったが、七〇年三月、一時帰国した折に自動車事故に遭い、若くして亡くなった。
開高健の小説『夏の闇』でモデルにされたため、佐々木をめぐってはいまだにゴシップが絶えない。おそらく佐々木はいつもごく自然にふるまい、言動も自由気ままであったため多くの誤解と、とりわけ同年代の男たちから嫉み（「女のくせに」という蔑み）の対象になったのだろう。
佐々木の性格はその書面、ごく自然で伸び伸びとした彼女のロシア語にあらわれている。ブブノワも佐々木のそういう自然さを愛したのだろう。「モスクワで佐々木さんと会って、一緒に三日間過ごしました。佐々木さんはエネルギーと若さに溢れていました。あの人はとてもおもしろいので、人の目を引き、魅了します」――一九六一年十二月八日、ブブノワは教え子の安井亮平氏にこう書面で語っている。[5]
ほかに小野アンナ由来と思われる文書や写真、また一九五九年一月一日付けでブブノワに宛てた石井茂雄の版画現物とそれに書き込まれた新年メッセージ（フランス語）や、貴重な秋田雨雀直筆（ヴェーラ・マールコワのロシア語訳による石川啄木の歌数篇）の巻物も存在するが、すべて割愛する。一九三五年五月一日付けのマールファ・シェープキナ宛書簡のような、ブブノワの生涯の転変を考えるうえできわめて重要な手紙も存在する（本書第二章）。

2

次に、イリーナさん本人に直接由来する文書と写真がある。「雪どけ」以降、頻繁に催されるようになった日ソ文化交流事業に、イリーナさんが精力的に携わっていた様子がうかがえる。
イリーナさんが初めて日本にやってきたのは東京オリンピックの頃だった。

この最初の、しめて一週間の旅行はとても充実していた。たくさんのものを見せられた。わたしたちもたくさんのものを見ることができたが、一番はまるで別の惑星にでも来たかのような感じがしたことだった。アンドレイ・タルコーフスキー［ソ連の映画監督］が『惑星ソラリス』で、未来都市をイメージして東京のトンネルで撮影したショットを挿入したのもなるほどと思われた。[6]

戦後の高度成長まっただなかの日本、新幹線や首都高速の東京に、イリーナさんは驚きの目をみはった。
二度目は一九六六年、東京・駒場の近代文学館で開催された「トルストイ展」に通訳として来日した。このときは約半年間（東京に三ヶ月、大阪に三ヶ月）、日本に滞在した。「展覧会には多くの有名人がやってきた。いちばん記憶に残っているのは皇太子様、今の天皇［現・上皇］陛下と美智子様がご夫婦で訪問されたことだった」[7]。写真はイリーナさんが所有していた「トルストイ展」訪問時の上皇夫妻の写真である。イリーナさんは、このトルストイ展がきっかけで多くのロシア文学研究者たちと知り合いになり、彼らからブブノワのことを初めて耳にすることになった。
その前年、一九六五年九月三十日から十月二日まで、モスクワの文学者中央会館会議室で「第一回日ソ文学シンポジウム」が開催された。テーマは「現代文学におけるヒーロー」。日本側は長谷川四郎を団長とし、井上光晴、泉大八、小田実、島尾敏雄、菅原克己、中薗英助、中村真一郎、針生一郎、宮本研が出席。同時期に開催された「日ソ翻訳者ゼミナール」に参加した江川卓、原卓也、木村浩、中里迪弥、水野忠夫、工藤幸雄（中村融、丸山政男も）、さらにべつにソ連滞在中だった大原富枝、奥野健男、田村泰次郎も加わった。イリーナさんは奥野健男たちの通訳を務めた（第六章）。
ソ連側からはヴィターリー・オーゼロフ、アレクセイ・スルコフ、イリヤ・エレンブルク、アナトーリー・ボチャローフ、コンスタンチン・シーモノフ、有名なところではエヴゲーニー・エフトゥシェンコ、ワシーリー・アクショーノフ、ユーリー・トリーフォノフ、ロマーン・キム、アルカージー・ストルガーツキー、ヴェーラ・マールコワなどが出席した。[8]

イリーナさんのアーカイヴに、そのとき訪ソした島尾敏雄と中里迪弥（中里介山の甥）の写真が残されている。ナホトカから横浜までの帰りの船（「バイカル号」）で書いた絵はがきもある。

島尾敏雄と中里迪弥がイリーナさんとともに、ボルゾイ犬と写っている。中里迪弥の没後（一九六九年四月に猟銃自殺した）に編まれた論集『マロース』によれば、狩猟と猟銃に関心をもつ中里は、イリーナさんの口利きで、ボルゾイ犬のブリーダー（ガリーナ・ゾートワ）宅に招待された。イリーナさん、島尾敏雄と一緒に三人で訪問した。


わたしは友だちのイリーナさんと作家の島尾敏雄さんと三人で出かけて行ったのである。ゾートワさんの家について、わたしたちがまずおどろいたのは、山羊よりも大きいボルゾイ犬たちが、四頭部屋で飼われているということであった。きれいに整頓された居間と客間をかねた部屋のなかに、四頭の立派なボルゾイ犬が立っているのである。まったくおどろくよりほかになかった。犬たちは命令されると、机の下とか、ベッドのわきとか、部屋のすみだとかにある自分の寝場所にさっと行って、ねてしまう。《こい》というと、すぐ寄ってくる。じつによく仕込まれている。

四頭ともさまざまな美しい毛色をしている。にんじん色に褐色がかっ

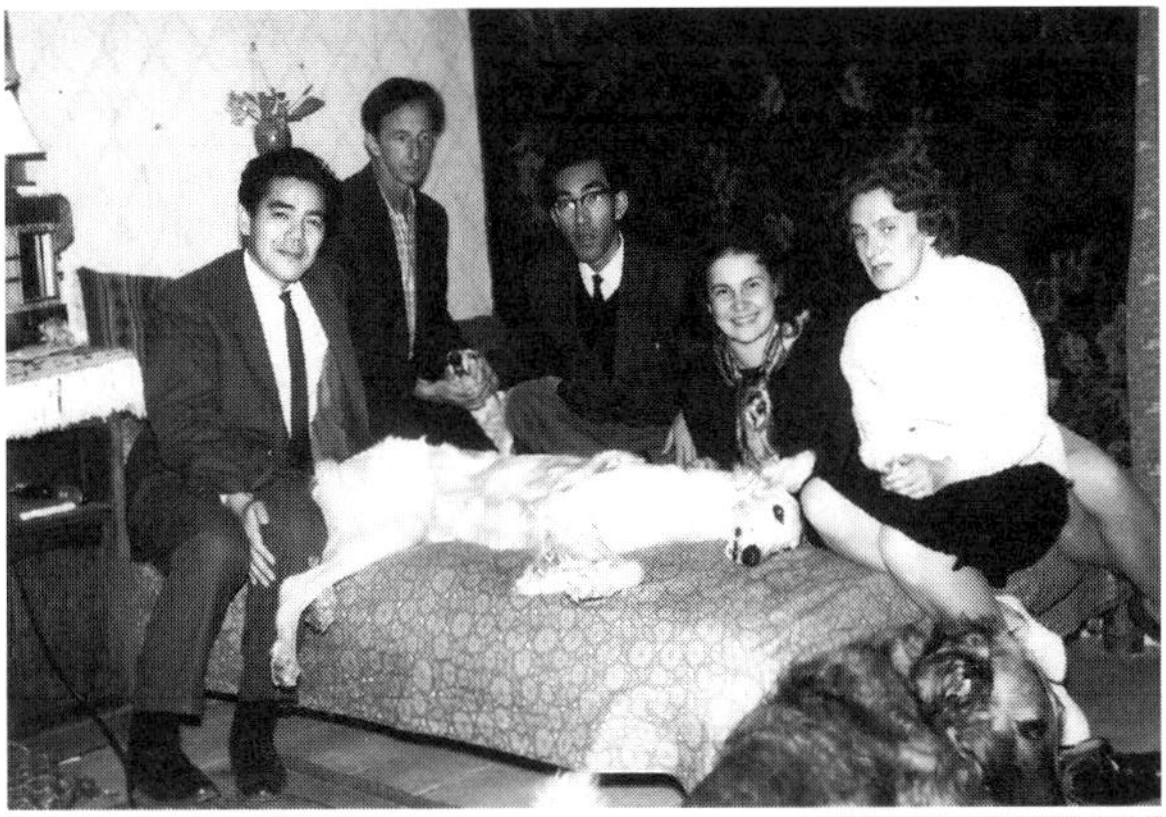

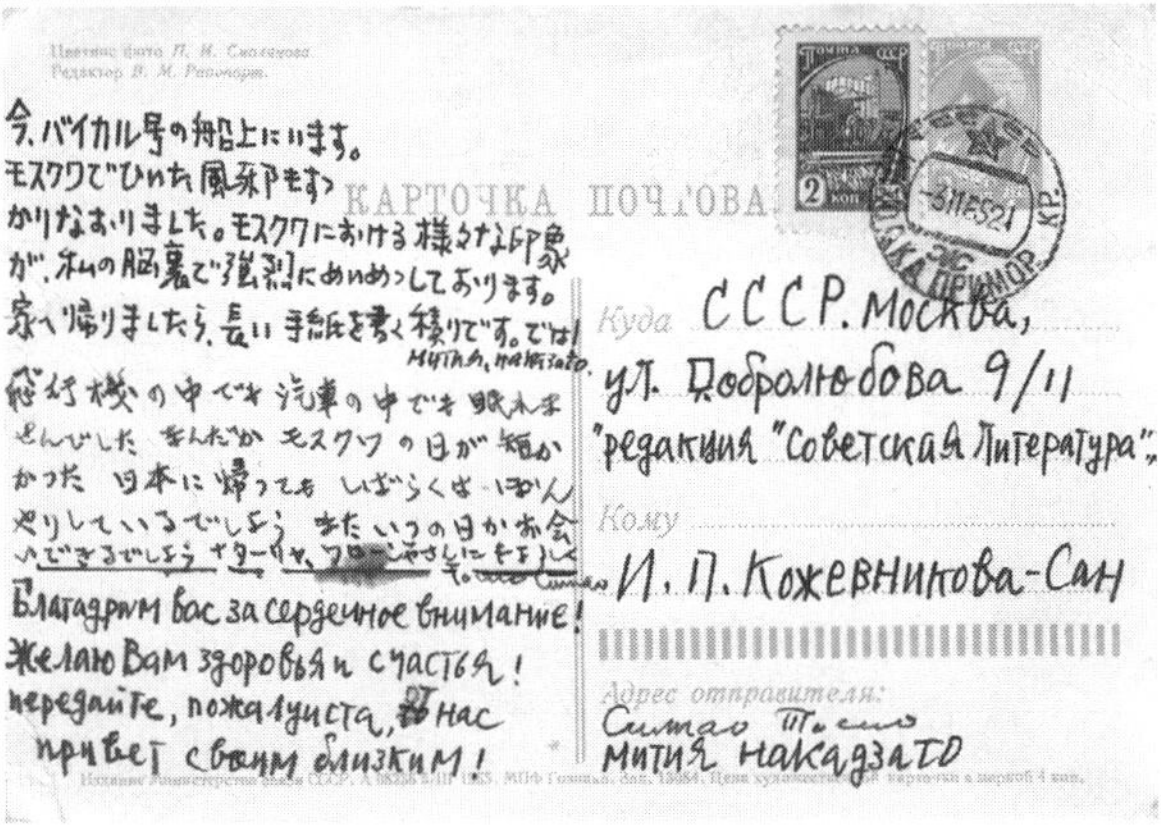
今、バイカル号の船上にいます。
モスクワでひいた風邪もすっかりなおりました。モスクワにおける様々な印象が、私の脳裏で強烈にめいめいしております。
家へ帰りましたら、長い手紙を書く積りです。ではl
Митя, nakazato.
飛行機の中でも汽車の中でも眠れませんでした　なんだか　モスクワの日が短かかった　日本に帰っても　しばらくはぼんやりしているでしょう　またいつの日かお会いできるでしょう
Благадрим вас за сердечное внимание!
Желаю Вам здоровья и счастья!
передайте, пожалуиста, от нас привет своим близким!
КАРТОЧКА ПОЧТОВАЯ
Куда СССР. Москва,
ул. Добролюбова 9/11
"редакция "Советская Литература",
Кому
И. П. Кожевникова-Сан
Адрес отправителя:
Митя Накадзато

た黒、白いなかにオレンジ色の斑点のあるもの、まっ白い毛色をしたものなど…。犬たちはまるで風呂あがりのようにきれいに手入れがゆきとどいている。ふさふさした白い毛の房は、光のあたり具合で銀色に輝くことさえある。その顔付きといい、スタイルといい、優雅で気品があり、まさに犬のなかの王様と呼ばれるにふさわしい威厳さえそなえているのである。

わたしたちは立つと人間の背丈ぐらいにもなる優美なボルゾイたちにかこまれながら、犬たち、動物、狩猟、動物物語などの話に夢中になった。わたしは自分が鉄砲射ちになった動機、自分の仕込んだ犬たち、日本の猟野の美しさ、危険だが最もスリリングな山鳥射ちなどについて、たどたどしいロシア語で話した。[9]

このボルゾイたちは、セルゲイ・ボンダルチュクの映画『戦争と平和』にも出演した名犬たちであった。ロシアの自然はもとより、犬やオオカミの鳴き声、鳥たちの鳴き声など、通常のロシア文学者とはちがう独特の視点（擬声語）からロシア語とロシア文学を見きわめようとしていながら、若くして亡くなってしまった中里の才能が惜しまれる。[10]
岩浅武久氏が一九六八年七―八月にかけて訪ソした折、イリーナさんから中里へのお土産を託されたという。それは野鳥の声だけを録音したレコードのセットで、東京・羽村の中里宅に岩浅氏が届けに行ったところ、中里は非常に喜んだという。イリーナさんの細やかな心遣いがうかがえるだろう。中里の亡くなる八ヶ月前のことだった。[11]
イリーナさんは島尾敏雄とも、島尾の没後はその家族とも懇意にしていた。島尾がイリーナさんに贈った新年カードが二通（一通は家族連名のもの）、また島尾の没後に作家の家族と撮った写真（長男・島尾伸三氏の撮影）がいくつか残されている。[12]

3

イリーナさんが日本の子どもたちにかこまれながら、楽しそうに話している写真がある。子どもたちの表情がじつに豊かだ。イリーナさんのすぐそばに立っている男の子も、そのうしろの女の子も、とても大事そうに本を抱えている。写真左端の女の子などは目を輝かせて、イリーナさんをじっと見つめている。おそらく、イリーナさんが日本語

を話すことを面白く思ったのだろう。
これは一九七一年五月十五日、イリーナさんが児童文学者いぬいとみこのたちあげた「ムーシカ文庫」を訪問した際の写真である。来日はこのときで五度目になった。東京・練馬区で「ロールパン文庫」を運営する小松原宏子氏から、写真の場所と日付をご教示いただいた。小松原氏が編集した『ムーシカ文庫の伝言板』という本に、同じときに撮られたとおぼしき別の写真が掲載されている。[13]
イリーナさんといぬいには、ひとかたならぬ縁《えにし》がある。いぬいが家庭文庫活動（児童作家が子どもと接する場としての図書館運営と読み聞かせ活動）を始めるにあたって、ソ連の児童文学者コルネイ・チュコーフスキーと出会ったことがとても大きかった。
チュコーフスキーの『二歳から五歳まで』という本を読んでとても感激し、モスクワ郊外ペレジェールキノに住む当人に会いに出かけ（一九六三年と六四年）、そのとき老大家と話したのがきっかけで「ムーシカ文庫」を始めることになった。その場に居合わせ、対談のお膳立てをしたのが、ほかならぬイリーナさんだった。その痕跡はチュコーフスキーの日記に見ることができる。

六月十八日［一九六四年］
〈…〉愛らしいイヌイがたったいま帰ったところだ、イヌイがくれたペンで今これを書いている。彼女の児童書（散文）は英語の強い影響で書かれている、わたしは児童図書館に彼女の本と肖像写真をいくつか展示した。イヌイはキモノをはおって、一緒にペレジェールキノの通りを散策した。イヌイと一緒に、ドルージバ［友好］大学の学生二人、田中泰子と田中雄三（夫婦）と、『ソビエト婦人』のイリーナ・コジェーヴニコワがやってきた。わたしはヴェーラ・マールコワとその夫で画家のレオニード・エヴゲーニエヴィチ［フェーインベルク］も誘った。〈…〉その後リーリャ・ブリークとカタニャーンのところへ行き、ノヴェーラ・マトヴェーエワを誘った。マトヴェーエワは「大風」と「街はずれ」をうたった。
今日わたしはエフトゥシェンコとアフマドゥーリナと少しだけ知り合った。[14]
いぬいとみこ自身の記事によると、いぬいの手元にはチュコーフスキーからの手紙が「二十四通」もあったようだが、いまや行方がわからない。[15] いぬいが訪問した頃はまだ「雪どけ」の雰囲気（「エフトゥシェンコとアフマドゥーリナ」）が残っていたペレジェールキノのチュコーフスキーの家も、一九六〇年代末のかれの没後は、「反体制作家」アレクサンドル・ソルジェニーツィンをかくまったとの理由で当局から没収されそうになったうえ家族は立ち退きをせまられ、これをめぐって長い間裁判沙汰になった。
一九七一年、チュコーフスキー墓参から帰って、いぬいは娘のリージヤ・チュコーフスカヤから手紙を受け取った。「生前チュコーフスキーが愛した小さな緑色の子どもの図書館は、やはりいまもたしかに生きているし、書斎も庭も生前そのままに、大切に保存されている」という内容だった。[16] それへのロシア語による返事（一九七一年七月八日）が現在ロシア国立文学・芸術文書館に保管されているが、[17] チュコーフスカヤという反動期ソ連（「雪どけ」の揺り戻し）の貴重な歴史の証人による手紙現物も、いまや行方知れずのままである。当局から迫害を受け、今日ペレジェールキノにあるチュコーフスキーの家が博物館として多少とも再び機能しはじめたのは、ようやく四半世紀前、一九九六年

チュコーフスキーのマールコワ宛ハガキ（РГАЛИ 所蔵）

に国立文学博物館（ГЛМ）の分館になってからのことだった。

イリーナさんは、いぬいの『うみねこの空』（一九六五）をアーラ・コロミエツとの共訳で出版した（一九六八年）。ロシア語の題は『カモメの歌』。当時イリーナさんは日本の児童文学をさかんにソ連の読者に紹介しはじめていた[18]。

チュコーフスキーのマールコワ宛のハガキを読むと、その出版にあたってはマールコワも尽力したことがわかる。「ようやくイヌイトミコさんの本があなたやローンスカヤさん、コロミエツさんのおかげで停頓から動きはじめたとうかがって嬉しく思います」（一九六五年九月十九日、消印）[19]。

当初はこのように手紙に書いていたチュコーフスキーだが、現実に本が出版されてみると、別の反応を見せた。『うみねこの空』についてのチュコーフスキーの反応を、マールコワが後年書き残している。それによるとチュコーフスキーは「オリュンポスの神々ばりの憤怒に」猛り狂い、いぬいの書きものを徹底的にこきおろした[20]（本書第五章）。

4

イリーナさんが「ムーシカ文庫」を訪ねたとき、一緒に写っている中年のロシア人女性が誰なのか、しばらくわからないままでいた。イリーナさんの残した他の写真を丹念に見て、ようやく手がかりが見つかった。「ソ連所蔵名品百選展」という東京・上野の国立博物館で開催された展覧会の写真である。東京国立博物館と京都国立博物館、また日本経済新聞の主催による展覧会で、一九七一年四月十日から五月三十日までが東京、六月八日から七月二十五日までが京都で開催された。

またイリーナさんのアーカイヴから、当時の新聞切り抜きがいくつか出てきた。それによると、彼女は通訳として、

エルミタージュ美術館古代美術部長のクセーニヤ・ゴルブノーワ、トレチャコーフ美術館学術研究員のリージヤ・ヨーヴレワと来日したのである。「ムーシカ文庫」でイリーナさんと一緒に写っていたのは、いろいろな写真から判断してゴルブノーワである。
おそらく主催者の日本経済新聞がエクスカーションをお膳立てしたのだろう、東京・駒場の「日本民藝館」で撮った写真や、海辺の写真（神奈川県真鶴町の三ツ石海岸で）、箱根で撮影された写真（旧街道の杉並木、美術館、富士を背景に記念写真）がいくつも残されている。イリーナさんとゴルブノーワの服装から判

断して、いずれも「ムーシカ文庫」を訪問した五月十五日と同じかその前後と判断される。目白台の椿山荘庭園にある「五丈瀧」で撮った写真もあるので、あるいは椿山荘（早稲田大学からほど近い）を宿にしていたのだろうか（写真の男性が誰なのか、不明である）。
展覧会のカタログによると古代ギリシアやオリエントの、ルネサンスの、さらにはロシア美術の逸品百点が選び抜かれ、たいへんに盛況だった様子である。目につくところでは、エルミタージュ美術館のコレクションからモネ、ルノワール、セザンヌ、ゴーギャン、マティス、ピカソが出品されている。トレチャコーフ美術館（およびロシア美術館）からは、数々のイコンはもとより、レーピン《お転婆娘》、レヴィターン《永遠の静けさ》、ヴルーベリ《白鳥の女王》、ペトロフ＝ヴォートキン《赤い馬の水浴》、クストージエフ《シャリャーピンの肖像》《地方の秋》、その他ユオーン、ジリーンスキーなどが出品され、今日から振り返っても、非常に意欲的な展覧会であったことがわかる。
イリーナさんが保管していた当時の新聞記事から、興味深いエピソードを紹介しよう。それによると、なんでも会場に「質問コーナー」（ジリーンスキー《家族》の前。東京会期中にしめて三回、午前十時半から一時間）をもうけ、来館者が「生き字引」であるゴルブノーワ、ヨーヴレワに、イリーナさんの通訳で質問をぶつけることができた、というのだ。「どうしてソ連の美術館に世界一流の作品がこんなにたくさんあるのか」とたずねる修学旅行中の高校生、「ソ連の子どもの美術教育はどうなっているのか」と聞く子ども連れの母親、また「ソ連ではなぜ抽象画が受け入れられないのか」とたずねる事情通の大学生もいて、記者によると「会場では時ならぬ〝社会主義リアリズム論争〟が展開」されたという。[21]「美術は国民のためのものなのに抽象画は一部の人にしか理解されない。ソ連の画家は、国民にわかりやすい作品を多く画くが、抽象画も全然ないわけではない」というヨーヴレワの応えに、ソ連という時間が如実に感じ取れる。

横浜・大桟橋で撮影された写真がいくつも残っている。写真から判断すると、イリーナさんは東京での会期の終わった六月二日、ヨーヴレワと一緒に帰国した。ゴルブノーワ一人が残って京都会場に付き添った。写真には、見送りに来たのだろう、早稲田大学露文科の黒田辰男と文芸評論家の奥野健男が夫人同伴で写っている。
イリーナさんが奥野健男と知り合ったのは、一九六五年の「第一回日ソ文学シンポジウム」の折だったと思われるが、その後もイリーナさんは奥野夫妻とはとくに親しくしていた様子で、来日のたびに家族ぐるみの交際があった。イリーナさんの残した写真には、いろいろな時にいろいろな場所で撮影された奥野とその家族と一緒の写真が多数存在している。奥野自身が亡くなってからも、奥野夫人（道子）とはとくに親しくしていた様子で、家族ともども手紙のやりとりのあったことがうかがえる。
イリーナさんはこのように、おもに日本語通訳として働きながら、日本で幅広い人脈を形づくっていった。数多くの日本の文学者やロシア文学研究者と知り合うなかで、イリーナさんはワルワーラ・ブブノワについて関心を持つようになった。ブブノワのことを最初に聞いたのは早稲田大学露文科の黒田辰男からだった、と逝去直前に出版した自身の創作短篇集あとがきで述べているが、[22] 黒田以外にもブブノワの教え子や同僚たち、またブブノワの画家仲間たちからブブノワのうわさを耳にすることは数知れなかったのではないか。「日本民藝館」を訪問したのは、ブブノワの日本での創作版画活動のことが頭にあったのかもしれない。自身、日ソ文化交流における連絡役として活躍しながら、イリーナさんはブブノワを含めて、日本とロシアのあいだで橋渡しをした人物たち（高田屋嘉兵衛とゴロヴニン[23]、ワノフスキーなど）に強い関心を持つようになった。
イリーナさんは一九七〇年の秋に、黒田辰男を通じてブブノワと知り合いになった。[24]当初は手紙のやりとりだけだったが、四年後の秋、イリーナさんはスフミのブブノワ宅を訪問する。ブブノワを教育者としてばかりでなく画家として広く知らしめた点で、イリーナさんは日本はもとよりロシアにおいても比類ない、優れた仕事を残すことになった。

注

1　イリーナ・コジェーヴニコワ『ブブノワさんというひと』（三浦みどり訳）群像社、一九八八年。
2　*Кожевникова И.П.* (составитель) Уроки постижения. Художник Варвара Бубнова. Воспоминания, статьи, письма. М., 1994.
3　安井亮平編・訳『ブブノワさんの手紙』未知谷、二〇一〇年、二四頁。
4　二〇一八年四月九日付け（消印）、安井亮平氏より太田宛私信。
5　『ブブノワさんの手紙』二〇頁。
6　*Кожевникова Ирина.* Моя подруга яблоня / Новеллы, повести. М., 2010. С.156.
7　Там же. С.157.
8　「日ソ文学シンポジウム　現代文学におけるヒーロー」『新日本文学』第二二二号（一九六六年一月）、一七〇―二二二頁。同、第二二三号（一九六六年二月）、六六―一〇二頁。
9　中里迪弥『マロース　ロシア・ソヴェト文学反古籠』未来工房、一九八三年、一四〇―一四一頁。
10　水野忠夫「若きロシア研究者の遺稿」『ロシア読書ノート』南雲堂、一九八五年、一四三―一五〇頁。
11　二〇一七年三月一日、岩浅武久氏より太田宛私信。
12　島尾敏雄の『夢のかげを求めて　東欧紀行』（河出書房新社、一九七五年）で「イリーナさん」と言及されているのは、イリーナ・コジェーヴニコワのことである。
13　ムーシカ文庫の仲間たち編『ムーシカ文庫の伝言板　いぬいとみこ文庫活動の記録』てらいんく、二〇〇四年、六六頁。
14　*Чуковский Корней.* Дневник. В 3 т. Т.3: 1936-1969. М., 2012. С.388.
15　いぬいとみこ「たった一人の先生の思い出」『ソヴェート文学』第八〇号（一九八二年夏）、一四二頁。

16 いぬいとみこ『子どもと本をむすぶもの』晶文社、一九七四年、一一頁。
17 РГАЛИ Ф.3390. Оп.1. Д. 443. Л.1-2. この手紙によると、いぬいの手元にあるチュコーフスキーの直筆書簡の数は二十通とされている。
18 「ソ連っ子に日本の童話」『日本経済新聞』昭和四十六年五月五日、第二十面。「日ソ児童文学のかけ橋　イリーナ・P・コジェウニコワさん」『毎日新聞』昭和四十六年六月二日、第十三面。
19 РГАЛИ Ф.2841. Оп.1. № 147. Л.3.
20 РГАЛИ Ф.2841. Оп.1. № 64. Л.16.
21 「美の美問答花咲く　ソ連百選展の質問コーナー」『日本経済新聞』昭和四十六年五月二十一日、第十九面。
22 *Кожевникова Ирина.* Моя подруга яблоня. С.157.
23 イリーナ・コジェーヴニコワ『高田屋嘉兵衛とゴローニン 日露関係小史』兵庫県日本ロシア協会、二〇〇〇年。
24 Уроки постижения. С.384.

第二章　ブブノワとシェープキナ――実現しなかった帰国の夢

1

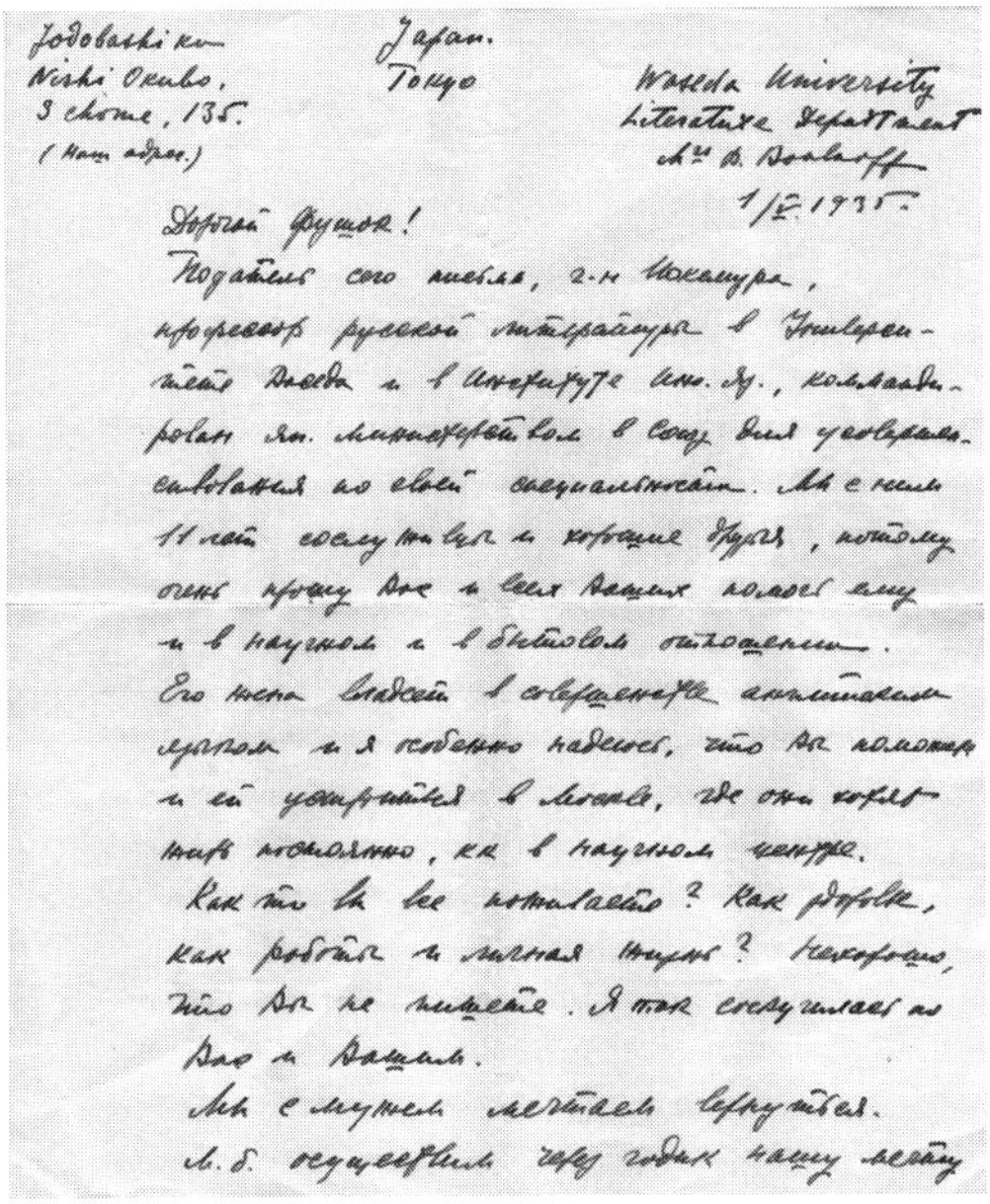
Jodobashi-ku
Nishi Okubo,
3 chome, 135.
(Наш адрес.)
Japan.
Tokyo
Waseda University
Literature Department
M-me V. Bubnoff
1/V.1935.
Дорогой Фушок!
Податель сего письма, г-н Накамура, профессор русской литературы в Университете Васэда и в Институте Ин. Яз., командирован Яп. министерством в Союз для усовершенствования по своей специальности. Мы с ним 11 лет сослуживцы и хорошие друзья, потому очень прошу Вас и всех Ваших помочь ему и в научном и в бытовом отношении.
Его жена владеет в совершенстве английским языком и я особенно надеюсь, что Вы поможете ей устроиться в Москве, где они хотят жить постоянно, как в научном центре.
Как-то Вы все поживаете? Как здоровье, как работа и личная жизнь? Нехорошо, что Вы не пишете. Я так соскучилась по Вас и Вашим.
Мы с мужем мечтаем вернуться.
М.б. осуществим через годик нашу мечту

本章では、ワルワーラ・ブブノワのモスクワ時代（一九一七―二二）をテーマに据える。モスクワの友人マールファ・シェープキナ（一八九四―一九八四）[1]宛の手紙を紹介する。モスクワの交友関係と記憶が、どのようにブブノワの東京での生活と交錯するのか、興味深い書簡である。

コジェーヴニコワの遺したアーカイヴから発見されたブブノワ直筆の書簡原本（一通のみ）である。シェープキナに宛てたブブノワのほかの書簡の存在は、現在のところわかっていない。

日付は一九三五年五月一日、日本に在住して十年を超える時間が過ぎ、ブブノワ姉妹とその家族にとって節目となる非常に重要なできごとが記された未発表の手紙である。ブブノワの日本滞在はもとより、「二・二六事件」や日中戦争、またスターリンによる大粛清で暗転する直前の、日本におけるロシア語教育や、ロシア文学研究史を考察する

ワルワーラ・ブブノワ、黒田辰男、早稲田大学の学生たち（1950 年代か？）

学生たちとブブノワ（1950 年代か？）

うえで無視することのできない、重要な細部が写し取られている。

書簡は四葉からなり、まず英文で第一葉上部の左にブブノワ個人のアドレス（淀橋区西大久保三丁目）が記され、右に勤務先の早稲田大学文学部の名前が見える。タイプによるコピーが一部、さらにそのコピーが一部、A４の透明なポケットリーフに入れて添付されている。タイプ打ちコピーに書き込まれた英文アドレスの筆跡が、当初誰のものなのかわからなかった。

2

話は変わるが、鹿児島市にある「かごしま近代文学館・メルヘン館」に、作家の島尾敏雄に宛てたコジェーヴニコワの書簡が十二通保管されている。二〇一七年十二月、私はそれを閲覧・撮影した（本書第六章）。島尾宛のコジェーヴニコワ書簡は、すべてローマ字による日本語で書かれている。その筆跡と比べたところ、ブブノワ書簡のタイプ打ちコピーに書き込まれた英文の筆跡と一致することがわかった。書簡のタイプ打ちコピー（読み違いが散見できる）を作成したのはコジェーヴニコワであると判断される。おそらく、コジェーヴニコワがブブノワの回想・論文・書簡集[2]を編纂する過程で作成したものと思われるが、どういうわけか収録されていない。

まずはブブノワ書簡全文を訳出する。


親愛なるフショーク！

この手紙を持参した、早稲田大学と東京外国語大学のロシア文学教授である除村さんはご自身の専門に磨きをかけるため、日本の省庁によりソ連へ派遣されました。かれと私は十一年間勤めをともにしており良き友人です、あなたとお身内のかたがたに、学問面でも生活面でもかれを手助けしていただけるようくれぐれもお願いいたします。かれの奥さんは英語をマスターしていますから、あなたがとりわけ奥さんにもモスクワに腰を据えるお手伝いをしてくださるものと期待します、学問の中心であるモスクワにご夫妻は常住したがっているのです。

みなさん、いかがお過ごしですか？　健康やお仕事、プライベートはいかが？　お手紙をくださらないのは良くありません。ほんとうにあなたとお身内のかたたちを、懐かしく思います。

夫［ヴラジーミル・ゴロフシコーフ］とわたしは帰国を夢見ています。たぶん一年後には夢を実現させましょう、その時はたくさんお話をしましょうね。

母［アンナ・ニコラーエヴナ］は存命です、ちいさなよわよわしいお婆さんになってしまって、しょっちゅう体調をくずします。先日八十一歳になりました。

わたしたちは最近大きな不幸に見舞われました。妹［小野アンナ］の一人息子、わたしたちの唯一のひこばえが一年半前に日本で亡くなったのです。健康そのもののような男の子で、もう優れたヴァイオリニストだったうえに魅力ある若者（十五歳）でしたが、三日間で盲腸炎にやられて亡くなりました。妹はいまになってもこのことで、ひどくがっくりしています。母もみるまに老け込んでしまいました、わたしたちもいまだ心を静めることができません。そのうえ妹とそのつれあい［小野俊一］の金銭的な状況も良くありません。ですから精神面でのサポート以外にも、わたしたちにはごくリアルな経済的支援が必要なのです。

わたしはいまも早稲田と東京外国語大学で働いています。夫も教えているほか、ロシア語の教科書や辞書、その他参考書の編纂をしております。

絵画はもちろんやめていません。展示もしますし、ついでながらプーシキンの挿絵を描いてもいます。とてもセンスの良い優れた出版社と良い翻訳者に恵まれているのですよ（すでに『葬儀屋』が出ました。『モーツァルトとサリエリ』は刊行中で、『石の客』をはじめているところです、その翻訳はもう出来上がっています）[3]。

私たちは日本でもロシア文学の新作を読むようにしています。モスクワから本を送ってくれて手紙までよこしてくれる友人がいるのです。ロシア文学を教えることに私ももう当惑することもなくなり、家で講義の準備をしながら、講義の前の晩は唯一良い本を読んで気分一新をはかっていらしたヴャチェスラフ・ニコラーエヴィチのことをいつも思い出します。わたしも新しい資料を読んだり古いメモを読みかえして、気分を新しくすることにしています、偉大なヒトとちっぽけなのを比べてしまって、ごめんなさい。

姉［マリーヤ］がレニングラードから音楽の分野でたくさん働いていると書いています、なんでもほかに大きな社会奉仕活動も引き受けているようです。姉の夫の具合は悪く、寝たきりです、良い医者の治療を受けたにもかかわらず。

ぜひ、あなたの生活のことを知れたらと思います。お母さんやリーゾチカ、ご兄弟や子供たちはいかが？　レーノチカ・ザツェーピナはなにをしているのかしら？　ミハイル・ネーストロヴィチの健康は？　みなさん博物館で前とおなじに働いていらっしゃるの？　お仕事のすすみぐあいはいかが？　私のミニアチュールはどうなりましたか？

どうか除村さんをミハイル・ネーストロヴィチと引き合わせてください。かれはとても除村さんの役に立つだろうと思います、といいますのも除村さんのロシア文学の関心はとても多面的だからです。とはいえお手紙をくださるよう期待します。七月の初めに間に合うようでしたら大学宛に、もしくは自宅宛にお送りください。あなたとおうちのかたがたを強く抱擁し、キスを送ります。覚えてくださっているみなさんにもくれぐれもよろしく。

こころよりあなたのブブノワ

3

この手紙をめぐって興味深く思われるポイントをあげ、それぞれについて詳述することにしたい。単なる二次元の紙のドキュメントから、より高次元のイメージを呼び起こし、それによってこの文書を、時代とヒトのネットワークに浮かべてみる作業である。

まず、「フショーク」というブブノワの呼びかけがいったい誰に宛てたものなのか、書簡の発見当時はわからなかった。とはいえ、内容を丁寧に検討してみると、ブブノワが日本へ発つ（一九二二年）直前まで働いていたモスクワの歴史博物館で、世話になった古文書学者ヴャチェスラフ・シェープキンと、その家族のことが言われているとわかる。

手紙で「ヴャチェスラフ・ニコラーエヴィチ」と言われているのはシェープキンそのひとで、「フショーク」というのは長女マールファのことである。「リーゾチカ」は次女リーザだろう。また「ミハイル・ネーストロヴィチ」とあるのは、シェープキンの没後に博物館の中世ロシア手稿・古版本部長になったロシア文学研究の泰斗スペランスキーのことだ。

シェープキンは農奴から名士に成りあがった伝説的な俳優ミハイル・シェープキンの孫にあたる。俳優シェープキンは、演劇界のみならずモスクワでも最高の知識人層と交友していた。プーシキンは自伝を書くようかれにすすめた。ゴーゴリ、ベリーンスキー、シェフチェンコ、ゲルツェン、グラノーフスキー、ネクラーソフ、トゥルゲーネフ、オストローフスキーらと交際した。マールファの母方をたどると哲学者スタンケーヴィチ(母方の祖母が哲学者の姉妹)にいたる。シェープキンのサークルには、民話の研究で名高いアレクサンドル・アファナーシエフも出入りしていた。ブブノワはモスクワでも超一流、粋のまた粋というべき知識人層と親しく交流していたのである。

歴史博物館に保管されているマールファ・シェープキナ自身の書いた履歴書によれば、マールファは一九一九年四月に歴史博物館の風俗イラスト部に配属され、民衆版画の記述にたずさわった。二一年一月(古文書学者の父の没後)、中世ロシア手稿・古版本部に配属された。[4] 一九五四年から七六年まで、歴史博物館中世ロシア手稿・古版本部長を務めた。[5]

ブブノワのシェープキナ宛書簡で「ミニアチュール」とあるのは、ブブノワが歴史博物館の目録作りの仕事で魅了された中世ロシアの写本にある細密画のことだろう。一九二〇年六月に歴史博物館で開催された十八世紀細密画の展覧会をめぐってブブノワの書いた短い覚え書きが、現在歴史博物館に保存されている。「歴史博物館手稿部は挿絵入り写本最大のコレクションをほこる。十八世紀の記念碑が数多く多様であることから、この時代のミニアチュールを一堂に会し、独立の展覧会として展示することになった」(ブブノワ手稿より引用)。

ヴォルデマール・マートヴェイと活動した「青年同盟」の文集(本書第四章)で、ブブノワは行き詰まった西欧絵画の規範と約束事から自由な新しい芸術を求めて中世ペルシアのミニアチュールについて書いたことがあったが、モスクワで彼女は、中世ロシアの写本にある細密画の描写、丁寧な手仕事と細やかな画面処理、人物と事物・背景の色彩とフォルムに目を奪われた。

後年ブブノワはロシア・アヴァンギャルド芸術の研究者ニコライ・ハールジエフにも、自分の携わったミニアチュール目録作りの仕事(そしてマートヴェイの遺したメモ類)がその後どうなったのかを書面で語った(本書第四章)。

ブブノワに宛てたハールジエフの書簡（一九七三年四—七月の全四通）がやはりコジェーヴニコワの手元に未刊行のまま残されており、その書面からブブノワが、半世紀前に歴史博物館で携わった自分の仕事を晩年まで気にしていたことがうかがえる。ハールジエフはブブノワに宛てて、次のように述べている（一九七三年四月十八日）。

歴史博物館にあなたが残されたお仕事の運命を聞いて、たいへん悲しく思いました。むろん、いまや世代ごとに限りなく〝学〟のなくなりつつある研究員たちに訴えたところで無駄でしょう。おそらく、あなたの資料は別の保管場所に移されたのではないでしょうか。でも、どうしてそれがわかるでしょうか。残念ながら、偶然に任せるしかありません。

二〇一八年九月十日と十三日に、私は歴史博物館手稿・古版本部と記述情報部を訪ねたが、ブブノワについては、一九二〇年六月に開催された十八世紀写本の細密画をめぐる展覧会についての短いメモと目録以外になにも残されていなかった。ブブノワの文書はどこかにあるのかもしれないが、彼女が歴史博物館で働いていた一九二〇—三〇年代の文書はほとんど整理されていないため、どこにあるかわからない、というのが実情らしい。さらなる調査が求められる。

手稿・古版本部長のエレーナ・セレブリャコーワ氏から、一九八〇年代にコジェーヴニコワが歴史博物館のアーカイヴを調査に来ていたとうかがった。ブブノワの伝記[6]を出版した頃の話だろうか。

先にも述べたとおり、これまでブブノワのシェープキナ宛の書簡はどこにも発表・収録されたことがない。一九七八年十二月二十九日、シェープキナ（当時八十四歳）はブブノワ（当時九十二歳）に宛てたハガキで、コジェーヴニコワの住所を教えてほしいと伝えている。「あなたのよく知っているコジェーヴニコワさんが電話してきたのですが、お目にかかる暇がありませんでした」[7]。おそらくブブノワの伝記を構想しながら、コジェーヴニコワはシェープキナにコンタクトを求めてきたのだろう。ここに紹介しているシェープキナ宛の手紙のことが、そのときコジェーヴニコワの頭にあったのかもしれない。とはいえ、いまに残されたコジェーヴニコワの仕事を見るかぎり、彼女も歴史博物館でなにも見いだせなかった様子である。

4

つぎに、シェープキナ宛のブブノワ書簡を通読していちばんに驚かされるのは、一九三三年十月に急性盲腸炎のため十四歳（ブブノワは「十五歳」と記している）で亡くなった小野俊太郎についての記述である。

小野俊一を父、小野アンナを母として一九一九（大正八）年に誕生した俊太郎は、早くから音楽の才能を見せ、母アンナも息子に愛情はもとより、自らがサンクト・ペテルブルクの音楽院で受けたヴァイオリンの素養をすべて伝えようとした。すでに六歳にして、コンサートでベートーヴェンやモーツァルトの協奏曲を弾きこなし、十二歳になると近衛秀麿の指揮する新日本交響楽団で第一ヴァイオリンをつとめたという。[8] それがごく初歩的な医療ミスのため、盲腸炎により急逝してしまった。

小野俊一の次男にあたる小野有五氏によれば、俊一とアンナが協議離婚をしたのが一九三五（昭和十）年の十一月、この手紙が書かれて半年後のことである。[9] このブブノワのシェープキナ宛書簡が、家族をおそった生々しい重大な不幸をほぼリアルタイムで伝えるドキュメントであることがわかる。書面では伝えようのない心情が手紙に反映されていることに、後世の私たちは留意すべきなのだろう。

アンナは俊太郎を連れてアメリカへ出ることを計画していた。サンクト・ペテルブルクの音楽院でともにヴァイオリンを学んだエフレム・ジンバリストのところで、さらにヴァイオリンの指導を受けさせるために準備をしていた矢先の急逝だったという。「もし俊太郎が生きて居りましたら、現在の私になっていたかどうかと思いますと感慨無量です」とアンナは後年回想している。[10] 俊太郎が亡くなったからこそ、なんとか日本に踏みとどまって、優れたヴァイオリン奏者の育成に取り組んだという意味であろうか。その意味では、ブブノワのシェープキナ宛書簡には、日本のヴァイオリン教育はもとより西欧音楽教育全般における重要なモメントが、はからずも写し取られていたことになる。

二〇一七年九月二十一日より一ヶ月間、モスクワのアルバート街、ロシア象徴派の作家アンドレイ・ベールイが暮

ワルワーラ・ブブノワ《若きヴァイオリン奏者 Юный скрипач》
1942 年（個人蔵）[12]

らしたアパート（現博物館）でブブノワ展が開催された。日本時代はもとよりスフミ時代のブブノワによるリトグラフ（『葬儀屋』の挿絵も含めて）や水彩画を展示した、小規模ながらも質の高い展覧会であったが、そこに一九四二年作と伝えられる《若きヴァイオリン奏者》という自画石版作品も公開された。[11]
石版画というよりはモノトーンの墨絵を連想させる、線描と黒の濃淡、さらに空白で俊太郎の演奏する音楽の情感とエネルギーを大胆に画面にした作品である。俊太郎の左後方に見えるのは、ブブノワ姉妹の母アンナ・ニコラーエヴナだろうか。中央のソファに座った男性は父親の小野俊一だろう。画面右に座った女性二人はブブノワ姉妹だろうか。腹違いの兄がヴァイオリンを演奏する姿を初めて目にして感動した、と小野有五氏は私に感想を語った。[13]

5

つづいて、手紙でブブノワが夫との「帰国の夢」を述べていることに瞠目させられる。一年後には夢を実現させようと述べているが、それは一九三六年のことになる。しかしながら周知のとおり、三六年の「二・二六事件」以降、シェープキナ宛書簡から一年もたたないうちに、日本国内の政治情勢は不安定をきわめ、急速に軍事色を強めていくことになった。それにともない「敵国人」ブブノワ夫妻の周辺にも、私服警察による尾行や、移動や外出の制限も強められた。夫妻にとって戦争は二・二六事件からはじまった、と後年ブブノワは回想している。[14]
シェープキナ宛に手紙を書いた一九三五年五月の段階では、まだロシアへの帰国を楽観視できたのだろうか。コジェーヴニコワは、書簡の翌年の三六（昭和十一）年から三七（昭和十二）年にかけて、ブブノワ夫妻はソ連国籍をうしなったと記す。コジェーヴニコワによると、ブブノワを個人的に知っていた人々の伝えるところでは、「人民の敵」と関わった罪でブブノワ夫妻はソ連国籍を剥奪された。名前は明らかでないが高名な人物がモスクワから来日し、ブブノワはソ連大使館の依頼でその人物を日本の観光地に案内したのだが、その人物は帰国後迫害の対象になり、ブブノワはその人物を知っていた関係でソ連国籍をうしなったのだ、という。[15]

「日露芸術家の座談会」（八百善にて）。前列左よりアルキン、ブブノワ、ドヴガレフスキー（ソ連全権代表）、スパルヴィン、テルノーフスカヤ、芥川龍之介、蔵原惟人；後列左より中村武羅夫、小山内薫、ガウズネル、昇曙夢、プーニン、米川正夫、広津和郎、一人不詳[16]

この名前の特定できない人物は、状況から推測すれば、芸術学者のニコライ・プーニンか、それ以上に作家のボリース・ピリニャークであるとも考えられるが、明らかではない。ブブノワと一緒に熱海でくつろぐプーニンの写真（一九二七年）、ブブノワのほか除村吉太郎、米川正夫、甥のトーリャらと写っているピリニャークの写真（三二年）は、すでに公刊されている。[16]
上の写真は一九二七年五月から七月にかけて開催された「ロシヤ展」のため、プーニンとダヴィード・アルキンが来日した折、雑誌『新潮』に掲載された写真である。「ヴォークス（全ソ対外文化連絡協会）」日本代表のエヴゲーニー・スパルヴィン、日本語通訳エレーナ・テルノーフスカヤのほか、メイエルホリド劇場のグリゴーリー・ガウズネル、小山内薫、昇曙夢、蔵原惟人のような日ソ文化交流（二五年に始まったばかりだ）の立て役はむろん、作家の広津和郎や、当時ソ連でロシア語訳短篇集出版が計画されていた芥川龍之介にまじって、ブブノワが同席していることに注目したい。ブブノワが身を置いていた時代のコンテクストが如実にうかがえるだろう。

ブブノワ夫妻のソ連国籍剥奪をめぐっては異説がある。ブブノワのスフミ時代の絵の教え子アレクサンドル・ロゾヴォーイ氏が私に語った（二〇一七年九月二十三日）話によれば、夫妻は国籍をうしなったわけではなかった。当時のソ連政府の国外長期在住者に対する措置によりブブノワ夫妻はパスポートを差し出さざるをえなくなっただけで、なんらそこに政治的背景があったからではない。いったん国籍をなくしたら、戦後でもそれを取り戻すことは不可能だったろう。夫妻は亡命者と見なされた。当時の在日本ソ連全権代表アレクサンドル・トロヤノーフスキー（一九二七年から三三年まで在任）と夫妻は良好な関係にあった。

とはいえ、回収後パスポートはそのまま何年も大使館に捨て置かれた。夫妻をどうするか、モスクワから何の指令もなかった。後にパスポートは返されたが、夫ゴロフシコーフが亡くなってからしばらくして、一九五六—五七年頃、ブブノワ姉妹は、このままソ連に帰らないなら国籍をうしなうことになる、と東京のソ連大使館で告げられた。そのためブブノワは、五八年（小野アンナは六〇年）に帰国することになった。

帰国後、ブブノワは五九年までナホトカに留め置かれ、当局と取り決めがあった。国内では縁者のいる街に在住を許可するが、その後はもう国外には出さない、というもので、姉マリーヤがスフミに住んでいたので、アブハジヤの首都に住むことになった。

いまひとつ事の真偽のわからないところが多いのだが、いずれにしてもブブノワ夫妻が帰国を夢見ていられた一九三五年五月以降、つまりシェープキナ宛にブブノワが手紙を書いた後、帰国がかなわなくなったのは事実である。「わたしの伝記に寄せて」という小さな記事に、ブブノワは「仕事で生活がいっぱいだったことだけが、わたしをホームシックから救ったのです、一九三〇年代半ばにモスクワが帰国をめぐるわたしの嘆願をしりぞけてから、ずいぶん懐郷の思いに悩まされましたが」と簡単に記している。[18] コジェーヴニコワはこの記述を、ブブノワ夫妻の国籍が剥奪された証拠と見なしている。[19] 日本語版、つまり一九八四年の評伝初版にこの箇所はないので、晩年のコジェーヴニコワの判断が反映しているものと考えられる。

以上の意味からも、ブブノワのシェープキナ宛書簡は、不安定な国際情勢を背景とする画家の生活の微妙な局面を映し出していると言えるだろう。

6

片上伸から早稲田大学露文科で教鞭を執らないかと誘われたとき、ブブノワは躊躇したという。大学で教えることが芸術活動の妨げになるのではないかと思われたのだ。それに語学・文学教育の分野では、自分はディレッタントにすぎないとも考えていた。[20]一九二四年に職に就いて以来、ブブノワはしめて三十四年もの長いあいだ後進の教育にあたった。

パスポート没収と同じ頃、ブブノワは不運に見舞われた。一九三七年の春、十三年にわたってロシア語とロシア文学を教えてきた早稲田大学露文科が閉鎖されたのである。

前列左からブブノワ、八杉貞利、除村吉太郎、後列左から二番目に神西清[20]

シェープキナ宛書簡にある「除村さん」とは、言うまでもなく除村吉太郎のことである。ブブノワが八杉貞利、除村吉太郎、神西清らと一緒に写っている写真が、コジェーヴニコワのアーカイヴから出てきた。写真の裏に、鉛筆のブブノワの字で「私の最初の外語卒業式は一九二八年」とメモされている。ブブノワは一九二七年から東京外語で教えはじめたので、最初に卒業式を迎えたのが二八年だった、ということだろう。

シェープキナ宛の書面から判断できるように、この手紙はシェープキナ本人に直接宛てた除村吉太郎の紹介状である。書面にあるとおり、除村は一九三五年にソ連へ留学したが、帰国後は思想上の理由で教職を逐われた。戦中は『原初年代記』の翻訳（現代ロシア語から）に専念した。ブブノワが「十一年間」除村と同僚であると述べるのは、二四年から数えてのことだろう。ブブノワが早稲田大学で教職に就いたのが、まさしくその年であった。

しかしながら、ブブノワが手紙でシェープキナに、除村をぜひ紹介してほしいと頼んだスペランスキーは一九三四年四月、手紙の書かれた一年前に秘密警察のでっちあげた「スラヴ学者事件」により逮捕され、三年間ウファへの追放を宣告されていた。実際に収容所に送られることはなかったが、モスクワで生活しながらも科学アカデミーから除名され、職をうしなった。三五年五月十四日、スペランスキーがモスクワの哲学・文学・歴史研究所に蔵書を三千七百六冊売った記録がある。三八年四月、学者は不遇のままモスクワで没した。[22]

ブブノワはスペランスキーの健康をたずねているけれども、シェープキナたち、かつて歴史博物館で一緒に働いた同僚たちの生活の実情をどこまで知っていたかはわからない。この意味でもブブノワのシェープキナ宛書簡は、日本はもとよりソ連国内の重要な局面を写し取っていたと言える。

コジェーヴニコワの残した文書の山のなかから、この手紙に添付されていたと思われる書き付けが出てきた。次のようにメモされている。「ターネチカ！　このブブノワの手紙を、わたしはマールファ・シェープキナのカード目録のなかに見つけました。これをイリーナ・ペトローヴナ［コジェーヴニコワ］に渡します。返却条件つきで！　レーナ」。

この書き付けの入った封筒にコジェーヴニコワが「レーノチカとは誰だろうか？　四頁」とメモしているが、この数字はブブノワのシェープキナ宛書簡の頁を指している。書面に見える「レーノチカ・ザツェーピナ」とは誰なのか、ながいあいだ、わからなかった。

二〇一八年九月、歴史博物館手稿・古版本部に直接出向いたところ、謎はあっけなく一気に解けた。「ターネチカ」とはタチヤーナ・プロターシエワ、「レーノチカ・ザツェーピナ」はエレーナ・ザツェーピナのことで、いずれも中世ロシア手稿・古版本部で一緒だった同僚たちのことである。いずれの名前もロシア国立文学・芸術文書館（РГАЛИ）に保管されているシェープキナ姉妹のブブノワ宛て書簡（一九六〇—七〇年代）でも何度か言及されており、ほぼ間違いないと思われる。

この小さな書き付けから、ブブノワの手紙が除村を通じて、実際にシェープキナ本人に手渡されたことが証明される。

7

石川淳に『白描』（一九三九）という小説がある。ここに、どういう意図と経緯で書かれたのかは不明なのだが、東京の淀橋区西大久保（柏木）に住むブブノワ夫妻らしき画家（某私立大学でロシア語とロシア文学の講座を受け持つ）と写真家のロシア人の夫婦（リイピナ夫人とアルダノフ）と、群馬の高崎から東京へ出たときには夫妻の家に逗留するという、ナチスを逃れて日本に滞在中のブルーノ・タウトらしき建築家（クラウス博士）の夫婦が描かれている。さらに銀座で「便宜荘」という、画廊なのだか土産物の工芸品を売るのだか良くわからない店を経営する、ドイツ語の達者な人物（中條兵作）も登場するが、ずいぶん見識の狭い劣等コンプレクスの塊のような否定的な人物として書かれているけれども、「版画荘」の平井博を想起させる。
小説の舞台は一九三六（昭和十一）年夏に設定されている。群馬の航空機会社の重役を務める人物（花笠武吉）も登場するが、それは中島飛行機を想起させ、翌三七年に九七式戦闘機が陸軍に正式採用される時局にかんがみても、非常に興味をそそられる。タウトの作品を販売するため井上房一郎が銀座に開いた「ミラテス」らしき店も出てくるほか、スターリンの大粛清に対する批判までが登場人物のジャーナリスト（セリョージャという「ソウェートの敵」のレッテルを貼られたモスクワの新聞特派員）の口から語られる。おそらくは実際もそうだったのだろうと思わせるほど、ロシア人夫妻の家の間取りや調度も丁寧に描かれている。それにしても、小説とはいえ現実のブブノワの身の上に起こった不運も記されているのは、いったいなぜだろうか？

さて、そのリイピナ夫人のことについて、今夜ある会合の席上で、これはよくないはなしを聞いた。夫人が講座を持っている某私立大学では、明春の新学年から、ロシヤ文科というものを廃止することになったそうだ。理由はその科を志望する学生が一人もいないからだという。ほかに公表のかぎりでない仔細があるかどうか、要するに学校当局が廃止ときめた以上、憶測してもはじまらぬ。ただ夫人の失職を気の毒に思う。画の収入やアルダノフの稼ぎではどうにもなるまい。いずれ、わたしが相談を受けることになるであろうか。しかし、無害とはいえ現在のソウェートに国籍をもつ彼等を多少とも庇護するにはめんどうな場合も予想される。そして、故国には足の容れ場もなさそうな彼等なのだ。どうやら地球上、日本以外には生活の道を見つけがたいような恰好と見える。しかも、日本では……わたしとして、彼等のために、当座のことにしろ一生のことにしろ、何をしてあげれば一番よいのか、ちょっと見当がつかぬ。[23]
じつは、いま私の手元にある『白描』の収録された本は、生前にコジェーヴニコワが所有していたものなのだが、引用したこの箇所の頁には折り目が付いている。おそらくコジェーヴニコワが目にして、印をつけておいたものだろう。とはいえ問題は、この小説の結末で「リイピナ夫人」が、ソ連の国籍から離脱することを航空機会社の重役に語っている箇所である。いくら小説でもすぐにモデルが特定できるような人物の、それも日中戦争を目の前にした東京（しかも柏木という狭い区画）の外国人、「敵国人」と見なされたロシア人の個人的な事情をあからさまに書けるほど、石川淳はブブノワ夫妻と親しかったのだろうか？　それとも、ただの無責任な文士の好奇心にすぎなかったのか？[24]
「わたしたち、近いうちにソウェートの国籍を離脱することにいたしました。〈…〉今その手続きを取っております。ご好意に依るアトリエが完成するであろう時分には、わたしたちはもうソウェートの民ではないでしょう」と「リイピナ夫人」はときどき英語の単語をまじえながらも「近ごろ一段と上達したその日本語をすらすら使いこなして」語るのだが、[25]この世における芸術というものの無益さ、この世では根無し草のようにさすらうしかない芸術家のはかない宿命（それと同時に芸術に頼るしかない内面の強さ）を小説の末尾で匂わせたいのだろうけれども、それにしては国籍離脱などというあまりにも生々しく重大なことをなぜ書くことができたのだろうか？　石川とブブノワに面識があったなら、ブブノワはなぜこのようなデリケートに過ぎる個人の事情を作家が書くことを許したのだろうか？　帰国の嘆願が無益に終わり、かなわぬ夢で終わったと、ブブノワ自身が小説の発表当時すでに判断していたからであろうか？　疑問は幾重にもつきない。
ブブノワはシェープキナ宛書簡のなかで「とてもセンスの良い優れた出版社」のことに言及し、プーシキンの挿絵のことを話題にしていた。それは平井博の「版画荘」のことをさす。ブブノワは平井と東京高等工芸学校で版画を学んでいた折に知り合いになり、一九三二年にはブブノワの版画が平井の経営する日本初の現代版画を販売する店「版画荘」に展示された。コジェーヴニコワによると、平井を版画のほか本の挿画や装丁に近づけたのは、ウィリアム・モリスやヴォラールのほかにも、ソ連の児童書だったという。

幾代ものソ連の子供たちが成長の過程で愛読してきたこれらの児童書が、一九二七年に日本で開かれたソ連美術展で展示され、その時平井はこれらの本に出会ったのだった。彼は、これらの本にすっかり魅了され、日本でもこのような本や版画の作品を出版したいという熱い思いにとりつかれた。一九三三年から、版画荘という自営の出版社で川西英の『サーカス』や『カルメン』、恩地孝四郎や川上澄生の作品群などを出版した。[26]

自身、友人のアーラ・コロミエツとともに、長年ソ連の児童書と日本の児童書の橋渡しをしてきたコジェーヴニコワならではの知見が右の叙述にあらわれていることに注目したい。ソ連児童書と同時代日本の創作版画運動を同じコンテクストに置くところにコジェーヴニコワの視点が生きているのだが、この視座から見ると日本におけるプーシキンの翻訳も、たんなる外国語作品の翻訳としてのみ見ることはできなくなる。

プーシキンのテクストにどのような挿絵を入れ、本の装幀やデザインをどう処理するのか。日本におけるロシア文学の翻訳史は、ただに意味の転換・移送だけでなく、どのような「容れもの」に寄せて演出されてきたのだろうか。現代日本の創作版画運動にごく近い位置に身を置きながら、自身ロシア文学の教員としてプーシキン研究の後進を育成したばかりでなく、翻訳では伝わらないプーシキンをほかでもない自身の版画により演出しえたところに、ブブノワの教員はもとより画家としての多大な意義と功績があったのだろう。

シェープキナ宛手紙でブブノワが言及する『葬儀屋』は一九三四年に中山省三郎の訳で、『モーツァルトとサリエリ』は翌三五年に同じ中山省三郎訳で、『石の客』も同じく三五年に米川正夫の訳で、いずれも版画荘から出版された。

ところで、石川淳の『普賢』と『山桜』は、意外なことに版画荘で出版されていることを付言しておく。[27] 石川の小説『白描』に、ブブノワ夫妻が出てくるのも偶然ではないのだ。おそらくブブノワ夫妻との接点が、現実に石川にはあったのではないか。

根づく「土地」のない亡命芸術（これは日本の西洋美術も同じだ）と現代版画、「血」をめぐる登場人物たちの主張や場面（襲撃されたクラウス博士の血、ピストル自殺した画家・盛大介の胸から吹き出る血）、また中島飛行機に来たるべき戦争。いずれにしても『白描』は、いまだ非常に今日的でユニークなテーマを読者に投げかけてくる。

ブブノワの運命はもとより、より幅広い意味で、この世に浮き草のごとく根をもたない芸術の来し方行く末（カズオ・イシグロ『浮世の画家』が思い出される）を考察せしめる点でも、石川淳のこの小説は精読が必要である。

＊

本書の後半に向けて、最後に「ブリッジ」を投げかけておきたい。コジェーヴニコワが言及する平井博の版画荘へのソ連児童書の影響についてである。
私の所有する一九二七年の「ロシヤ展」（プーニンが来日し、ブブノワがかれを手伝った展覧会）のカタログに、絵本らしい記載は見当たらない。沼辺信一によると、二冊だけマルシャークの『サーカス』と『狩り』（レーベジェフ画）が出展されていたというが、[28]平井博がその二冊だけに熱中したとも思えない。あるいは、カタログにも掲載されているファヴォールスキーや、パホーモフの挿絵をも、絵本の一部とみなすべきなのだろうか？
沼辺はほかにロシア絵本がまとめて展示された機会として、一九三三年一月の「綜合童画展」や「ソヴェート印刷文化展」、さらに翌三四年六月にナウカ社で開催された「現代ソヴエト美術複製版画と子供の絵本の展覧即売会」などをあげている。[29]
沼辺によると、一九三〇年代当時、ソ連児童書に通じていた人物として中山省三郎を忘れてはならない。中山省三郎は一九三四年、ちょうど平井博の版画荘からブブノワ挿画によるプーシキンが出版された頃、「ソヴエトの子供の絵本について」という記事を書いている。それによると中山は、この三、四年の間に「凡そ三百冊ほど」のソ連児童書を見たという。[30]
コジェーヴニコワはあたかも一九二七年の「ロシヤ展」と版画荘の関わりを見ようとしているが、展示作品のカタログを見るかぎり、それは難しい。版画荘とソ連児童書の関わりを述べるなら、ソ連絵本の「目利き」として、まず中山省三郎をあげるべきではなかったか？　ブブノワの挿絵で版画荘が出版したプーシキンを翻訳したのは中山なのだから、なおさらである。[31]

平井博の版画荘とソ連児童書の直接的な影響関係を論ずることは難しい。とはいえ、ブブノワが版画荘でプーシキンの挿絵を担当していることは、ソ連児童書とは別の次元で見逃すことができない。

まず、錦絵にも通ずるテクストと版画のコレスポンダンス、広い意味での「共振・共鳴」のことがある。本の挿絵に取り組むブブノワの脳裏に、かつてアヴァンギャルド芸術をめぐって、マートヴェイやロートチェンコと議論したさまざまの記憶が甦ったはずだ。

ロシアの児童文学（「おはなし」「スカースカ」）は、プーシキンにはじまるとしても過言ではない。少なくとも、そう盛んに主張したのが、マルシャーク本人だった。ブブノワにとってのプーシキンの重要性は言うまでもない。

私としては、プーシキン／ブブノワとマルシャーク／レーベジェフの同時代的パラレルと、たがいの照応の妙を、とくに強調したく思う。

注

1　従来「シチェープキナ Щепкина」と表記されてきたが、現行ロシア語の発音にしたがい「シェープキナ」と表記する。「シェドリーン Щедрин」同様、このような古めかしい、大時代的な表記はいい加減改めるべきである。
2　*Кожевникова И.П.* (составитель) Уроки постижения. Художник Варвара Бубнова. Воспоминания, статьи, письма. М., 1994.
3　このカッコの箇所は×印で脚注が書面の下にふられている。
4　ОПИ ГИМ. Фонд НВА. Оп.1л. Ед.хр.222. Л.94.
5　*Луповская Х.П.* Марфа Вячеславна Щепкина. К 110-летию со дня рождения. // Austrian Journal of Humanities and Social Sciences, «East West» Association for Advanced Studies and Higher Education GmbH. Vienna. С.40.
6　*Кожевникова И.П.* Варвара Бубнова. Русский художник в Японии. М., 1984.
7　РГАЛИ Ф.3310. Оп.1. № 326. Письма Щепкиных Елизаветы Вячеславовны и Марфы Вячеславовны Бубновой В.Д. Л.24.
8　*Кожевникова Ирина* Варвара Бубнова. Русский художник в Японии и Абхазии. М., 2009. С.111.
9　小野アンナ記念会編『回想の小野アンナ 日本のヴァイオリニストを育てて半世紀』音楽之友社、一九八八年、七七頁。

10　同、二二頁。
11　二〇一九年八―九月には「マリーナ・ツヴェターエワの家博物館」でもブブノワ小展覧会が開かれ、《若きヴァイオリン奏者》はそこでも展示された。
12　サイズは横四十四センチ、縦二十七センチ。所有者より写真掲載の許諾あり。
13　二〇一七年九月二十八日付け、小野有五氏より太田宛私信。
14　ヴェ・ブブノーワ「戦時下日本での私達」『ソヴェート文学』第九七号（一九八六年）、一二八頁。
15　Уроки постижения. С.248.
16　*Кожевникова Ирина.* Варвара Бубнова. Русский художник в Японии и Абхазии. С.103; *Пильняк Борис.* Письма Т.2: 1923-1937. М., 2010.
17　「日露芸術家の会談記」『新潮』第二十四年・第七号（昭和二年）、七頁。熊本県立図書館所蔵の雑誌現物より撮影。撮影と掲載の許諾あり。
18　Уроки постижения. С.30.
19　*Кожевникова Ирина* Варвара Бубнова. Русский художник в Японии и Абхазии. С.111.
20　*Кожевникова И.П.* Университет Васэда и русская литература // 100 лет русской культуры в Японии. М., 1989. С.50.
21　コジェーヴニコワ経由の写真。現在、私が保管している。撮影年・場所とも不詳だが、人物の服装と容貌から判断して、おそらく一九五〇年代に撮影された写真と思われる。
22　*Аннин Ф.Д. Алпатов В.М.* «Дело славистов»: 30-е годы. М., 1994. С.89-100.
23　『石川淳選集 第二巻』岩波書店、一九七九年、六七頁。旧字・旧仮名遣いは現行のものに改めた。
24　ブブノワと面識のあった物理化学者の玉蟲文一が、「リイピナ夫人」のモデルがブブノワであることを記している。玉蟲文一「タウトとブブノワ 石川淳作『白描』を読んで」『図書』一九八一年、第一〇号、四四―四八頁。
25　『石川淳選集 第二巻』二〇六―二〇七頁。
26　『ブブノワさんというひと』一九三頁。
27　浅川彰三「ブブノワ先生の『西大久保の家』タウトとの交流をめぐって」『ВЕСТИ』一九九六年、第七号、三―四頁。
28　沼辺信一「子どもの本が国境を越えるとき ヨーロッパと日本におけるロシア絵本の受容」『幻のロシア絵本 一九二〇―三〇年代』淡交社、二〇〇四年、一七一―一八二頁。
29　同、一七五頁。
30　中山省三郎「ソヴエトの子供の絵本についてその他」『書物評論』九月号（一九三四年）、三〇頁。
31　中山省三郎の存在に気づかせてくださったのは沼辺信一氏である。ここに述べた中山とソ連児童書をめぐる省察は、すべて沼辺氏のご指南によるものである。

第三章　米川正夫のワルワーラ・ブブノワ宛書簡

本章では、二〇一五年十月末に私がモスクワで見出した米川正夫（一八九一―一九六五）のワルワーラ・ブブノワ宛書簡を紹介する。なにぶん私自身が生まれる以前の過去の話のため、内容も充分に把握しきれていないかもしれないが、米川正夫やブブノワと直接面識をお持ちだった方々より、ご教示やご助言をいただけると幸いである。

ブブノワについては、すでにイリーナ・コジェーヴニコワの評伝『ブブノワさんというひと』（群像社、一九八八年）のなかでおおかた描きつくされた感もあるが、コジェーヴニコワの手元に遺された文書を見る限り、まだまだ知られていない事実や人間関係の機微がたくさん存在することに驚かされる。

モスクワのロシア国立文学・芸術文書館（РГАЛИ）に存在するブブノワのアーカイヴ（Ф.3310）をさらに詳しく調査することで、画家の創造プロセスはもとより、従来知られていたよりも幅広い人的ネットワークが浮かび上がり、ブブノワ像も一層多面性を加えて新たにたちあがってくるものと期待される。本章では補遺として、モスクワのアーカイヴに保管されている佐々木千世のブブノワ宛書簡二通と、池田健太郎のブブノワ宛書簡一通を添付した。いずれも原文はロシア語である。

なお、本章はもともと『異郷に生きるⅥ　来日ロシア人の足跡』（成文社、二〇一六年）のために書かれたが、その後新たな事実が判明した。発表時には七通あると述べた米川の書簡は、その後私の保管するコジェーヴニコワの遺したアーカイヴの整理が進んだ結果、全部で十通も存在することがわかった。膨大な古い文書や手紙にまぎれて、発表当時は気づかなかった。

ブブノワの手元に残された佐々木千世の写真(1950-60年代)。現在、コジェーヴニコワ経由で私が保管している

ここにあらためて、米川正夫のブブノワ宛書簡全十通を紹介することにしよう。時期は一九五八年十月三十日から、六五年五月五日まで。文面はすべてロシア語である。総じて時候の挨拶程度の内容で、これといってとくに目新しい発見はないが、この著名なロシア文学者の置かれた状況や空気、友人関係や人事、一九五六年の「日ソ共同宣言」で国交が回復したばかりの日ソ関係の動向などが詳細に伝えられており、リアルタイムの社会状況を知らない我々後世の人間には、当時の事情を知るためのきわめて貴重な情報源となりえている。

では、一九五八年十月の書簡から紹介しよう。ブブノワが帰国（五八年七月）して三ヶ月後に記された手紙である。段落分けは、内容にかんがみて私の判断で行っている。

(1)一九五八年十月三十日（消印）
親愛なるワルワーラ・ドミートリエヴナ！　ご無沙汰いたしまして失礼いたしました。あなたが無事スフミに到着なさったとずいぶん前に耳にしまして、心より安堵いたしました。マリーヤ・ドミートリエヴナ［ブブノワの姉］のお加減も快方に向かいつつあるとの由、たいへんうれしく思います。おめでとうございます！

昨日、佐々木［佐々木千世］があなたのお手紙を見せてくれまして、くわしくあなたの生活を知ることができました。あなたの絵画（リトグラフ）はソビエトの公式芸術とあまりにも似ていないため、それでごく少数のひとたちにしかわからず、大多数はほんの少ししかわからないのだろうと思われます。でも、わたしはあなたのご成功を信じています。

わたしのプライベートをお話ししますと、次男の和夫がコトバと文学の勉強のためポーランドへ出かけました。いまは一ヶ月あまりウッチ［ポーランドの都市］にいます。長男の哲夫は来月ソ連へ出かけて、モスクワ大学に留学します。妻［丹佳子］は日ソ婦人懇話会［一九五八年六月に発足］副会長として驚くべき活躍を見せております。会長は鳩山薫［鳩山一郎の妻］さんです。

わたし自身も元気です、先だってドストエフスキーについての本の第二部を書き終えました。本はまもなく出ます。お姉さまにくれぐれもよろしくお伝えください。
あなたの変わらない友人
米川正夫

書面に日ソ関係をめぐる時代のリアルな動向が、間接的に映り込んでいることに注意したい。鳩山一郎夫妻、いうまでもなく日ソ国交回復の立て役たちのことが言われている。

ブブノワは「お気に入りの教え子」佐々木千世に、自分の絵画の理解者がソ連にいないことをこぼしたに相違ない。かつての芸術探求上の朋輩たちも、あらかたこの世から消え失せてしまっていた。ブブノワが目にしたロシアは、子どもを産んだ妹アンナを手助けするため母と日本へ旅だったとき（一九二二年）、すぐ帰るつもりで後にしたロシアと似ても似つかなかった。まったく別の国としか思えなかった。

「スターリン批判」がなされたとはいえ、ブブノワが画家としてかたちづくられた抽象絵画、とりわけアヴァンギャルド芸術が、ソ連当局に認められる見込みは到底なかった。「ふるさとに たびびととして われくれば みずのおとさえ さびしかりけり」――米川は手紙の末尾に、ロシア語訳を添えてこう短歌を記した。ブブノワの心情を代弁したつもりなのだろう。

つぎの手紙はモスクワで書かれた。ホテル「ペキン」の便せんに記されている。米川はソ連を八年ぶりに訪問した。モスクワで投函しようとしたが、ブブノワの住所が思い出せなかったため発送できず、帰国してからあらためて発送された。一九六一年七月に訪ソした佐々木千世のことが言われている。

(2)一九六一年七月二十九日
親愛なるワルワーラ・ドミートリエヴナ！　モスクワでは行きちがいになってしまって、かえすがえすも残念です。佐々木がわたしに電話してきて以来、指定された電話番号になんどもお電話したのですが、だれも出ませんでした。佐々木がレニングラードに出発した日にまた電話をよこしてきたのですが、わたしは電話が聞こえませんで、ホテルのジェジュールナヤ［ホテル各階の当直の女性］が伝言してくれたのです。また新しい電話番号にかけてみましたが、結局またもつながりませんでした（大原のようですね）。そういうわけで、わたしはレニングラードへ発ってしまったのです。佐々木と会いました。あなたとお目にかかれなかったと申しましたら、佐々木はたいそうためいきをついていました。これも運命ですね。

レニングラードからトビリシへ飛び、それから列車でガーグラへ行って一泊しました。あなたのよほど近くまで参りましたのに、自分の意志で旅程を変えることもできませんでしたので、ソチからモスクワへ飛行機で帰るしかありませんでした。一日だけでもよいからスフミに出かけて、あなたやご姉妹［姉マリーヤと妹アンナ］とお話ししたいとどんなにか思ったことでしょう！　たぶん、お目にかかることはもうできないでしょう。どうかお元気で、さらに長生きをなさってください、このことだけを望んでいます！　ご姉妹に、とりわけアンナ・ドミートリエヴナ［小野アンナ］にくれぐれもよろしくお伝えください。さようなら。

あなたの米川正夫

ここで「大原」と言われているのは、大原恒一（一九二〇―九八）のことではないかと思われる。福岡県出身で、日ソの国交回復後モスクワ大学に初めて留学した人物として知られている。一九五八年から六一年までの三年あまり、モスクワ大学大学院ロシア文学史科に在籍した。[1]ネクラーソフの翻訳と研究がある。具体的になにが「大原のようですね」なのか、大原が電話に出なかったからブブノワと会えなくなったのか、詳細は不明である。

最初の手紙では、ブブノワの姉マリーヤのことしか言われていなかったが、この手紙では妹のアンナのことも言われていることに注目したい。モスクワに保管されている佐々木のブブノワ宛手紙（本章補遺）によると、アンナは一九六〇年五月十八日に東京を発ったことがわかる。「今日ようやくアンナ・ドミートリエヴナが出発しました。わたしたちは東京駅のプラットフォームでお別れをしました。すぐにいろいろ思い出しました。［ブブノワが帰国してから］もう二年が経ったのですね……。」[2]

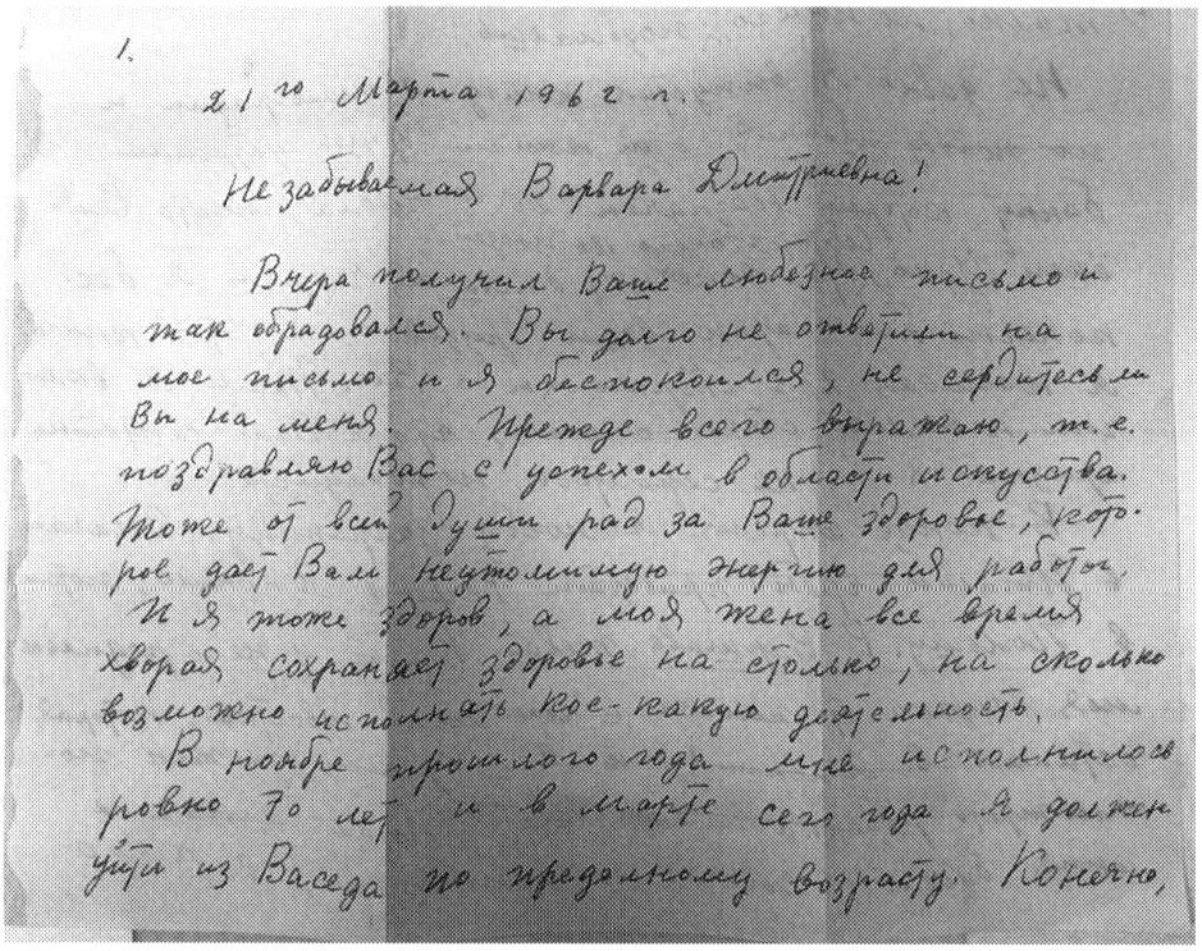
1.
21го Марта 1962 г.
Незабываемая Варвара Дмитриевна!
Вчера получил Ваше любезное письмо и так обрадовался. Вы долго не ответили на мое письмо и я беспокоился, не сердитесь ли Вы на меня. Прежде всего выражаю, т.е. поздравляю Вас с успехом в области искусства. Тоже от всей души рад за Ваше здоровье, которое дает Вам неутомимую энергию для работы.
И я тоже здоров, а моя жена все время хворая сохраняет здоровье на столько, на сколько возможно исполнять кое-какую деятельность.
В ноябре прошлого года мне исполнилось ровно 70 лет и в марте сего года я должен уйти из Васеда по предельному возрасту. Конечно,

1962年3月21日付（第一葉表）

(3)一九六二年三月二十一日
わすれがたきワルワーラ・ドミートリエヴナ！　昨日あなたのお手紙を受け取りましてよろこびました。ながくお返事をいただけなかったものですから、あなたが私に怒っていやしないかと心配していたのです。何よりもまず芸術分野でのご成功、おめでとうございます。仕事のためにあなたに涸れることないエネルギーを与えているご健康にも心よりお慶び申し上げます。〈…〉
昨年十一月に私は満七十歳になり、今年三月には定年で早稲田を退職しなければなりません。むろん残念ですが、しょうのないことですね。

ここで言われているのは、一九六〇年にブブノワの帰国後初めてトビリシで開催された個展その他のことだと思われる。個展は翌六一年三月にモスクワでも開催された。[3]
米川はブブノワが「怒っていやしないかと心配していた」と述べているが、これは米川が自伝『鈍・根・才』でブブノワへの秘めたる思慕を披瀝していることをさしているのだろう。引用しよう。
ここで、今まで誰にも打ち明けられなかった秘密を告白する。私はブブノワさんと交際しはじめた時、彼女のすぐれた知性と教養に魅せられて、もし自分に妻子がいなかったら、このひとに求婚したものを、と心ひそかに思った。この知性と教養の点で、私はしじゅう妻に不満を感じたものである。ブブノワさんは私より年上で、決して美人とはいわれなかったけれど、その大きな空色の目はじつに清らかで、美しかった。それから二十年もたった時、私は

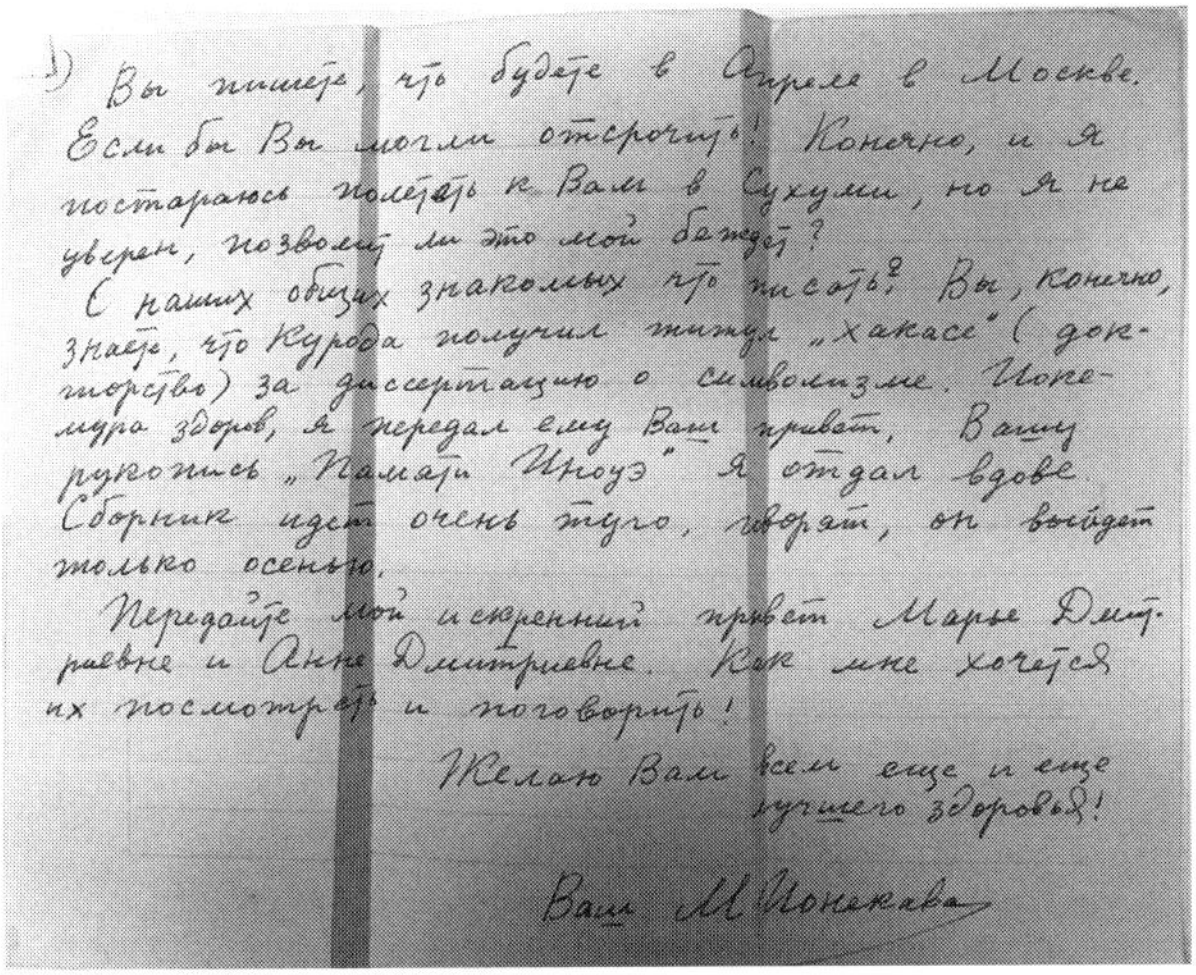
1) Вы пишете, что будете в Апреле в Москве. Если бы Вы могли отсрочить! Конечно, и я постараюсь полететь к Вам в Сухуми, но я не уверен, позволит ли это мой бюджет?
С наших общих знакомых что писать? Вы, конечно, знаете, что Курода получил титул „хакасе" (докторство) за диссертацию о символизме. Иокемура здоров, я передал ему Ваш привет. Вашу рукопись „Памяти Иноуэ" я отдал вдове. Сборник идет очень туго, говорят, он выйдет только осенью.
Передайте мой искренний привет Марье Дмитриевне и Анне Дмитриевне. Как мне хочется их посмотреть и поговорить!
Желаю Вам всем еще и еще лучшего здоровья!
Ваш М. Йонекава

1962年3月21日付（第二葉表）

酒の勢いを借りて、ずうずうしくも当のブブノワさんに、このことを告白した。一度はいわずにいられないような気持ちが、前からしていたのである。彼女はすでに結婚していたにもかかわらず、べつに腹も立てず、私の酔余の告白を聞き流してくれた。[4]
米川は書簡でそのことをブブノワに書いている。

最近自伝を出しました。自伝出版を記念して友人たちがパーティーを企画してくれ、それは二十五日に、場所は上野の精養軒で開催されます。約百八十人が集まります。むろんたいへん光栄なことで、友人たちみなにこのうえなく感謝しております。この本であなたのことを二、三頁書きました。そこに私は、あなたに密かに告白したことを数行加えました……どうぞ怒らないでくださいね。

以下、四月末に外国へ行くこと（良夫［りょうふ］を日本へ連れ帰るためまずイタリアへ、次に和夫のいるワルシャワへ。ワルシャワで孫娘が生まれた）、六月初めに息子（哲夫）とソ連へ出かけることなどが書き綴られている。ブブノワは四月にモスクワへ出かけるらしいが、予定をずらしてもらえないか、残念ながら旅費の関係でスフミまで出かけられるか心許ない、と米川は伝えている。
最後に、共通の知人の消息である。
黒田［辰男］が象徴主義についての学位論文で博士号を取ったことはむろんご存じでしょう。除村［吉太郎］も元気です、かれにあなたからよろしくと伝えました。あなたの原稿「井上［満］の思い出」は未亡人に渡しました。文集は難航していて、秋にならないと出ないそうです。
ここで言及されているのは、井上満の遺稿と仲間たちの追想を集めた『折蛾』という文集のことである。ブブノワは、一九六一年春のモスクワでの個展に井上の肖像画を出品した。[5]
次の手紙には、米川の書いていた六月のソ連行きのことが、念頭に置かれているのではないかと思われる。

(4)一九六二年十月十日

私があなたに会おうとしなかったなどとお責めになるのはお門違いですよ。昨年は大原のせいでしたが、今年私たちは行きちがいになっただけなのです。私がモスクワにいるころあなたはレニングラードでしたし、私がレニングラードへ来るとあなたはモスクワへ行ってしまったし。私がコーカサスから戻るとあなたがコーカサスへ帰ってしまう、金子［幸彦］と横田［瑞穂］が幸運にもあなたに会えただけでした。

型どおりの挨拶と近況報告の後、美術界についての話が続く。

版画協会についてですが、記念展覧会はもう終わってしまったようです。参加者にきいてみましたが、棟方さん［棟方志功］は協会から分かれて板画院を創設しました。あなたの手紙を受け取ったとき、板画院の展覧会が白木屋でやられていて棟方さんにあなたの作品を渡すことができました。展覧会は終わってしまい、あなたの作品が売れたのかどうかわかりません。

この手紙から四年ほど前、まだ日本に滞在していた一九五八年一月、創作活動五十年を記念するブブノワの大きな展覧会が、棟方志功の日本板画院と読売新聞その他の協賛により、白木屋百貨店画廊で開催された。一九三〇年代、まだ棟方が無名だった頃に知り合って以来、ブブノワは棟方作品のもつ力強い個性に魅了された。五二年には棟方の創設した日本板画院に参加している。[6]

最近岡本唐貴［プロレタリア画家。漫画家白土三平の父親］があなたの初期の版画、抽象的なのが私のところにないか、電話できいてきました。なんでも鎌倉美術館がブブノワの小展覧会を企画していたようですけれども、残念ながら私の手元にあなたの抽象画はありませんでした。このときは忙しかったものですから鎌倉には行かれませんでしたので、どんなものが展示されていたのかわかりません。
あなたが頼んでいらした『みづゑ』と『アトリエ』のこと、忘れてしまって申しわけありません。今度はすぐにいくつか手に入れて送ります。

棟方志功による「板画」の展覧会と、夏にブブノワが会ったという日本の知人たちについては、ちょうど一ヶ月前の一九六二年九月十一日付ブブノワの安井亮平宛手紙に詳細が述べられている。一部を引用しよう。

〈…〉今年の夏に、モスクワとレニングラードで古い教え子や友人たちと会いました。二人の金子さん、斉藤勉さん、わたしの教え子の木村（?）さん［木村浩］、横田先生、それに画家の岡本唐貴さん、丸木さん（旦那さん）［丸木位里］と米川哲夫さんです。米川［哲夫］さんに、最近の作品のリノリウム版画を何点か『東京用』に上げました。十二月には「板画」の記念展が開かれると聞きました。わたしも参加を求められました。米川哲夫さんの所にあるリノリウム版画を出品できればうれしいのですが。この件について、父の米川正夫さんに書きました。もう帰国したに違いないのですが、息子さんの住所を知りませんので。機会がありましたら、米川哲夫さんにお話し下さい。「お願い」。[7]

おそらく、米川正夫が白木屋で棟方志功に渡したというブブノワの作品は、ここで言われている「東京用」として米川哲夫にあげたというリノリウム版画のことではないのか。ブブノワの書簡編者の安井亮平によると、この箇所はブブノワの「記憶違い」の可能性があるようだが、いずれにしても米川正夫が棟方志功にブブノワの作品を渡したことは確かで、書面の内容も一致している。

八杉貞利と日本ロシア文学会のこと。


八杉先生のことをおたずねですね。もう何年もロシア文学会長を辞めたいとおっしゃっていて、名目だけでいいから会長にとどまってくれと私たちもお願いしていたのですが、とうとう今年、もうどんな説得にも応じないとキッパリおっしゃられたため、近々総会で新会長を選出しなければなりません。

次の手紙では、上の手紙にブブノワがスフミの絵葉書を返したようで、その返事と、ブブノワが送ったという本の御礼が書かれている。

(5)一九六二年十二月二十五日
私のほうはあなたに『みづゑ』と、白木屋百貨店で展示された版画とともにあなたの肖像写真(昨年モスクワで佐々木[千世]が撮影したもの)入りで一頁分がブブノワに割りふられた雑誌を送りました。この雑誌にはいろいろな画家のいろいろな作品が掲載されております。

ところで、亡くなった井上を記念した本のことでおたずねの件にお答えするのを忘れていました。これは未亡人の私家版のため捗らず、まだできておりません。いつ出るのやらわかりません。

日本ロシア文学会の動静。

もう一つニュースがあります。私が日本ロシア文学会長に選出されました。八杉さんが老齢を理由に会長職にとどまることを固辞されたのです。どう学会を運営したものかまったく自信はありませんが、どうにかこうにかやってみようと思います。

次の手紙では、ブブノワから送られた三冊の本のお礼と、ブブノワ展がアルメニアのエレヴァンで開催されることについてのお祝いが述べられている。次の書簡からは手書きではなく、タイプで打ち込まれた手紙になる。米川の健康はもとより、気力が弱ってきたのだろう。

(6)一九六三年四月七日（タイプ打ち）
私はアルメニアには一度も行ったことがありませんので、なんだか羨ましいです。もしあなたと一緒に行くことができたら、なんという仕合わせでしょう。手紙では書けないことをいろいろおしゃべりするでしょうね。

私がなにに取り組んでいるか、なにをしているか、おたずねですね。最近私に起こったことでいちばん重大なのは、日本ロシア文学会長に選ばれたことです。

早稲田の同僚たちにとくに変わりはありません。除村がとうとう教授になりました。除村が議長をしている日ソロシア語学院はいや増しに栄えています。黒田は……家庭人としては不幸な人で……もっとも、これは手紙で書きつくせませんね。

ロシア文学会の「若い世代」について。

ロシア文学の分野では、現在私は『罪と罰』の創作ノートの翻訳に取り組んでいますが、収入的にはたいしたものでありません。その点若い世代、とくに原卓也などが活躍しております。

あいかわらず個人的に芸術で気晴らしをしております。一週間前に能をやり、明日は琴をやります。ついでなが

ら妻も明日、私の伴奏で歌舞伎風の日本舞踊をやります。〈…〉
哲夫が東京大学に落ち着きました。良夫はモノを書いたり翻訳したり。和夫のことはもうご存じですね。書き忘れておりました。中村融の息子が東京大学を卒業（美学）して結婚し、娘が生まれました。現在三人でローマに暮らしております。とうさん、じいさんには心労が絶えないわけです。中村の奥さん、白葉［中村白葉］の娘さんがいま病気で寝込んでいるのも、きっとそのせいにちがいありません。

次の手紙では、ブブノワが新居（オルジョニキーゼ通りД・34、кв・16。それ以前はツェレチェリ通りД・24）に引っ越したことのお祝いから書簡が始まる。哲夫が東京大学の講師になったこと、良夫が早稲田の大学院に入ったこと、ポーランドの和夫が来年夏に妻子と里帰りすることなどが書かれている。まず共通の知人についての消息。

(7)一九六三年九月二十日（タイプ打ち）
モスクワで黒田［辰男］とお会いになったそうですね、黒田は九月七日に帰国しましたけれども、まだ会っておりません、かれもまだ私を訪ねてきません。
佐々木千世がまたチェコスロヴァキアへ出かけたのをご存じでしょうか？　ひょっとすると彼女とお会いになったかもしれませんね？

その他、本や雑誌のやりとりのことが続く。ブブノワの日本訪問について。

ちかごろはお国から観光客が日本を訪問するようになりました。もう一度わが国を訪れ、ご自身の芸術の材料を増やしてみたくはないですか？　あなたの旧い知人たちができうるかぎりのおもてなし（ついでながら滞在先なども）をするでしょう。私たちはあなたとぜひ東京でお目にかかりたく思っております。

つづいて受け取った本の小包のお礼から始まる。ブブノワの新居（封筒のアドレスにはどういうわけか古いアドレスの「トビリシ通り4」とある）について。
(8)一九六三年十二月三日（タイプ打ち）
新しい素敵なお宅だと書いていらっしゃいますが、ぜひ拝見したいものです。ただ、マリーヤ・ドミートリエヴナのお世話で苦労なさっているのは残念です。お加減はいかがなのでしょうか？　もう起きることもできないのでしょうか？　あなたやアンナ・ドミートリエヴナのご心痛をお察し申し上げます。

姉マリーヤはこの十二月に他界した。[8]つづいて共通の知人の消息。

お手紙からペトローワさん［日本学者］が今年スフミに行かれたことを知りました。ただ、彼女が私の手紙を受け取っていないとは変な話です。私は彼女の手紙に毎度返事を出しました。ひょっとすると私の手紙は彼女がスフミへ出かけた後、レニングラードに着いたのかもしれません。私たちは彼女を、私が会長をしている日本ロシア文学会の名義で日本へ招待したく思っています。とはいえ、このための手続きが、たとえ払いが彼女持ちだとしても、面倒です。
せんだって私たちの学会が、名誉会長である八杉さんの米寿祝いのパーティーを開きました。雰囲気も良く、八杉さんにもご満足いただけたようです。ただ残念なことに、老中村氏［中村白葉］はパーティーに来られませんでした。ちなみに、八杉さんはちかごろ《謡い》に凝っていらっしゃって、来年は一緒に能をやる約束をしたのですよ。
この謡いについては、前年八杉自身がブブノワへのハガキ（年賀状）で知らせている。「いま私がどんな芸術をやっているかおたずねですね。いま私の唯一の気晴らしは、あなたもご存じの《謡い》に奉ずることなんですよ！」（一九六二年十二月三十日）。

米川の書簡に戻ろう。
日本の友人たちについては、黒田［辰男］を通じてもうご存じだろうと考えます。ついこのあいだ、岡本［唐貴］の個展があったばかりですが、私はサボって行きませんでした。

原卓也の活躍のこと。

原さん［原久一郎］の息子はご存じありませんか？　彼はいま作家同盟の招待でソ連訪問中です。十二月十二日に帰国します。彼はまだ若いにもかかわらず途方もない名声を博しているものですから、私なんぞは古い仕事で生活しているばかりです。それでもおかげさまで死ぬまでは生きていかれます。

翌一九六四年になってから、米川の体調が目に見えて悪化したようだ。前の手紙から十ヶ月もブブノワに米川は手紙を書いていない。その間の事情を米川はブブノワに説明している。ブブノワが個展などソ連で活躍している様子が、米川にはまぶしく映った様子だ。

(9)一九六四年九月五日
お手紙を拝見して、あなたが精神的にも肉体的にも若々しく、たくさん旅行したり、お仕事をなさったりしていることに打たれました。あなたのエネルギーとやむことのない行動力をうらやましく思います。いまのわたしには驚くべきことに思われます。
いま、わたしは病人です。それはこういう次第で始まりました。六月、少しばかりノドから血が出まして、医者はガンであるかもしれないからコバルト線治療が必要だというので、わたしは聖路加病院に入院したのです。一ヶ月で治療は終わり、わたしは北軽井沢へ出かけました。ただ医者が言うには、九月の初めには治療結果の検査のため、また病院へ来るように、ということでした。東京に戻りましたら、まだ少しコバルト治療を追加しなければいけないと医者が言います。しょうがないから言うことに従いましたが、入院することは拒否しました。それで毎日、もっとも車に乗ってですが、通院しています。痛みもだるさもなく、ほとんど元気なので、三週間もしたら医者も放免してくれるでしょう。

以下、息子たちも元気で、結婚して家庭を持ち、和夫が夏休みを利用して帰国し、ポーランド人の奥さんと子どもを連れてきたことなどが綴られるが、米川自身は病気を克服できなかった。次の手紙が、今のところ私が把握している限り、米川による最後のブブノワ宛の書簡である。

前年の一九六四年十二月下旬、教え子の安井亮平に、ブブノワは米川と八杉について、次のように問い合わせていた。「八杉先生と米川正夫さんについて知らせて下さい。［米川が］大病なのは聞いていますが、今はいかがですか。」おそらく、米川を案じてブブノワは手紙を書いたらしく、米川はブブノワに次のように返事を書いている。ほぼ全文を引用する。

(10)一九六五年五月五日
長い間ご無沙汰しておりまして、どうお許しを乞うたものかわかりません。たしか二月だったと思いますが、正確には覚えておりませんけれども、哲夫に私に代わって一月六日付けのお手紙にお返事するよう頼みました。ただ哲夫は私に文面を見せなかったものですから、なにがどう書いてあったのかわかりませんけれども、きっと私の病気のことや、あなたの素晴らしい贈り物が無事に届いたこと、あなたが私に変わらず暖かいお気持ちを向けてくださっていることに私が深く感じ入っていることを、あなたも知ってくださったものと思います。

前の手紙で私は、医者もじきに私を帰してくれるだろうと書きました。確かにコバルト線治療の第二段階は終わったのですが、それでもまだコバルトの効果を確かめるため、二、三週間おきに病院通いをしなければなりませんでした。それが年末まで続きました。ところが、ここで予期しないことが起こったのです。一月末に私は風邪を引き、五日ばかり寝込みました。風邪はたいしたものでもなかったので、私も気にかけていませんでしたが、定期検診で病院に行ってみるとレントゲン写真を撮られて、肺炎の明らかな痕跡が見いだされたのです。それも低温肺炎という特別なタイプらしく、老人や子供には危険なことが多いようなのです。医者が言うには、痕跡の消えるまで本格的な治療が必要らしいのです。しょうがないからまた入院して、二ヶ月半寝て過ごしました。そのついでに、医者は三度目のコバルト治療をいたしました。ノドにまだ気持ちの悪い感じが残っているのです。三月三十日にようやく退院しましたが、定期検診にまだ通わなければなりません。ワルワーラ・ドミートリエヴナ、ご了解いただきたいのですが、こんな状態でヒトは明るい元気な気分でいられるものではありません。とくに痛みはないものの、足が弱ってしまいまして、年をとった兆候です。友人たちに手紙を書けるほど、気持ちを盛りたてることもできないのです。面倒なのです。これが長きにわたる無沙汰の理由です。どうか私がだらしなくなったなどとお考えにならないでくださいね。

病院と縁を切ることができましたら、私は真剣に仕事にかかります。河出［書房新社］がドストエフスキー全集の新版を出したがっております。第一巻が十月に出ますので、見落としや誤りがないか、私も旧訳の見直しにすぐ取りかかります。

日本の旧友たちのことをおたずねですね、かいつまんで申し上げます。早稲田ではいま宮坂［好安］が一文の露文科長で、丸山［政男］が二文ですけれども、それに私は両手を広げるしかありません。佐藤勇はこの春高齢を理由に外語［東京外大］を辞めました。八杉さんはほとんど耳が聞こえなくなって、足もすっかり弱りましたが、頭は働いていてそんなにボケてもいませんので、自身心を痛めておりまして苛立っています。哀れです。除村はあいかわらずです。でも先だって「日ソ」協会が不幸な問題、というより中ソ論争で分裂しまして、日本共産党所属のメンバーは中国を支持してソ連を非難しましたが、多くのメンバーはソ連へのそのような態度に不満で（私も含めて）協会から出て、「日ソ友好協会」という新しいものを創設しました。このことは日ソ学院の発展に影を落とさないわけにはいかず、学院もますますたいへんになるばかりです、今ですら生徒数が減り続けているわけですからなおさらです。

以下、息子たち家族の消息（良夫に娘が生まれたこと、哲夫が東大の専任講師になったこと、など）、アンナ・ドミートリエヴナ（小野アンナ）への挨拶と続き、手紙は締めくくられる。

お手紙で、あなたたちお二人がご自分の天分にしたがい元気に働いていらっしゃるとうかがうことは、うれしいことです。それにひきかえ私は、見ためは健康そうなんですが、丸一年なにもせずに過ごしてしまいました。

米川正夫はこの年の十二月に没した。ブブノワからの米川正夫宛書簡は現存しない。[10]

＊

一九六五年というと私自身が生まれた年である。モスクワで、それも物置のような場所で以上のような文書に出くわすことは、それも自分の師にあたる原卓也の若き日の活躍ぶりの消息を、そのまた大先生にあたる米川正夫のブブノワ宛書簡で目にすることは、文字通りに度肝を抜かれるような体験である。正直、不思議な気がしてならない。

米川正夫の書簡原本は、おそらくほかにも、モスクワに眠っていることだろうと思われる。モスクワで鳴海完造直筆の手紙や、さらには島崎藤村の肉筆書簡[11]をふとした偶然から見いだしたときにも感じたことだが、文書にはヒトの痕跡が如実にあらわれている。当人の息づかいやクセ、一回性の身体的なリズムが生々しく想像されてくる。

おそらく、このような文書の「生態系」、文書のつなげるヒトとヒトのネットワークを少しでも明らかにすることが、われわれ後世の人間たちの課題なのではなかろうか。手紙や書物など文書が物理的に消えつつあるいま、そんな気がしてならない。

注

1　大原恆一『現代ソビエト学生気質　モスクワ大学留学第一号の記』（講談社、一九六三年）を参照。大原の訳したネクラーソフの翻訳『だれにロシアは住みよいか』（現代新書、一九五六年）が、モスクワ郊外ペレジェールキノの「チューコーフスキーの家博物館」に保管されている。留学にあたって、大原はチューコーフスキーに推薦文を書いてもらったという。その折にチューコーフスキーに贈ったものだろう。大原は滞在中、ロマーン・キムにも世話になったようだ（『現代ソビエト学生気質』二五頁）。
2　РГАЛИ Ф.3310. Оп.1. Ед.хр.267. Письма Сазаки Кийоко [Сасаки Тиёко の誤り] Бубновой В.Д. Л.2.
3　コジェーヴニコワ『ブブノワさんというひと』（三浦みどり訳）群像社、一九八八年、二八四―二八五頁。
4　米川正夫『鈍・根・才　米川正夫自伝』河出書房新社、一九六二年、一〇五―一〇六頁。
5　ワルワーラ・ブブノーワ「井上満さんの想い出」『折蛾　井上満　遺稿と追想』私家版、一九六三年、三八八―三九一頁。
6　コジェーヴニコワ、前掲書、一九六―二〇一、二六七―二七〇頁。
7　安井亮平編・訳『ブブノワさんの手紙』未知谷、二〇一〇年、二四―二五頁。
8　同、二八頁。
9　同、三四頁。
10　米川哲夫氏より太田宛私信。二〇一六年四月三日付。
11　太田丈太郎『「ロシア・モダニズム」を生きる　日本とロシア、コトバとヒトのネットワーク』成文社、二〇一四年、一六三―一七四頁。

第三章（補遺）　佐々木千世と池田健太郎のブブノワ宛書簡

モスクワのロシア国立文学・芸術文書館（РГАЛИ）に、ワルワーラ・ブブノワの古い書簡類やスケッチ、メモ、原稿のたぐいが保管されている。ブブノワと交際のあった人々の手紙は、おおかたここに収められている。とはいえ、すべてを網羅しているわけではまったくない。調査のプロセスで、今後もブブノワ関係文書がモスクワの、サンクト・ペテルブルクの、あるいはスフミのどこかで発見されることを期待したい。

佐々木千世（一九三三―一九七〇）と池田健太郎（一九二九―一九七九）が、同居していたのだろう、若々しく並んで映っている写真が私の手元に残された。おそらくそもそもは、佐々木からブブノワ宛に送られた写真なのだろう、コジェーヴニコワの文書から私が拾いあげた写真群の一部である。写真の裏には佐々木のロシア語で「わたしの住んでいるおうちの前で（わたしの家ではありません！）一九五九年三月」と記されている。

以下は、この写真に寄せる私の脚注である。

［一］佐々木千世のワルワーラ・ブブノワ宛書簡二通
本書第一章で述べたように、ブブノワは佐々木千世を実の娘のように可愛がっていた。「マリイーンカ」とロシア風の愛称で呼んでいた。佐々木もブブノワを、ほんとうの母親のように慕っていた。
内容から判断するに、この書簡二通以外にも、佐々木はブブノワに手紙を頻繁に書いた様子だが、いまのところこの二通以外、所在がわからない。佐々木へのブブノワの手紙の所在も不明である。

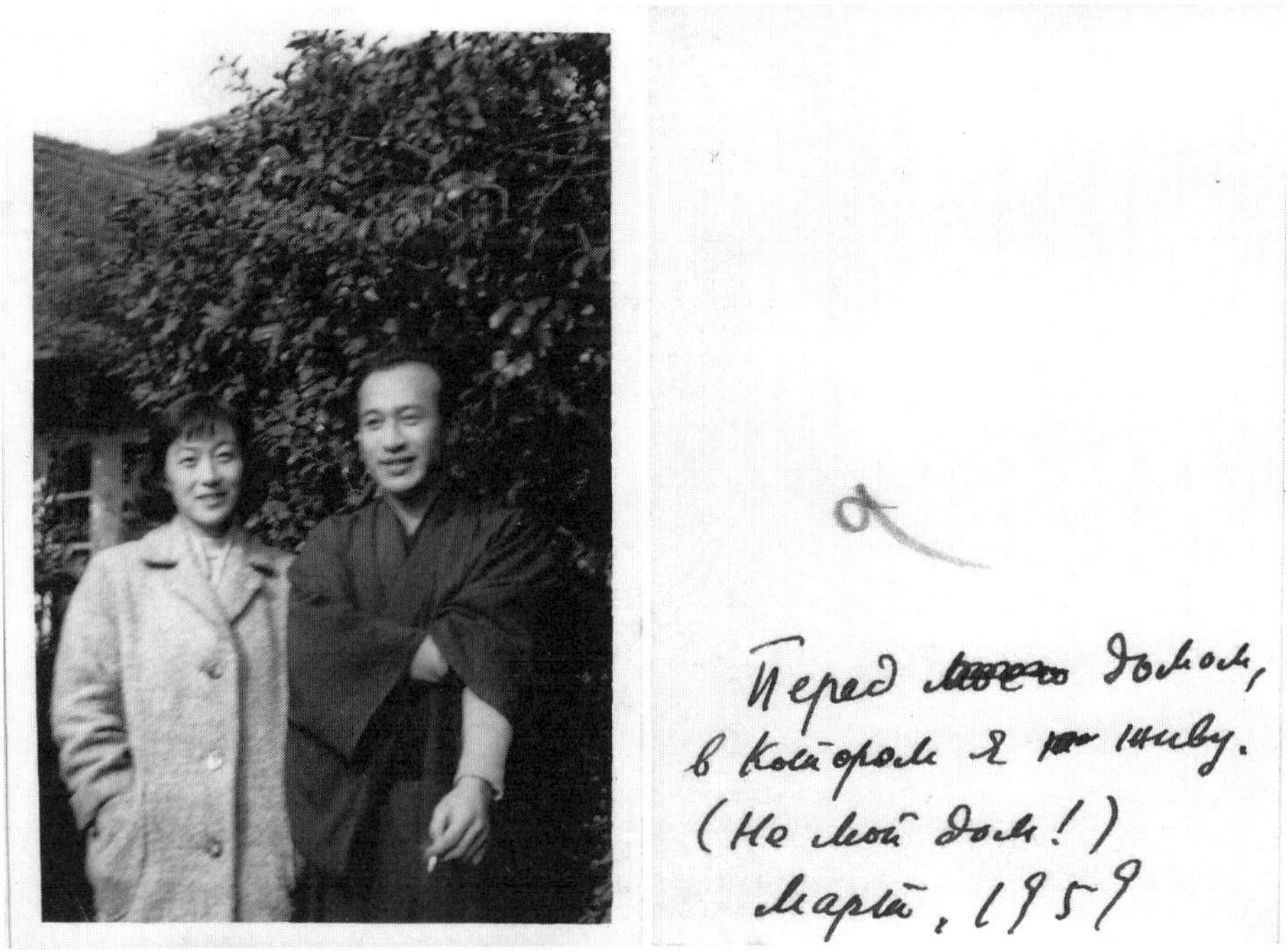

佐々木千世と池田健太郎、1959 年 3 月。
写真ウラに、佐々木によるロシア語のメモ

二通目の手紙で佐々木が「住まいを変えた」というのは、池田健太郎と同居していたのを解消したという意味だろうか？

おそらく「耳」がよかったのだろう、佐々木の伸びやかな、響きのよいロシア語が光る書面である。声に出して読んでみると、佐々木が日本語の文章語をいちいち翻訳せず、つたないコトバながらもロシア語の音声に基づいて、直接素直に、テクストを書き出していることがわかる。たとえば「ドブルィーニャ」と「ツェホーニャ」は、佐々木のなかでは音声連想として手紙に書く前からつながっていることに着目したい。「みどりの雨」が「みどりの石」の連想につながっているところも面白い。まず全体のイメージがあって、それを佐々木は殺さないで直接ロシア語にすることができたのだろう。

佐々木がどういう日本語を話したのかを私は知らない（この世に生まれてすらいない）が、おそらくロシア語と同様、ひじょうにストレートで直感的なコトバを駆使したのではあるまいか。それで誤解されたり、反感を持たれることも多かったのではないか？　佐々木については、開高健の小説があるだけなのが、ひじょうに残念である。

(1)一九六〇年四月十日（РГАЛИ Ф.3310. Оп.1. Ед.хр.267. Л.1-1 об.）
親愛なるお母さん、ワルワーラ・ドミートリエヴナ！

たったいま、わたしは『ヴィリーナ』の翻訳を終えたところです。

東京ではもう桜は散ってしまいましたが、どこもかしこも春まっさかりです、いろんな花が咲いています、紅いチューリップや、紫色のスミレとか……もういっぱい、ご存じですね。「みどりの雨」［緑雨］がしきりに降ります。静かな雨の下では息もしやすいです、黄緑色の柳の若葉とか……

わたしったら長いあいだお便りも差しあげないで！　ほんとうにすみません。でも、手紙のたんびにごめんなさいを繰り返していますね！　とっても忙しかったのです。そのうえ何日か寝込んでしまって（インフルエンザ）。どんなにかあなたとお目にかかって、お話がしたかったことでしょう！

いかがお過ごしですか？　お仕事はすすんでいますか？　こんどは姉妹三人でお暮らしになるのですね。素敵で

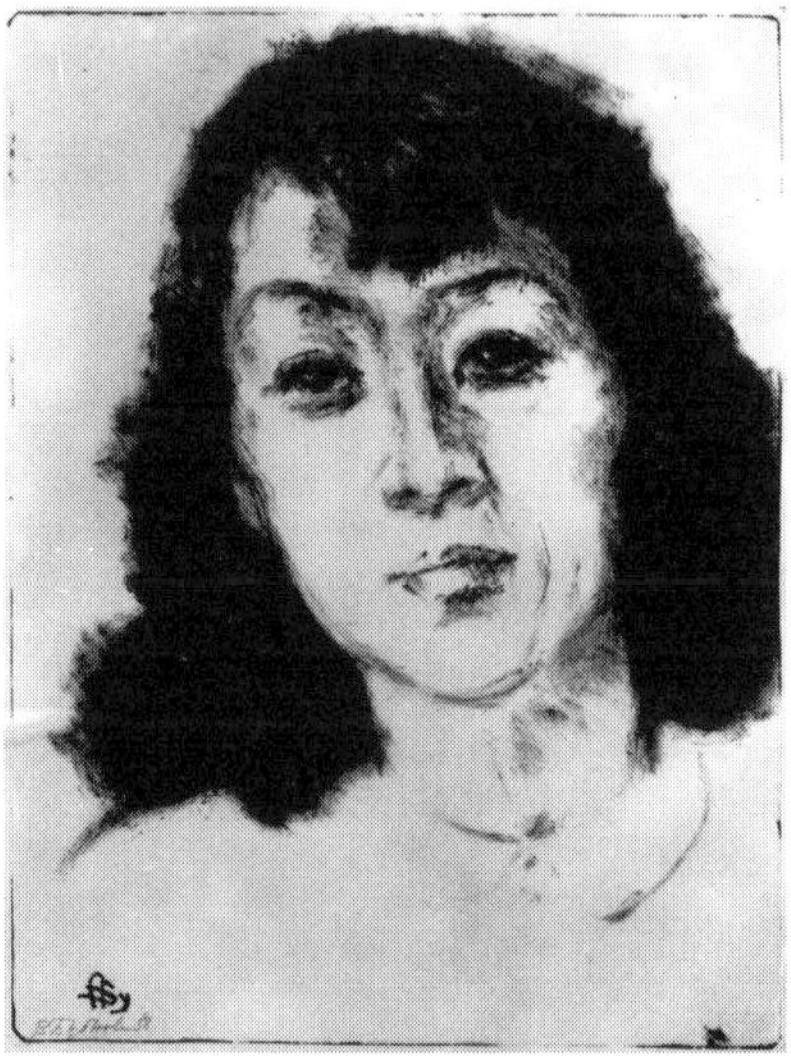

ワルワーラ・ブブノワ『佐々木千世の肖像』（1958 年）。ブブノワの評伝のためにコジェーヴニコワが遺した写真コピーより

す。いつかきっとお邪魔いたします。かならず会いましょうね！

いくつかお知らせがあります。

最初に、画家のドブルィーニャ（岡本唐貴）が《みどりの石》という画題でわたしを絵に描き、さきごろ「INDEPENDENT」に出展しました。ブラウスは「スイサイ」［水彩］のようにいろいろな色をしていますが、帽子は黄色く、背景は暗い緑色です……。総じて落ち着いたトーンです。ドブルィーニャ自身、この絵がとても気に入っているようです。

つぎに、二月半ばにイワン・ニコラーエヴィチ（ツェホーニャ――大使館の一等書記官）が離日しました。あなたによろしく伝えてほしい、モスクワに来ることがあったらうちに寄ってほしい（住所はモスクワ、カリーニン通り14）ということです。面白い良いヒトのようですね。あなたのことをとても尊敬している。あのかたと、いつもあなたのことを思い出したり、話題にしたりしていました。寄ってあげたら、きっとお喜びになると思います。

おととい、新聞の『ソビエト・ロシア』編集部から手紙を受け取りました。また記事を書いてほしいと頼んできたのです（「あなたの記事、当地では興味をもって受け取られています」と書いてありました）。わたし、承諾してやってみようと思っています、ロシア語で記事を書くのはむずかしいですけれど。記事が出ましたら、お知らせしますね。

(2)一九六〇年五月十八日（РГАЛИ Ф.3310. Оп.1. Ед.хр.267. Л.2-3.）
親愛なるお母さん、ワルワーラ・ドミートリエヴナ！

ごめんなさい！　またわたし、怠けてしまって。まえに手紙を書いてからもう一ヶ月以上も経ってしまいました。

今日ようやくアンナ・ドミートリエヴナ［小野アンナ］が出発しました。わたしたちは東京駅のプラットフォームでお別れをしました。すぐにいろいろ思い出しました。［ブブノワが帰国してから］もう二年が経ったのですね……。

いかがお過ごしですか？　黒田教授［黒田辰男］があなたのことを、手紙で書いてよこしてくれました。でも、それでは足らない。あなたご自身からお手紙をいただかないと。

いつものとおり、わたしはたくさん仕事をしています。四週間前に二つ目の記事を送りました。いまは助手として、ソビエト採鉱業（たとえば石炭の水路輸送とか……）の資料の翻訳をしています。毎日早稲田大学にいます。先生がたはみなお元気です……。

思い違いでなければ、『方丈記』のテクストをお望みでしたね。このあいだやっと見つけました。ちいさな贈り物（純日本式の手ぬぐいです）と一緒に、アンナ・ドミートリエヴナにゆだねました（アンナ・ドミートリエヴナの荷物番号二十七のお布団に入れてあります）。

ところで、わたしは住まいを変えました。新しい住所はこちらです（片岡様方、清水町百二十四番地、杉並区、東京）。（おぼえていらっしゃるかしら、オカさん、作家片岡鉄兵の未亡人で、米川［正夫］夫人のお友だちのかた。）

どうぞおからだに気をつけて！　お手紙をくださいね。ではごきげんよう、さようなら。

あなたのマリイーンカ

追伸
九月に、池田さんの住所宛に、本の小包を送ったと書いていらしたでしょう？　まだ池田さん、受け取っていないのです。郵便局で聞いてみたのですが、小包の荷物番号がわかれば簡単にわかるのだが、と言われました、いったい日本へ無事に届いたのだろうか……。郵便の受取証番号を教えていただけますでしょうか？
このお手紙、きっと間違いだらけだと思いますが、それも急いでロシア語を書いたからです……。ごめんなさい！

［二］池田健太郎のワルワーラ・ブブノワ宛書簡一通

佐々木と比べると池田健太郎のロシア語はいかにも文学者、本のヒト、文章語ばかりと付き合っている人間の書いた、ギクシャクしたぎこちない、音声としていびつなロシア語である。決して練達のロシア語ではない。

とはいえ、池田のプーシキンに寄せるひたむきな思い、自分こそはプーシキン研究の第一人者だ、という強い自信が書面にうかがえ、こころ打たれる。ペンを進めていくにつれ、池田の書面がいつのまにか『エヴゲーニー・オネーギン』風の時代の姿態とトーンを取りはじめるのは、じつに注目すべき点である。

池田がほかでもない鳴海完造からプーシキン研究文献への手ほどきを受けたことを思えば、書物とヒトの織りなす縁（文学とは本来そういうものではないのか？）がまざまざと想像され、私などは胸がいっぱいになってしまう。「彼ら［ロシア文学研究者たち］は翻訳をし、みすぼらしい借り物の『思想』をふりまわし、研究と称してたまたま入手した論文を拙速的に紹介してわが事おわれりと澄ましてきた。またわが国の文学風土の要求するところも、その域を出なかったのである」[1]という池田の辛辣な批判はいまも生きている。池田の仕事への思い、プーシキンをめぐる研究はもとより、自分の叙述スタイルに寄せる自信の揺るぎなさに、私は襟を正す。[2]

(1)一九七三年四月二十日（РГАЛИ Ф.3310. Оп.1. Ед.хр.167. Л.1-3.）
親愛なるワルワーラ・ドミートリエヴナ！

申し訳ない、あなたの懇切なお手紙に、かくも長いあいだお返事もせず、ひゃっぺんでも、かさねがさね申し訳なく思っています。多忙きわまりないのです――それもあなたもご存じのとおり、プーシキンの著述にかかりっきりでして、くたくたなのです。プーシキンの生涯についてもう六百枚（日本式の）も書きました。すでに八回を中央公論社の月刊文芸誌『海』に連載しました。次号には一八二六年、ミハーイロフスコエでの幽閉後、プーシキンのモスクワ帰還のことを書きます。秋のおそい頃までこの仕事を続けて、来年春の早い頃に単行本［『プーシキン伝』中央公論社、一九七四年］として出版されるでしょう。むろん出版されたら、あなたにお送りします。

わたしはもう何度も、プーシキンの全著作を読み通しました。いまやわたしは、この偉大な詩人のことを、日本の誰よりも知っているように思います、かれの詩の美しさと力をまた新たに感じます。わたしの仕事は、手紙も含めてもっぱらプーシキン自身の著述に基づくものです。詩人によるこれらの作物のほかに、わたしはショーゴレフやモッザレーフスキー、トマシェーフスキー、ブラーゴ、ブローツキーなど、過去のプーシキニストたちの研究をたくさん読みあげました。

わたしは自分の仕事の成功をうたがいません、この仕事は日本における外国文学研究の分野でも第一級の試みであると信じます。とはいえ、この仕事は第一に、他の類書と叙述スタイル、つまり文体が違っています。あなたにわたしのコトバの力がおわかりいただけたらいいのですが。

プーシキンの生涯をめぐるこの仕事は、おそらく、ロシア文学とロシアの作家たちをあつかうわたしの最後の仕事になるでしょう。大学の職務を投げ出したのだから、自分の作家活動のために新境地を拓かなければなりません。ながいことロシア語を書いていませんでした。外国語で書くのは、わたしにはなんと難しいことでしょう！だから自分の労作のことしか、わたしは書きませんでした。たぶんご承知だろうと思いますが、いろいろほかのことも書きたかったたし、あなたにいろいろおうかがいしたかったのですが、いまはここでペンを置きます。

このあまり文法上整っていない手紙が、わたしの長きにわたる無沙汰を補ってくれようとは思いません。それでも、このような手紙であろうと、音沙汰のない友情よりかはずっとマシであろうと信じます。

池田健太郎
［日付］

追伸
妹さん、アンナさんはどうしていらっしゃいますか？　あなたもどうお過ごしでしょうか？　お身体の加減はいかがですか？　ガリエワさんと息子さん［ブブノワ宅に出入りする気易い隣人］に、くれぐれもよろしくお伝えください。
東京は暖かです。桜は散ってしまいました。新緑がとてもきれいです。

池田は一九七一年の十一月に、スフミのブブノワを訪ねた。池田はブブノワと佐々木のことを語り合った。ブブノワは日本を離れるとき、可愛がっていた大学生の佐々木を池田にゆだねていった。

二人は恋に落ちたが、佐々木のブブノワ宛手紙に見えるように、やがて別れた。佐々木はソ連・東欧の旅に出て、ドイツで学位を取った。佐々木は七〇年三月に自動車事故で亡くなった。三十六歳の短い生涯だった。

「わたしは、あなたがS女［佐々木］と結婚してくれればいいと、どんなに願っていたことでしょう」ブブノワさんは、こう語った。「あなたと結婚していれば、S女もまさか……でも、運命ですね」[3]

ブブノワは池田に、『エヴゲーニー・オネーギン』を朗読した。タチヤーナの手紙、足の叙情詩、モスクワを歌った男性韻の数行、それからレンスキーの墓参の数行。[4]それは池田には、寄せては返す波音のようにも聞こえた。単調な音のリズムと、それでも寄せるたび微妙に差異のあるくぐもった音高をコトバにしえないことが、池田にはもどかしく感じられた。

「時間が、砂のように、指のあいだからこぼれ落ちて行く……」

佐々木は池田に外国からこう書いてよこした。五十歳という若さで池田も早世した。

注
1　太田丈太郎『「ロシア・モダニズム」を生きる 日本とロシア、コトバとヒトのネットワーク』成文社、二〇一四年、二四九―三七六頁。
2　池田健太郎『わが読書雑記』中央公論社、一九八〇年、一九頁。
3　同、一五六頁。
4　同。

第四章　ハールジエフとブブノワの往復書簡――「青年同盟」をめぐって

1

ここ数年ロシアでは、ワルワーラ・ブブノワがブームである。二〇一七年九―十月にモスクワ・アルバート街にある「アンドレイ・ベールイの家博物館」でブブノワの小展覧会が催されたほか、一八年八―九月にはヴォローネジ州クラムスコイ記念美術館で、ブブノワの教え子アレクサンドル・ロゾヴォーイ氏のコレクションからなる小展覧会が開かれた。一八年十一月末から翌一九年一月まではモスクワの「シャージナ画廊」で、さらに一九年八―九月には「マリーナ・ツヴェターエワの家博物館」で、やはりロゾヴォーイ氏のコレクションの小展覧会が開催された。「ベールイの家博物館」での展覧会初日と、ヴォローネジでの展覧会閉会日、「ツヴェターエワの家博物館」での小展覧会には私も参加し、日本時代のブブノワの業績をめぐって未刊行アーカイヴ調査にもとづく講演をおこなった。

それればかりではない。ブブノワが来日前に所属していたサンクト・ペテルブルクのアヴァンギャルド芸術家集団「青年同盟」をめぐる初めてのきわめて重要な展覧会が、二〇一九年七―九月、サンクト・ペテルブルクのロシア美術館で開催された（ただし、ブブノワの作品二点はカタログ掲載のみ）[1]。この展覧会はモスクワでも開催された（二〇一九年十月から二〇二〇年一月まで）。

二〇一五年の秋以来、私はイリーナ・コジェーヴニコワの遺した文書の整理と意味づけに取り組んでいる。文書のなかにロシア・アヴァンギャルド芸術研究の第一人者であるニコライ・ハールジエフ（一九〇三―一九九六）のブブノワ宛書簡原本（しめて四点）がまぎれているのに気づいたのは、ちょうど米川正夫の書簡を発見したときと同じ二

左：「青年同盟」第 1 回展覧会ポスター（1910 年 3-4 月）
右：「青年同盟」第 2 回展覧会ポスター（1911 年 4-5 月）
いずれも 2019 年 9 月 2 日、サンクト・ペテルブルクのロシア美術館で太田撮影

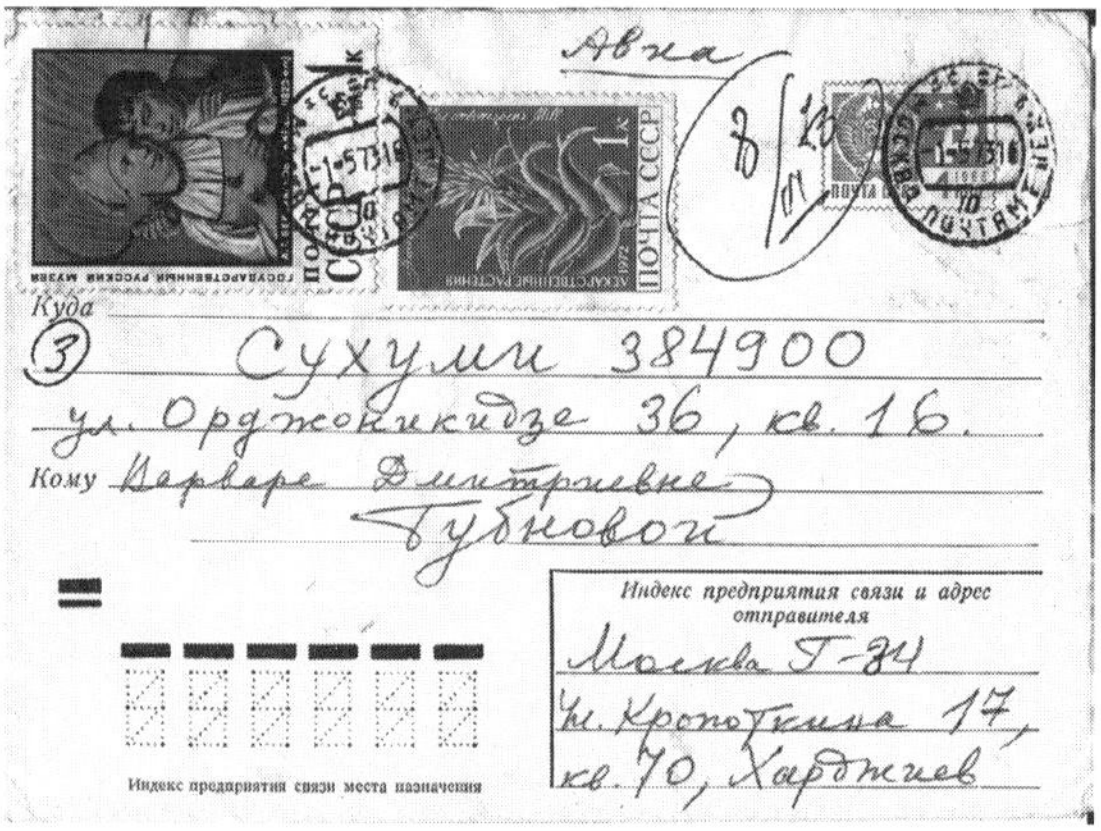

1973 年 4 月 30 日付け（消印は 5 月 1 日）、ハールジエフのブブノワ宛書簡封筒。ブブノワの字で同年 6 月 8 日に返信したことがメモされている

〇一五年秋のことだった。コジェーヴニコワは晩年、ブブノワの遺した文書やスケッチブックなどをロシア国立文学・芸術文書館（РГАЛИ）に引き取ってもらえるよう努めたが、すべてが受け取られたわけではなかった。文書館が受け付けなかった（あるいはコジェーヴニコワが渡さなかった）書類のなかに、ハールジエフのブブノワ宛書簡原本が見つかったのである。とはいえ、肝心のブブノワによるハールジエフ宛返信がどこにあるのか、ながらく見当もつかなかった。

ハールジエフは生涯、個人的な付き合いのあったカジミール・マレーヴィチやミハイル・マチューシン、ヴラジーミル・マヤコーフスキー、ピョートル・ミトゥーリチ、エル・リシツキーなどロシア・アヴァンギャルドのアーティストたちの作品や原稿、書簡類を保管・収集、それをもとに研究をつづけてきたのだが、不遇のため晩年はオランダのアムステルダムへ移住（一九九三年）し、それにともないかれの貴重きわまりないアーカイヴも、モスクワとアムステルダムで二分されることになった。文書の国外持ち出しをめぐって大きなスキャンダルが持ち上がったが、それについては詳述しない[2]。

二〇一一年、モスクワのロシア国立文学・芸術文書館とアムステルダム市立美術館のあいだで交渉が成立し、ハールジエフのアーカイヴ原本はすべてモスクワに一本化されることになった。アムステルダム市立美術館は原本を写したマイクロフィルムやＰＤＦ文書を所有している。一七年末、ロシア国立文学・芸術文書館はハールジエフのアーカイヴを出版物として刊行しはじめたが、アーカイヴそのもの（Ф.3145）は、ハールジエフ自身の遺志により、一九年十一月まで公開されない。一七年十月十一日から翌一八年一月三十日まで、ハールジエフが所有していたアヴァンギャルド芸術家たちの手稿やスケッチ、作品類をめぐるきわめて重要な展覧会が、モスクワの主催者「IN ARTIBUS」基金の建物で開催された。

二〇一八年五月、サンフランシスコに在住するロシア・アヴァンギャルド芸術の研究者アンドレイ・ウスチーノフ氏から連絡があり、ウスチーノフ氏がアムステルダム市立美術館で得てきたハールジエフのＰＤＦ文書のうち、ブブノワのハールジエフ宛返信（しめて三点）を見せていただいた[3]。

本章では、これまで未発表のハールジエフとブブノワの往復書簡を紹介する。作業はまだ最終的には完了していない。この往復書簡を時間と場所に即して生かし、意味づけるための一道程、最初の一歩にすぎない。注も完備されておらず、「青年同盟」の意味づけについても未完成ではあるが、ハールジエフのアーカイヴが一般に公開されるのと、また「青年同盟」の全貌が単なる文献的なデータでなく、一連の絵画作品として明らかになりつつある現在のプロセスと、同じタイミングで発表することに本章の意味があるため、不明な箇所も多いまま、あえてここに紹介する。「青年同盟」自体のロシア・モダニズムにおける位置づけをめぐっては、一九〇九年をだいたいの境とするその前史と、革命後の一九二〇—三〇年代におけるメンバーたちの動向（不幸にも急逝したり、亡命した者が多い）も含めて、別に稿を改める必要がある。

以下、二人の往復書簡はもとより、コジェーヴニコワとブブノワの往復書簡を援用しながら、遺された手紙を時間と場所のネットワークに浮かべてみたい。書面の改行は原本にもとづく。引用が長く読みづらくなるかもしれないが、貴重な書簡であるため、ほぼ全文を訳出する（省略箇所は〈…〉で示す）。混乱を避けるため、便宜的に書簡には番号をふった。奇数はハールジエフ（全四通）、偶数はブブノワ（全三通）の書簡をしめす。

2

なぜハールジエフがブブノワに手紙を書いたのか。最初の手紙の日付は一九七三年四月十七日。それによると、一九二〇年代末にオデッサからモスクワへ移ってきて以来、ロシア・アヴァンギャルド芸術の成立と生成について、リアルタイムとは言えないまでも、それぞれの分野の最前線でまだ活躍していた芸術家たちから直接証言を集め、かれらのアーカイヴをもとに研究を続けてきたハールジエフが、ブブノワに対していわば書面による「聞き書き」をたちあげようとしていたことがうかがえる。[4] ブブノワは来日（一九二二年）する前（一九一〇年代前半）、サンクト・ペテルブルクの前衛芸術家集団「青年同盟」に所属していた。

「青年同盟」成立の経緯をざっと述べると、以下のようになる。「青年同盟」は、ニコライ・クリビーンの象徴主義的傾向の見られたグループ「トレウゴーリニク（三角形）」を離れたメンバーたちを中心に、一九〇九年春に形成されはじめた。当初のメンバーはヨシフ・シコーリニク、エドゥアルド・スパーンジコフ、ヴァレンチン・ブィストレニン、ミハイル・マチューシン、エレーナ・グロー、サヴェーリー・シレイフェルなど。「青年同盟」は伝統的な美術アカデミー流の絵画から逸脱するあらゆる新機軸に対してオープンで、その結果いろいろな芸術スタイル（象徴主義、ネオ・プリミティヴィズム、立体未来主義、光線主義）がグループに混在することになった。翌一〇年一月初めにマチューシンとグローらが脱会、設立委員はスパーンジコフ、ブィストレニン、レーフキー・ジェヴェルジェーエフの三人になった。一月末にジェヴェルジェーエフの資金で新しいアトリエが用意され、同じ頃ヴォルデマール・マートヴェイが加入した。その後マートヴェイはピョートル・リヴォーフと、サンクト・ペテルブルク美術アカデミーの仲間たちをグループに誘い入れた。パーヴェル・フィローノフ、コンスタンチン・ディーディシコ、スヴャトスラーフ・ナグーブニコフ、ワルワーラ・ブブノワ、アナスタシーヤ・ウハーノワ、レフ・ミテリマン、その他である。「青年同盟」最初の議長にはスパーンジコフ、その後一三年一月からジェヴェルジェーエフが務めた。シコーリニクが常任書記を務めた。[5]
一九一〇年三月に最初の展覧会が開催された。「青年同盟」メンバーのほか、ナターリヤ・ゴンチャローワ、ミハイル・ラリオーノフ、イリヤ・マシコーフら、モスクワのアヴァンギャルド芸術家の作品も共同で展示された。展覧会「青年同盟」は一九一〇年三月から一四年一月までに七回（リガで一回、モスクワで一回も含める）開催され、[6] グループと同名の雑誌が三号発行された。一九一三年十二月に上演されたマヤコーフスキーのモノドラマ『悲劇ヴラジーミル・マヤコーフスキー』（フィローノフとスパーンジコフの美術）や、ロシア未来派のクルチョーヌィフ、マチューシン、マレーヴィチのオペラ『太陽の征服』など、ぜんぶで四回の舞台上演をおこなった。[7]「青年同盟」の活動は展覧会開催、機関誌発行、前衛的な舞台、公開討論会など多岐にわたり、メンバーの出入りも多かったため、その全貌はいまだ充分に把握されているとは言いがたい。
ジェヴェルジェーエフはサンクト・ペテルブルクの目抜き通り、ネフスキー大通りにある百貨店「ガスチーヌイ・ドヴォール」にも店を構える、教会で使用される錦やその他用具の工場主の息子で、舞台芸術に関わるスケッチやコスチューム、書籍のコレクションで知られる。それが革命後、今日のサンクト・ペテルブルク国立舞台・音楽芸術博物館所蔵コレクションの土台となった。ジェヴェルジェーエフは「青年同盟」の運営ばかりでなく、『悲劇ヴラジーミル・マヤコーフスキー』や『太陽の征服』の上演にあたって資金を援助したパトロンとしても知られる。その娘タマーラは、革命後のペトログラードで偉大なキャリアをはじめたばかりのバレエ・ダンサー、ジョージ・バランシンと知り合い、かれの最初の妻（タマーラ・ジェーワの名前で知られる）になった。[8]
一九一二年四月に出た機関誌『青年同盟』第一号に、ヴラジーミル・マールコフ「新芸術の諸原理」第一部が掲載された。[9] ヴォルデマール・マートヴェイ（一八七七―一九一四）の筆名である。リガ生まれのラトビア人で、ブブノワの最初の夫になった人物だ。かれは事実上、グループを理念的にも実際面でも主宰した。アヴァンギャルド芸術とは無縁に感じていたブブノワも、サンクト・ペテルブルク美術アカデミーで先輩だったマートヴェイの感化で、二十世紀芸術に関わるようになった。第一号にはブブノワも、「Д・ワルワーロワ」の筆名で寄稿（「ペルシアの芸術」）した。

ヴォルデマール・マートヴェイ
（1877-1914）

それから六十年を経てロシア・アヴァンギャルド芸術、なかでも「青年同盟」の当事者としての直接的な証言を求めて、ブブノワにハールジエフが近づいてきたのだった。「青年同盟」に所属していた仲間たちやかれらのその後の消息について、ブブノワもハールジエフに手紙で質問した。

［① 一九七三年四月十七日、ハールジエフのブブノワ宛書簡］
敬愛するワルワーラ・ドミートリエヴナ！ わたしは「青年同盟」と、一九〇七年から一七年までの芸術集団の生成史を書いた[10]ニコライ・ハールジエフです。あなたのことは昔、わたしたちの共通の友人ニコライ・プーニンからたくさんうかがいました。たったいま、あなたのことをイリーナ・コジェーヴニコワさんがよくご存じである

と知りました、コジェーヴニコワさんと仕事の用事で会ったのです。あなたとおつきあいを始めることができれば幸甚です。
一週間後､受け取ってほとんど即座にブブノワは返事をしたためた。ハールジエフの手紙から若き日の「修業時代」が思い起こされたのだろうか、モスクワからスフミまで、手紙の届く日数にかんがみても、ひじょうに素早い応答を見せている。

［② 一九七三年四月二十四日、ブブノワのハールジエフ宛書簡］
尊敬するニコライ・イワーノヴィチ！
あなたの短いお手紙はわたしにほんとうの喜びをもたらしました。一九〇七―一七年はわたしの青春の日々であり、いちばん懸命に絵を学んだ時期にあたります。なぜならちょうど一九〇七年から一四年まで、わたしは美術アカデミーで学んでいたからです。この時期をご研究するにあたっては、あなたもヴラジーミル・イワーノヴィチ・マートヴェイという人物と、造形芸術全般の生命と生成史をめぐるかれの書きものに出くわさないわけにはいかなかっただろうと思われます。ヴラジーミル・マールコフという筆名で出ておりました。たぶん、どこかでニコライ・プーニンから聞いて、あなたもご存じだろうと思います。プーニンをめぐっては、わたしにはそれこそ光あふれる思い出と、このうえなくかなしい思いが残っています。

3

ニコライ・プーニン（一八八八―一九五三）は、詩人アンナ・アフマートワの夫だった芸術学者である。一九二七年五―七月、朝日新聞社の主催で東京・大阪・名古屋でソビエト現代芸術家の作品を一堂に集めた「ロシヤ展」が開催された折り、展覧会のソ連側総責任者として来日した。展覧会開催にあたって、ブブノワはプーニンの手伝いをすることになった。気むずかしいと聞いていたプーニンであったが、サンクト・ペテルブルクの芸術家に共通の知り合いも多く、なによりプーニンは、ブブノワの最初の夫マートヴェイを高く評価していた。
最近ロシアはヨーロッパ文化の直接影響から離れて、芸術の多くの領域に於て古代の民族的伝統へ復帰した。そして此の古代ロシア美術は東方的要素に充ちたものである。〈…〉ロシアの美術界には今日一つの運動が起っているが、この運動はロシアの美術家を日本、支那、印度、波斯の文化との接近へ力強く呼んでいる。[11]
来日にあたってプーニンは『改造』でこのように論じたが、あとで見るように、これが「自由な新芸術」をめぐるマートヴェイの一連の仕事も念頭に置いての発言であることは言うまでもない。
プーニンの回想はこれまで部分的に発表されただけだった。二〇一八年、プーニンの遺産相続人たちの手で、その完全版が初めて出版された。「青年同盟」の主要メンバーをめぐるかれの貴重な回想から引用しよう。
「青年同盟」はもうながらくペテルブルクの道標になっていたが、そこに集まったのはみな、もの静かな連中だった。のちに美術アカデミー委員を務めるシコーリニク、スパーンジコフ、早世したマールコフ。シコーリニクは背の小さい臆病な男で、いちいち自分のフレーズを、重たげな大きいまぶたを持ち上げては、なにか？　という質問でしめくくるのだった。このまぶたのためにかれはヴィー［ゴーゴリの同名の小説に出てくる妖怪］というあだ名がつけられたが、ヴィーなんてものではなかった。なんでも恐ろしがっていて、話をするときには肘を人形のように身体に押しつけ、絶えず小さな手を広げてみせるのだった。うるさいことがきらいで、清潔できちんとしていることを好んだ。〈…〉
スパーンジコフはもっと静かな男だった。かれがなにを話しているのか、なにを求めているのか、聞き取ることも理解することもできなかった。ひさしのような眉毛がいかにも陰気だったが、空色の目は静謐だった。いつも飢えているかのような具合に巻きタバコを吸った。たぶん、実際にそうだったのだろう。かれがなにで生計を立てているのか、わたしは知っていなければいけなかったのに、知らなかった。スパーンジコフは［賃かせぎのための］

工芸品の製作をしなかった。
マールコフとわたしは会ったことはなかったが、かれもさわがしい連中の同類ではなかった。中国やペルシアを夢見、『ファクトゥーラ』『イースター島の芸術』『黒人芸術』の三冊を世に遺した。必要な本だ。もし早世しなかったなら、わたしたち［前衛芸術］の仲間うちでも、第一人者になったことだろう。ほかの誰よりもいま芸術になにが必要なのかを知っていた、誰よりも良くものを見ており、理解していた。[12]
プーニンの来日時、折を見てブブノワは、日本で結婚した夫ヴラジーミル・ゴロフシコーフと一緒に、プーニンを日本の観光名所に案内した。展覧会終了後の七月十二日、プーニンは彼らの自宅に招かれ、ささやかながら結婚（ソ連全権代表部での結婚登録）を祝う宴席にも加わった。プーニンの帰国後に書かれたブブノワの手紙（書かれた場所が「ヨガワ」とあるが湯河原のことか？）が公刊されている。

親愛なるニコライ・ニコラーエヴィチ！

熱海から、海と岩、温泉からあいさつを送ります。熱海へは歩いて行ってきました。私たちは山の、あなたもご存じのようなホテルにいます。一日中あなたのことを、あなたとした散歩や、あなたが広々としたところや暖かい気候に喜んでいたことなど、思い出していました。わたしたちのこと覚えていらっしゃいますか？　何事もなく暮らしています。あなたはいかが？　あなたとアンナ・アンドレーエヴナ［アフマートワ］にご挨拶を送ります。〈…〉[13]

ブブノワとゴロフシコーフは、プーニンの娘イリーナ（当時六歳）にも絵はがきを送った。

かわいらしいイリーナちゃんに、お山と雲に囲まれた高いところの湖で、お舟に乗ってお便りします。B［ワルワーラ］おばちゃんより。青い水。白い雲。お舟を漕ぐ音。冷たいお水。緑の木々の間に赤いお花が咲いています。

「ロシヤ展」会場（東京か？）と観衆。左にペトロフ゠ヴォートキン（『アンナ・アフマートワの肖像』が見える）とダヴィード・シテレンベルクの作品、正面にエレーナ・ベーブトワの作品が見える。© Наследники Н. Н. Пунина, 2018.[15]

お父様の楽しそうなお顔。青い海、高いお山、いくつもの湖、谷、お花、それが日本です。Ｂ［ゴロフシコーフ］。箱根。[14]
それから四十年もの歳月を経て、一九六六年九月、ブブノワはエヴゲーニー・コフトゥーン（レニングラードのロシア美術館版画部学術研究員）に宛てて、プーニンと過ごした日本の日々を回想する手紙を送った。長くなるが、ブブノワとプーニンのこまやかな交流が丁寧にえがき込まれている書面なので、ここに引用する。

プーニンが展覧会と一緒にやってくると知って、郷愁と孤独感にさいなまれていたものですから、かれと近づきになることにしました。東京はまだ一九二三年の大地震と火事からすっかり立ち直ってはいませんでした、〈…〉かれには《ソビエト市民》（日本には亡命ロシア人がたくさんいたのです）で画家だと紹介されたことを覚えています。なにかしらすぐ、気持ちの良いつながりがかれとのあいだにできたものですから、わたしはヴラジーミル・イワーノヴィチ［マートヴェイ］の話をしました、わたしの人生をひっくり返してしまった（そう表現したことを覚えています）かれの死のことを話したのです。当時プーニンがマートヴェイの仕事を知っていたかは存じません。〈…〉

展覧会の開会も、展覧会そのもののことも、展覧会を日本の観衆がどう迎えたかもおぼえておりません。とはいえ、プーニンとわたしたちはすっかり仲良くなりました。わたしがあまり絵画の仕事をしていないといって、プーニンはわたしを責めました。二つの大学で講師になったばかり［一九二四年より早稲田大学、二七年から東京外国語大学でも］で、ロシア文学の勉強をたくさんしなければならなかったのです。絵画というよりは、日本の工芸学校で習ったリトグラフで抽象的なものを制作して展示していましたけれど、プーニンはたいして褒めてはくれませんでした。
七月十二日、プーニンがわたしの小さな日本家屋で催された結婚の宴席に来てくれました、夫と領事館で結婚の登録をしましたので、それで宴席を設けたのです。宴席は家に釣り合ったつつましいものでした。イワシの缶詰とレモネードがメインなのです。プーニンがイワシの缶詰を好むことがわかりました、ソ連にまだなかったのです。夕方、わたしたちはプーニンと二階のベランダに座っておりました、ちっぽけな庭にのぞむベランダがあったのです。プーニンはとてもやわらかな夢見がちの気分にひたっていました。七月の夜は痛いくらいにものやわらかで、夢想へいざなうかのようでした。〈…〉唯一奇跡のようにわたしの手元に残った写真をお送りします。プーニンはおいしそうに日本茶を飲んでいます。キモノを着て、温泉につかったあとのようです（熱海で）。わたしはかれとふざけています、もっとも、写真は夫が撮ったのですが。〈…〉[16]
ブブノワがハールジエフに伝えている、プーニンをめぐる「光あふれる思い出と、このうえなくかなしい思い」というのは、のちにプーニンが逮捕され（一九三八年と四九年の二度）、獄死したことを指しているばかりでなく、日本での楽しい日々を一緒に過ごしたゴロフシコーフのことをしのんで言ったものと思われる。「二・二六事件」以降、敗戦にいたるまで、ブブノワ夫妻は「敵国人」として非常につらい生活を強いられた。ともに苦難に耐えてきた夫ゴロフシコーフは、戦中のストレスが原因で、戦後まもなく急逝した（一九四七年）。
他方プーニンもまた一九四二年の冬、ナチスに包囲されたレニングラードで、娘のイリーナに「太陽のあふれる日本」の思い出を語ったという。日本の花、海、岩場、色鮮やかなキモノや風に揺れる提灯、東京の路上で鳴る風鈴——食糧もなく燃料もない、凍えるようなアパートで、プーニンはこの世と別れるかのように、娘と孫娘アーニャ、イリーナの従兄弟イーゴリ・アレンスに日本の思い出を語った。[17]
二〇一八年六月十五日から八月十九日まで、プーニンの来日と「ロシヤ展」をテーマにした展覧会が、サンクト・ペテルブルク「アンナ・アフマートワの家博物館」で開催されたことを付記しておく。

4

ブブノワとハールジエフの往復書簡に戻ろう。

［② 一九七三年四月二十四日、ブブノワのハールジエフ宛書簡つづき］
この五月で八十七歳になります。そのためわたしはほとんど出歩くことができません。ついこのあいだまでは展覧会や友人たちに会いにモスクワへ出かけるのも平気でしたが、いまはだめです、あなたと書面でしかおつきあいできないのをとてもかなしく思います。とはいえ、あなたからたくさんうかがいたいことがありますし、わたしもたくさんお話しできればと思います。むろん紙にすべてを託すことはとてもできませんけれど。
筆跡から判断するに、あなたはまだそうお年も召しておらず、バランスのとれた方であるようですね。もしソ連国内をご旅行なさるのでしたら、スフミまでいらっしゃいませんか？〈…〉
書面であってもおつきあいを始めることは、あなたがロシア芸術潮流史研究のお仕事を続けられるのでしたら、わたしたち双方の役に立つかもしれません。わたしも続けたく思います、でもそれをこいねがうだけでは足らない。さてどうなることでしょうか。

［③ 一九七三年四月三十日、ハールジエフのブブノワ宛書簡］
敬愛するワルワーラ・ドミートリエヴナ！
あなたの手紙は都市を越え、山河を越えた友情の握手のようです。お手紙がわたしにどれだけの喜びをもたらしたかをここに書くまでもありません。あなたは輝かしい隊列［когорта］の一員であったわけですが、そのメンバー（マレーヴィチ、タートリン、フィローノフ、ブルリューク、マチューシン、フォンヴィージン）とわたしは親しく交際する機会をもちました。ラリオーノフとゴンチャローワも、とおくからわたしに好意的に接してくれ、いろいろな資料を送ってくれたものです。

あなたの優れた直感力（うたがいもありません）にもかかわらず、勘違いをなさいましたね。わたしはもう年寄り（六十九歳）で、ぜんぜんバランスのとれた人間ではありません。カッとなりやすく（すぐに忘れますが）、ほんとうの友人たちしかわたしの難しい性格を許容してくれません。

残念ですが、スフミへ出かけることはできません。フレーブニコフの作品集出版（わたしの編集）の問題が協議中だからです。こういう問題はとかく長くかかるだけで、時間のカテゴリーをまったく無視しています。ですから書面というやりにくい対話方法に頼るほかないのです。

わたしも高く評価しているヴラジーミル・マールコフのことを、論文に書いたことがあります。かれは新芸術のいちばん感謝に値する、深遠な活動家の一人でした。

あなたはもちろん、『青年同盟』第一集に掲載された小論の著者Д・ワルワーロワであることを否定なさらないでしょうね。たいへんすぐれた論文です、いまでも大いに興味深く読むことができます。

「青年同盟」の生成史を、わたしは初版の出版物やアーカイヴによって詳細に研究しました。むかしジェヴェルジェーエフ（面白みのない人物です）や、注目にあたいするマチューシンにも会ったことがあります。マチューシンの回想はわたしが筆記いたしました。

というわけで、ワルワーラ・ドミートリエヴナ、「青年同盟」に所属していた無名の「二義的な」メンバーについてまずは知りたく思います。――バリエール、ボードゥアン・ド・クルトネ、ブィストレニン、ヴェルホーフスキー、ディーディシコ、エヴセーエフ、レールモントワ、マスタヴァーヤ（マトヴェーエワ）、ナグーブニコフ、ポチパーカのことです。

むろん、マールコフ、マルゴージン、エレーナ・グロー、オリガ・ヴァザーノワ、ル・ダンチューについて必要とお考えの情報がございましたら、お知らせいただけると幸甚です。

もう一つだけ最後におうかがいいたします。あなたは「ロバの尻尾」の展覧会に行ったことはありますか？「青年同盟」のメンバー（あなたも含めて）の作品もそこに展示されたのですが。


ハールジエフの論文によると、「青年同盟」第一回の展覧会は一九一〇年三月一日に開かれた。この展覧会にマートヴェイは、ラリオーノフ、ゴンチャローワ、マシコーフなどモスクワの前衛芸術家たちを招いた。きわめて煩雑なため詳細は省くが、「ロバの尻尾」のグループ名で、ラリオーノフのグループは初めて「青年同盟」第三回の展覧会に参加した。一九一二年一月四日のことである。他方、同年の三月十一日にモスクワで開催された「ロバの尻尾」の展覧会には「青年同盟」グループの作品も出展された。ローザノワ、フィローノフ、ナグーブニコフ、ディーディシコ、マールコフ（マートヴェイ）、ブブノワ、ポチパーカ、シコーリニク、スパーンジコフ、リヴォーフなどの作品である。[18]ブブノワへの書面でハールジエフが「ロバの尻尾」に言及しているのは、このときの展覧会を念頭に置いてのことだと思われる。

ハールジエフによる一九一〇年前後のロシア・アヴァンギャルド芸術創生期の研究は、リアルタイムの出版物や個人的な文書に基づくきわめて価値の高いものではあるが、記述が詳細にすぎるため、全体の展望がまったく見えないきらいがある。サンクト・ペテルブルクとモスクワその他の都市で生じたグループの傾向や方向性、理念の相違などについての分析がなく、いわゆる「学問的」な視座に欠けるうらみがある。おそらくハールジエフ自身は、そのような「学問的」研究が可能になるのは次世代のことと考えており、多少の読みづらさを無視しても、とにかくソ連の現実で忘れられようとしていたロシア・アヴァンギャルド芸術の遺産（なによりも自分の手元に保存されているアーカイヴ）を公表することを第一と考えていたのかもしれない。

さらにハールジエフは、自分の好みを優先してか、ラリオーノフをロシア・アヴァンギャルド運動の中心人物と見なし、かれの出国（一九一五年）後は、運動全体の主導権をめぐって二人の「後継者《ディアドコイ》」ヴラジーミル・タートリンとマレーヴィチがあらそった[19]、というような図式を描くけれども、それがロシア・アヴァンギャルド運動の実際にどれだけ合致していたのか、大いに疑問が残る。

わたしのこの世で一番大好きな画家です、セザンヌ以後、このような画家は存在しません。偉大でありえないような画家、現在にいたるまで評価しきれていない例外的な存在です。

イリーナ・ヴルーベリ＝ゴループキナとのインタビューで、ハールジエフはラリオーノフについてこう語っていた。[20]

二〇一九年九月二日、サンクト・ペテルブルク、ロシア美術館での「青年同盟」展覧会の最終日、私ははじめてシコーリニク、スパーンジコフ、ナグーブニコフなど、これまで名前でしか、それも文献はもとよりネット検索上の「データ」としてしか知らなかった画家たちの作品を目のあたりにした。ロシア・アヴァンギャルド運動創生期の実際が、じつに多様・多彩であったことに目をみはった。ハールジエフのあげるラリオーノフ、タートリン、マレーヴィチという、ロシア・アヴァンギャルド芸術の代表的な三人ばかりでなく、またモスクワとサンクト・ペテルブルクの両首都だけでなく、キエフやオデッサのような他の主要都市も含めて同時多発的な、簡単に図式化できないもっと錯綜した様相が、アヴァンギャルド芸術の現場に見られたのではなかったか？　その錯綜したあらわれが、「青年同盟」に参加した画家たちの、いまやほとんど忘れられた名前と経歴に現出しているように私には思われた。

「青年同盟」は西欧同時代の前衛芸術アーティストとの連携と共同展覧会の可能性を求めて、メンバーを外国に派遣した。一九一一年にはスパーンジコフ、シコーリニク、フィローノフ、シレイフェルの代表団がストックホルムとヘルシンキを、一二年七月から八月にかけてはマートヴェイがドイツとフランスを訪問し、ジェヴェルジェーエフの資金をもとにグループが計画していた現代美術館のために資料を収集した。ドイツではフランツ・マルク、ワシーリー・カンディンスキー、ガブリエレ・ミュンター、ヘルヴァルト・ヴァルデン（画廊「デア・シュトゥルム」の持ち主）と会って共同展覧会の開催や情報交換の可能性をめぐって、さらに将来の美術館用に作品そのものの購入をめぐって交渉した。ドイツでは雑誌『青騎士』を購入した。パリではパブロ・ピカソの作品の写真を購入し、「青年同盟」の図書館用に書籍を渉猟した。[21]
一九一三年の夏、マートヴェイは再度旅に出た。ブブノワとともにアフリカ黒人芸術探求のため、ヨーロッパ各地の博物館を訪問した。その成果は、膨大なアフリカ彫刻の写真とともに、かれの没後の一九年、『黒人芸術』という書名で出版された。それまでこのマートヴェイによる主著の原稿は、ジェヴェルジェーエフの手元に眠ったたまだった。革命がジェヴェルジェーエフの現代美術館をめぐる計画やその蔵書、美術コレクションの運命を根底から変えた。眠ったたままだった『黒人芸術』の出版を主張した一人がマヤコーフスキーであった。

同志ジェヴェルジェーエフから寄せられている件ですが、私たちもよく知ってのとおり、かれは最暗黒の反動期にも芸術分野で芸術の旗を高く掲げました。これらの調査［マートヴェイの研究］を出版することは私たちの義務です、アフリカ芸術のほかに類例のない写真だけでもたいへんに興味深いわけですから、なおさら出版することが不可欠です。[22]

一九一八年十二月五日、「ナルコムプロス・イゾ」（教育人民委員会・造形芸術部）の会議で、マヤコーフスキーはこう発言した。会議で議長を務めたのはプーニンである。
ハールジエフはブブノワへの手紙で、ジェヴェルジェーエフを「面白みのない」人物と評している。あとで見るようにハールジエフは、ジェヴェルジェーエフについて「たまたまそこにいただけ」の二義的な人物だと断じて容赦ない。おそらく、ジェヴェルジェーエフが『太陽の征服』その他の上演をめぐって資金難におちいり、マレーヴィチその他のアーティストに報酬を支払うことができなくなったことが原因なのだろう。これが原因でクルチョーヌィフたち未来派は、「青年同盟」から完全に離反した。マレーヴィチはスケッチの大半をジェヴェルジェーエフに売却したが、ジェヴェルジェーエフは支払いきれず、にもかかわらずスケッチを手元に残したという。二人の関係はこれによって完全に悪化した。[23]あとで見るブブノワへの書面にあるとおりハールジエフは、マレーヴィチ本人からジェヴェルジェーエフの評判を耳にしていた。

とはいうものの、ここ数年、ジェヴェルジェーエフの活動をめぐる本格的な再評価の機運が高まりつつあることが、二〇一七年のロシア革命百周年とあいまって、サンクト・ペテルブルクのロシア美術館で開催される特別展のテーマに見て取れる。[24] ロシア・アヴァンギャルド芸術が、全ヨーロッパ的な芸術潮流と共振しつつ、世界的なコンテクストで活動することのできた重大なモメントに、マートヴェイもブブノワも現に身を置いていた。それを資金面で後押しし、可能にしたのが、ほかならぬジェヴェルジェーエフであったことは否定できない。ロシア・アヴァンギャルド芸術の研究において、ジェヴェルジェーエフの活動とアヴァンギャルド芸術との連携（ないし離反）の問題は、今後さらに取り組むべき課題として残っている。

5

ブブノワがハールジエフの「青年同盟」をめぐる論文を読んだのかは不明だが、ハールジエフの著作に見られる研究者としての「文書的」「議事録的」な細かさが、ブブノワには好ましく感じられなかったように見受けられる。あるいは、ごく内輪の人間以外との付き合いを極力避けていたハールジエフの評判を、どこかで耳にしたのだろうか。結局ブブノワは、ハールジエフからの問い合わせを作品創造の実際からほど遠い「好事家」の偏愛、単なる「芸術学者」の気まぐれ程度としか受け取らなかったようにも見える。

ハールジエフの仕事を公平に見るためにはブブノワはハールジエフを知らなすぎたし、またハールジエフの質問してくる時代や人々のことがブブノワにとって切実すぎたからかもしれない、ブブノワのハールジエフに対する用心深さが少しずつあらわになってくる。表現が妙に入り組み、迂遠的な表現（以下、逐語的に訳す）を取るようになる。ときにユーモアをまじえながらも、老齢特有の繰り返しとまわりくどさだけでは説明できない、複雑な思いがブブノワの書面ににじみでていることに留意したい。

先の四月三十日付けハールジエフからの手紙の末尾に、ブブノワがなにやら計算式を書き込んでいる（写真を参照）。当時の西暦一九七三年に「青年同盟」が結成されたときの一九一〇年を引いて六十三年、一九七三年にハールジエフが書面で述べていた年齢六十九歳を引いてハールジエフの誕生年一九〇四年（実際には一九〇三年）を導き出してい

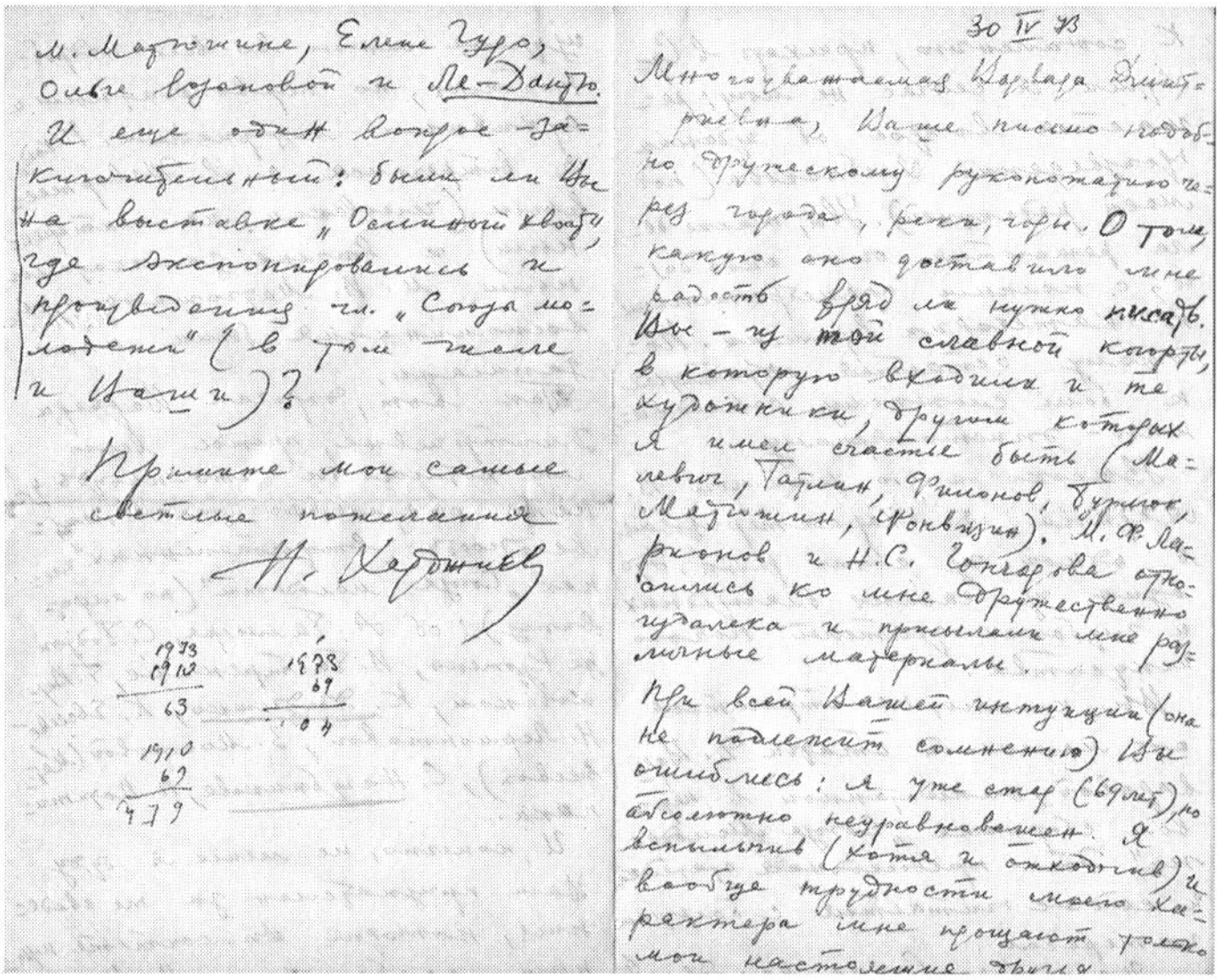
30 IV 73
Многоуважаемая Варвара Дмитриевна, Ваше письмо подобно дружескому рукопожатию через города, реки, горы. О том, какую оно доставило мне радость вряд ли нужно писать. Вы — из той славной когорты, в которую входили и те художники, другом которых я имел счастье быть (Малевич, Татлин, Филонов, Бурлюк, Матюшин, Крученых). М. Ф. Ларионов и Н. С. Гончарова относились ко мне дружественно издалека и присылали мне различные материалы.
При всей Вашей интуиции (она не подлежит сомнению) Вы ошиблись: я уже стар (69 лет), но абсолютно неуравновешен. Я вспыльчив (хотя и отходчив) и вообще трудности моего характера мне прощают только мои настоящие друзья
М. Матюшине, Елене Гуро, Ольге Розановой и Ле-Дантю.
И еще один вопрос — заключительный: были ли Вы на выставке „Ослиный хвост", где экспонировались и произведения чл. „Союза молодежи" (в том числе и Ваши)?
Примите мои самые светлые пожелания
Н. Харджиев
1973
1910
63
1973
69
104
1910
69
479

る。これがなにを意味しているのかは、次の手紙で明らかになる。ブブノワは、「青年同盟」の発足時にハールジエフが何歳であったかを計算していた様子だ。一九一〇年に六十九年を足した痕跡もあるから、結成時にハールジエフが生まれたのではないかとも考えたらしい。

［④　一九七三年六月八日、ブブノワのハールジエフ宛書簡］
敬愛するニコライ・イワーノヴィチ！　お返事が遅くなりまして、ごめんなさい。
わたしたちの手紙のやりとりは、いちばん簡単には喜びと名付けるべきものをもたらしてくれます。べつにあなたがあんまり年をとっていて性格が悪いからではなく、あなたがわたしのこころにとって大切な歳月と大切な人々のことに触ってくるからです。こうしたこと全部にあなたが近しいのは［現実のひとや実生活ではなく］当時生じた芸術に近しいからで、その芸術を、言うなれば「生活」は絞め殺してしまったのでした。むろん、あなたが友人として書いていらっしゃるひとたちは、わたしによりは、あなたのほうに近しかったでしょうけれど、この時代があなたに近づいてくるのは「資料にたよって」でしかない。「青年同盟」の頃、わたしは若くて臆病で、こうした新しい芸術家たちの世界に触れたのもマールコフ（マートヴェイ）を介してのことでした、マールコフ同様わたしもドゥバフスコーイ先生の風景画アトリエで美術アカデミーを卒業したのです。ときたまわたしも新しい形式と色彩を試してはみました、それも「青年同盟」や「ロバの尻尾」の展覧会で。わたしはマールコフのアドバイスや懇請にしたがってそれに参加しただけでした。マールコフのこと、かれの考えや仕事について、あなたにお伝えできればと思います。でもあんまり長くなるものですから、とても大事なことであるとは重々承知しているのですけれども。

それでも、わたしはあの当時、「登場人物」の一人だったのです、あなたは四歳［七歳の誤り］でしたか？　ごらんなさい、わたしの直感力はわたしを欺きませんでしたね。したがって、わたしから見れば、あなたはまだまだお若いのですよ！　あなたの言われる「輝かしい隊列」に属していた何人かのひとたちへのあなたのご興味を、わたしは満たしてあげることができないように思います。先日、八十七歳になりました。ちかごろは、よく言われるように記憶もうすれてきましたが、それでもいまだあのとき通り過ぎていった人々ばかりでなく、そのひとたちの名前も愛情とともに思い出します。その他、たくさんの人々のことを。でも一九二一年にみんな「踏みつけにされて」しまって［同年に導入された「ネップ」のことか？　この年の夏、詩人ブロークは病死し、グミリョーフは銃殺された］、今頃になってから、さしずめ過去のなかの光のように思い出されはじめている。あなたは「青年同盟」についてのご本［ハールジエフに『青年同盟』を単独で論じた著作はない］をいつお書きになったのですか？　現在、あの輝かしい過去が継承されているのでしょうか？　一九五八年、祖国に戻りましてから、モスクワにわたしは何も見いだせませんでした。近年はじぶんの年齢を身体におぼえるようになりまして、モスクワやペテルブルクへ出かけるのもたいへんです、ペテルブルクにわたしが生まれたのも大昔になってしまった！

わたしがたまたま頻繁に出会うことになったひとたち（美術アカデミーで）のことをあなたに申し上げ、二、三コメントしようと思います。

ジェヴェルジェーエフについて、とても重苦しい思い出があります。一九一四年、中国詩を翻訳したマールコフ（わたしたちの本『中国の葦笛』を見ましたか？）ばかりでなく、もう一人の詩人エゴーリエフ（その翻訳をマールコフが新たに書き直したのです）も亡くなってしまいました。ジェヴェルジェーエフと話していました。ところがドアロ（?!）で出し抜けに、なんだか中国詩の原理について文集に寄稿した自分の論文の報酬を受け取りに来たかのような気がしたのです。わたしはかれの顔にその考えを見て取って、すぐにその場を去りました。それでも、なにしろジェヴェルジェーエフは『ファクトゥーラ』や『イースター島の芸術』［いずれもマートヴェイの著書、一九一四年刊］、それにいくぶんかは『黒人芸術』の出版人でした。『黒人芸術』の出版問題を、マヤコーフスキーがしつこく提起したことをあなたはご存じでしょうか（もうマールコフの没後でしたけれども）？

停滞と行きづまりが感じられた十九世紀末から二十世紀初頭の西欧美術全般で、あるものはそのオルターナティヴをルネサンス以前、中世の民衆芸術に、あるものは東アジア、中国の南宋画や陶磁器、なかんずく日本の錦絵に、あるものは東南アジアやインド、イスラームのミニアチュール、あるいはオセアニアやアフリカの「プリミティヴ芸術」に求めた。ロシアのイコンや民衆版画（ルボーク）への関心もこれに含められる。ほかでもない、帝国主義と植民地支配、考古学はもとより民族学や地理学上の探検・発掘と表裏一体だった芸術思潮が多様な探求を生んだわけだが、それはロシアも例外ではなかった。

6

ロシアの美術批評家ヤーコフ・トゥゲンドホリドがピカソのアトリエを訪れて、コンゴの黒い偶像やダホメ王国の祭礼用マスクがいくつもあることに驚いた。これら彫刻の神秘的側面に興味があるのか？ と聞いてみると、画家は「いやすこしも。わたしが興味あるのは、これらの幾何学的な単純さなのです」と応えた。[25]
とかくマティスやピカソ、あるいはゴーギャン、カンディンスキーなどの探求と比べれば、これまで特定の識者以外に大して関心を惹いたことのない「青年同盟」であったが、その活動と探求は、ブブノワが手紙で言及するマートヴェイの著作にいちばん顕著である。マートヴェイは、西欧美術の新しいフロンティア追究の作業で最前線に立ち、当時としては誰よりもそれを徹底しておこなった。かれの探求プロセスを、いちばん身近に目の当たりにしたのが、ブブノワだったことは言うまでもない。
『中国の葦笛』は、マートヴェイの没する二ヶ月前の一九一四年の三月に「青年同盟」から刊行（六百部発行）された翻訳中国詩集である。ぜんぶで二十三人の作者からなる三十一の翻訳詩を集めたものだ。フランス語やドイツ語からの重訳で、前漢の武帝や孟浩然、李太白、杜甫、蘇東坡など、紀元前十二世紀から紀元後十九世紀までの詩人たちの作品が収められた。グスタフ・マーラーの《大地の歌》（一九〇八）と同時代である。マートヴェイと詩人ヴャチェスラフ・エゴーリエフの合作で、マートヴェイはこれに序文を書いた。

マートヴェイは中国詩の歴史に触れつつ、声に出された詩と書かれた詩のちがいを述べながら、中国詩の音声はもとよりヴィジュアル面での構造を論じた。「中国語のグラフィックな線描に見られる絵画的要素のおかげで、読者の目は書かれた記号から、耳がその場のコトバから受け取るのと同じものを受容する」とマートヴェイは述べるが、言うなればのちのアレクサンドル・ロートチェンコのグラフィック・デザインや写真にも通ずる線描（輪郭）と身体的運動のリズムとしての漢字の特性、とりわけ時間における書の偶然的・一回的要素（同じ線は二度とない、不可逆で反復不能の書の美）が、ここで念頭に置かれている。


中国の詩人たちはこの絵画的な潜在力をきわめて効果的に、多様に駆使しているので、それが言うまでもなく、かれらの詩にとくべつの魅力を添えているのだ。[26]

東洋学者の語学的・文学的ではない、あくまでヴィジュアル的な線描論としての中国詩評価に注目したい。これに意味論が加われば、セルゲイ・エイゼンシテインの映画論にもつながるだろう。その場で形をなしながらも消えていく中国語の音と書体に、従来の規範のしばりや約束事から解き放たれた自由な芸術を、音と字体が、精神と身体が一瞬共振する偶然的一回性の美、「遊戯」を評価しえているあたり、単なる「オリエンタリズム」で片付けることのできないマートヴェイの斬新な視点が見て取れる。

マートヴェイには「ファクトゥーラ」、表面的な素材と手触りの組み合わせ、テクスチャーとしての芸術論がある。「ファクトゥーラ」の概念は絵画だけにとどまらない。彫刻や建築、さらには「色彩や音、その他の方法によってある種の《ノイズ》がつくりだされる芸術のすべてにわたって」[27]この概念は通用するという。つまり、素材が素材自体を感じさせるゴツゴツとした材質感、ザラザラと磨き抜かれていない質感の味、音の洗練によって殺されていない剥き出しのナマの音の強度のようなもののことである。

素材への愛情がヒトを目覚めさせる。

素材を飾り加工して、素材からそれ本来のフォルムを、「ノイズ」を引き出すことができるのなら、それをわれわれはファクトゥーラと呼ぶ。[28]

ファクトゥーラとともに重要なのが「音叉 камертон」という概念である。音が音として機能し、構築されるうえでの尺度になるもののことだ。「主調音」と訳した方が意味も通じやすい。例えば、雑多な群衆の中ですぐに目立つのは、背が低くて太った人物だ。背が高くて痩せている人物も同様。しかし、少しずついろんな特徴を持っている人物では目立たない、特性がいろいろ混在していると、はっきりとした主調音を示さないのだ。[29]これを民族性に当てはめてみると、歴史が示したとおり、ある民族が得た主調音は、別の民族には効力がない。しかるに、絵画の世界で今日、まったく同じ主調音が君臨しているのは何故なのだろうか？　今日絵画によって民族性を見分ける術はない。フランス人の画家はロシアの状景を、ロシア人の画家がフランスの状景を描くのと同じように描くだろう。かれらの絵の主調音は民族性を明らかにしない。[30]ファクトゥーラと主調音とが組み合わさって、それ自体の美的原理をかたちづくる。西洋と東洋を比較してみよう。

西洋と東洋では美的原理がちがう、とマートヴェイは言う。ヨーロッパが合理的イデーに基づく「構築的」美的原理だとすれば、東洋とりわけ東アジアは非構築的、予測のつかない「偶然的」な世界像を好む。「偶然なものの原理」がある。「東洋は偶然を愛する、偶然を探し、とらえ、偶然を活用しようとする」。陶磁器の釉薬を考えよう。それはあらかじめ色や柄を予測できない。すべては偶然の成り行きにまかされている。とはいえ、論理的・構築的思考では決してとらえることのできない思いがけない美、サプライズを生むことがある。それはあたかも意図しない「遊戯」のようだ。その美は構築性・計画性の「外」にある恩寵のようなものだ。「偶然的で無意味な一式のシミや線、中国の字、たまたま集まっただけの群れ、偶然に絡み合った木の枝に、美は見られないだろうか？」それはいわば、複雑な生命＝世界プロセスそのもののテクスチャーにほかならない。「偶然は世界をいくつも開き、奇蹟を生む」「遊戯しながら、われわれは偶然に宝石のような美を見出すときがある。〈…〉遊戯するとき、われわれはより輝かしく、より自由におのれの《我》を明らかにするのだ、われわれのうちに隠れた力を支配しようとも、それに隷属することもなく」。[31] 遊戯は偶然と同様、意図の外にあるまったくの自由な行為として、われわれのうちに眠っている無意識の衝動を創造のプロセスに明らかにする。偶然性と遊戯こそは、論理性で停滞・沈滞した芸術に風穴を開ける。

マートヴェイには、このようにダダイズムやシュールレアリズム、ミハイル・チェーホフの俳優論、あるいはホイジンガの『ホモ・ルーデンス』や、ジョン・ケージの「偶然性の音楽」など、二十世紀芸術と世界像の総体を先取りしたかのような、いうなれば「複雑性の美学」がある。マートヴェイの言説に、百年もの時を超えていまだわれわれが魅力を感じることができるとすれば、それはまさにわれわれが、偶然的で無意味なカオスと化した雑多きわまりない「群れ」としての世界に生きているからだろう。マートヴェイの目に、のちに「自己組織化」や「創発」として説明される生命＝世界プロセスのイメージが見えていたのだろうか？

『イースター島の芸術』は中国詩論と同じ年、一九一四年の一月に「青年同盟」から発行（五百部発行）された。一三年の夏、アフリカ芸術の研究と撮影のために、マートヴェイはブブノワと西欧各地の博物館（サンクト・ペテルブルク「人類学・民族学博物館」はもとより、コペンハーゲン、ハンブルク、ロンドン、パリ、ケルン、ブリュッセル、ライデン、アムステルダム、ライプチヒ、ベルリン）を調査した。イースター島の彫像は芸術的コンセプションとしてとくに注目にあたいする、なぜならメラネシア、ニュージーランド、インド、あるいは中国と、なんら共通する要素がないからだ。そのため「完全に独自の孤立した芸術創造」と見なさざるをえない、とマートヴェイは断ずる。とはいえ、この書に掲載された写真数は全二十二点、そのうち石像が二点、木造彫刻が七点と極端に少ない[32]ため、議論は直観的な芸術洞察に頼らざるをえず、それも島の環境と石像（モアイ）の位置関係を抜きに彫像の芸術的コンセプションを意味づけたところで、説得力はまずない。文化人類学的にも、かれの見解は今日ではもはや有効ではないだろう。それでも、難点はあれマートヴェイのこの著書は、当時はいまだよく研究されていなかったイースター島の彫像の芸術的な価値とオリジナリティーが宣せられた世界でも最初の著書となった。[33]

ヴラジーミル・マールコフ『黒人美術』（リプリント）

マートヴェイの著作のなかでも刊行後百年を経て、いまだ特筆すべき本が『黒人芸術』である。アフリカ彫刻を芸術的視点から最初に論じた研究は、カール・アインシュタイン『黒人彫刻』（一九一五）とされている。研究者によると、マートヴェイの著作はそれよりも四年おそく刊行されたが、かれは事実上アインシュタインの著書刊行よりも一年前には本を完成させていたらしい。すでに本の序文に自著こそが「黒人芸術を解明する最初のもの」で、自著以外「どの著作も黒人芸術を美術的観点から論じたものはない」と書いている。[34] とはいえブブノワによると、マートヴェイは本の序文だけを書きあげ、本のために写真を一部選り分けただけで亡くなってしまった。[35]
「黒人芸術はただの幼稚なシロモノでなく、厳密な法則と伝統を有するれっきとした独自の芸術なのだ」[36]——マートヴェイはこう断言する。黒人芸術には現代芸術が「ヨーロッパ的な停滞と袋小路から脱出する」[37]うえで、学ぶべきヒントが大いにある。執筆に当たってかれは、かずかずの十九世紀民族学の著作、なかでもレオ・フロベニウスの『アフリカの美術』（一八九七）を参照した。しかし、マートヴェイの関心は民族学そのものになく、あくまでアフリカ彫刻現物の「ファクトゥーラ」、西欧美術の原理と対比した素材（ノイズ）と構成の原理の探求にあった。西欧各地の博物館でブブノワとともに撮影してきた写真をもとに、マートヴェイは一種の「黒人民衆芸術論」を展開した。「野生の思考」ならぬアフリカ民族に固有の芸術原理と、その構築の力学と言語を探索しようとしたのである。それはなにか？「マッスの遊戯」である。重量と質感の遊びだ。マートヴェイは言う——

黒人は自由で独立したマッスを好む。それを関係づけながら黒人は、人間のシンボルを手にする。リアルさは追究せずに、黒人は真の言語、マッスの遊戯［傍点は原著］を完全に作りあげたのだ。黒人の操作するマッスとは基本的なものだ。すなわち、重量である。

重量とマッスの遊戯は、黒人芸術家においては実に多様で、イデーもかぎりなく豊穣で、音楽のように自足している。

数多い身体の部分を黒人は一つのマッスに融合し、それによって堂々たる重量を手にする。それを他の重量と対比させながら、かれは力強いリズムと容量、輪郭を手にする。

マッスと重量の遊戯における基本的な特徴を強調しておかなければならない。身体の特定の部位に対応するマッスは、人体の関係にしたがわず気ままに結びつけられる。建築的構造と純力学的な関係が感じられる。マッスが積み重ねられ、付け足され、ひとつのマッスが別のマッスに取り囲まれるのをわれわれは目にするが、それでいてマッスのおのおのは独自性を保ったままなのだ。

有機的生命のなごりや骨や筋肉の向きなど有機的なつながりは、これらのマッスに見出すことはできない。たとえば頭は首とつながっておらず、力学的に積み重ねられているだけだ、なぜなら頭も独立したマッスだからだ。これら自由なマッスの大きさや容量は自然にしたがっていない一方で、装飾的法則には厳密にしたがっている。マッスのこうした装飾的配分と遊戯は注目に値する。造形的マッスは素朴だが、ときに幾何学的でもある。[38]

アフリカの伝統芸術における重量と質感の構成原理は、「造形的シンボル」を作りあげることにある。

どこか細部、例えば目を見てみよう。これは目などではない、ときに裂け目、貝殻状のもの、ないしは目に代わるものでしかない。しかしながら、ここにあるこの見せかけのかたちは美しく、造形的だ。これを目の造形的シンボル［傍点は原著］と呼ぶことにしよう。黒人の芸術は、汲み尽くすことのできないほど豊穣な造形的シンボルに充ちあふれている。リアルなフォルムはどこにもない、フォルムはまったく奔放そのものなのだが、実際の利害の役に立っている、だがそれはあくまで造形的な言語を用いてのことだ。このようにして黒人は自らのイメージと感覚の世界を伝えるのだ。この種の象徴性はときに直観的、ときに思弁的だが、つねに創造的だ。われわれ西欧人は、このように豊穣なフォルムを生み出す思考法をただ羨むばかりである。かような言語を有するので、黒人は有機体の法則も、プロポーションも、解剖学的構造も、そのかたちも動きも知る必要がない。そんなものがなくとも黒人は、心情の高まりを伝えるのにもっと有効な手段を見つけ出す。このとらえがたい、現代文化が失った言語こそ、新傾向の芸術家たちによって高く評価されている芸術言語なのである。[39]
ピカソの仮面とキュビスムをめぐる考察と実践（《アヴィニョンの娘たち》など）で西欧モダニズム美術におけるアフリカ芸術の影響は、いまや語り尽くされてしまったかのようにも見える。マートヴェイによるアフリカ芸術をめぐる研究はもとより、中国詩、イースター島の彫像をめぐる研究を、二十世紀初頭における西欧モダニズム芸術思潮全般にどうつなげ位置づけるのか、さらなる調査と考察が求められる。
マートヴェイの業績は時代の制約（とりわけ個々の作品や作り手の個別性を無視した、「西洋」と「東洋」ないしは「アフリカ芸術」などという概括的にすぎる議論が古くさく、ときにうさんくさくすら思われる）を免れないとはいえ、決して「周縁」に位置するものではなく、自由な新芸術を探求するアヴァンギャルド運動でも最前線に立つものだった。かれの業績を顧慮せずにヨーロッパ芸術へのアフリカ芸術の影響を論ずることは、ともすればかれの遺した豊穣極まりない資料（『黒人芸術』に掲載された写真は百二十三点にものぼる）を等閑視することにつながりかねない。
マートヴェイの『黒人芸術』の存在をロシア以外の研究者が知ったのは、ようやく一九六五年、ダカール国際黒人芸術フェスティヴァルでのことだった、とロシア美術館学術研究員コフトゥーン（日本のプーニンについてブノワが手紙を書いた当の相手）が述べている。[40] 外国のアフリカ研究者は、ソ連の研究者の持参したマートヴェイの著書を見て度肝を抜かれたという。二十世紀西欧モダニズム芸術研究でも基本的に西欧の視座の下に立つしかない日本においてはなおのこと、「青年同盟」はもとよりマートヴェイの業績全般を、ロシアはもとより西欧アヴァンギャルド

ニューヨーク、メトロポリタン美術館所蔵の中央アフリカの仮面と、
MoMA 所蔵のピカソ作《アヴィニョンの娘たち》(1907)。2011 年 8 月、太田撮影

芸術研究の大道にのせたうえで、再評価することが求められる。
二〇一九年、マートヴェイの『黒人芸術』が出版されて、ちょうど百年が経過した。そのリプリントが三十部だけ出版・販売された。本章で私が活用したのは、そのうちの一部である。

7

ブブノワの手紙に戻ろう。

［④　一九七三年六月八日、ブブノワのハールジエフ宛書簡つづき］
フィローノフとナグーブニコフの二人のことを覚えています、美術アカデミーでよくかれらの画布の前に立ってはその絵を理解しようとつとめたものです。フィローノフはもうこの世にいませんが、ナグーブニコフは存命なのでしょうか、知りたく思います。かれは朋輩（そしてわたしたち共通の仲間で友人）のクンス[41]と大戦に参加しました。かれらはどうなったのでしょう？　ディーディシコはもと将校で、きちんとした身なりのインテリでした。かれはマールコフに関心を持っていたのです。
わたしたちは三人で（『青年同盟』の展覧会用に）《リンゴの収穫》というテーマで絵を描きましたが、これをマールコフはその後も続けたようです、その絵がリガにある造形芸術美術館にありました、そこに保管されているとは思いませんでした。[42]展覧会（『青年同盟』で）の後、おかしなことにわたしは自分の絵をもう目にすることはありませんでした、美術アカデミーでは知らないツテで多くのものが紛失したのです。たぶん、そうした絵を描いた本人たちが自作を高く値踏みしていたのでしょう。ディーディシコの作品のことは知りません。本人のこともそうです。わたしにとっていちばん近しい人物はマートヴェイ（マールコフ）でした。かれの没後、わたしはかれの質素な部屋で見つけたメモのたぐいをすべてまとめました。日本へ発つとき、わたしはそれをぜんぶモスクワの歴史博物館中世ロシア手稿部に保管のため置いていきました、手稿部でわたしは学術研究員として働いていたのです（五年間、一九一七—二二年）。帰国すると、わたしはなにも見つけ出せませんでした。大いなる出来事［スターリン時代の「大粛清」と第二次世界大戦、その後の知識人迫害キャンペーンのことだろう］が、というよりむしろそれに付随していたことがらが、芸術にとって貴重なこれらのメモをも一掃してしまったのでした。

それでも、マールコフと議論したこと、親しい人間としてかれがわたしと話したことはみな、「こころの記憶」に保存してあります。たくさんのことをわたしも記録しました。とはいえ出版にはいたらないでしょう、几帳面にタイプ打ちで、できあがった論文の体裁にしあがってはいるのですが。でもこれはまた別の話です。とはいえこれこそ、新しい画家に届けなければならない。〈…〉

ブブノワは当時「あの輝かしい過去の継承」のため、遠く半世紀前にマートヴェイと議論したことをもとに論文を執筆し、それを雑誌に発表しようと努めていたが、どこにも掲載されるあてがなかった。コジェーヴニコワの未発表ブブノワ宛書簡（私の手元にあるもの）によると、この年の春、コジェーヴニコワがハールジエフと会ったとある。

今日、電話でニコライ・ハールジエフさんと話しました。この春わたしは雑誌『ソヴェート文学』の用事でかれを訪ね、たまたまあなたのことが話題になったのです。かれの家の壁にマチューシンやグローの作品が飾られていて、なにかしら内面的な連想がわたしに「協働」したのかもしれません。ハールジエフさんはあなたからお手紙を

受け取って、とても喜んでいました。（一九七三年六月二十五日）
四月十七日の最初の手紙でハールジエフが「コジェーヴニコワさんと仕事の用事で会った」とブブノワに述べているのは、おそらくこのときのことを指すものと考えられる。ハールジエフがブブノワに手紙を書くことを思い立ったのも、コジェーヴニコワとブブノワのことを話したのが呼び水になったのだろう。
ちょうどハールジエフがブブノワに最初の手紙を送り、ブブノワがそれを読んで返事を書いた頃、つまり一九七三年四月二十二日に、コジェーヴニコワはブブノワの著作集出版に興味があるかないかをはかるため、雑誌『ソビエト画家』の編集部（編集長ヴラジーミル・ラプシーンと編集員ヴラジーミル・ブローツキー）を訪ねたことをブブノワに書面で知らせている。「かれらはあなたの著作に関心を持ち、次のような体裁であなたについての本を出すことは可能だと言いました。芸術家ワルワーラ・ブブノワ。一．序論。二．B・ブブノワ、自伝的メモ。芸術をめぐる考察。三．挿絵。四．主要著作一覧」。[43]

［⑤　一九七三年六月十三日付け、ハールジエフのブブノワ宛書簡］
親愛なる、深く敬愛するワルワーラ・ドミートリエヴナ、
すばらしいお手紙、気配りと信頼をいただき、ありがとうございます。共通のコトバで話すこと、真の対談者の声を耳にすることは、たとえ海や山河のへだてがあろうと仕合わせなことです。あなたが歴史博物館に残されたお仕事の運命を聞いて、たいへんかなしく思いました。むろん、いまや世代ごとに限りなく〝学〟のなくなりつつある研究員たちに訴えたところで無駄でしょう。おそらく、あなたの資料は別の保管場所に移されたのではないでしょうか。でも、どうしてそれがわかるでしょう。残念ながら偶然に任せるしかありません。
ブブノワは来日にあたって、モスクワの歴史博物館中世ロシア手稿部に、マートヴェイの残したメモやノートばかりでなく、写本のミニアチュールについて論じた自分の原稿も残していった。現在も歴史博物館のどこかに保管され

ているると思われるが、そのアーカイヴはただでさえ迷路のようであるうえに、ちょうどブブノワが働いていた一九一七年から二二年の文書は時代の混沌をそのままに保存されているため、どこにあるのか館員ですらわからないのが実情である（本書第二章）。

［⑤　一九七三年六月十三日付け、ハールジエフのブブノワ宛書簡つづき］
ナグーブニコフは、わたしの突き止めたかぎりでは、一九二一年に亡くなっています。わたしはこのことをロシア美術館の研究員たちに伝えました、かれについては研究員たちもなんの情報もつかんでいないのです。力のおよぶかぎり、忘却の草が茂らないようにはしています。
ディーディシコですが、次のことがわかっています。一九二一年にかれはヘルシンキに在住し、翌二二年のデュッセルドルフで開催された「国際芸術展覧会」にただ一人フィンランド絵画の代表として参加しました。わたしの手元に《甲板で》（水彩）というかれの小さな作品があります、一九一三年の「青年同盟」展覧会で展示されたものです。これはアフマートワがわたしに贈ってくれたものです。
ジェヴェルジェーエフをめぐるあなたの「肖像」は、正確でもあり公正でもあります。わたしはかれと知り合いでした（プーニンの紹介で）。むろんかれはマールコフの本や文集『青年同盟』を出版しましたが、かりにかれがジェヴェルジェーエフでなかったとしたら、三倍は多く出版しえたでしょう。「たまたまそこにいただけ」の人物です。かれの芸術パトロンぶりも流行に乗っただけで、ポリャコーフやマーモントフ、リャブシンスキー［二十世紀ロシア・モダニズム運動のパトロンとなった実業家たち］など、筋金入りのもっと気前の良い「モスクワ人」のまねをしただけです。マレーヴィチが、ジェヴェルジェーエフはマチューシンとクルチョーヌイフのオペラ『太陽の征服』の装飾デザインの報酬を払わず、スケッチすら返してよこさなかったと、わたしに語ったことがあります。『黒人芸術』にかれは単に「引きずり込まれた」（もと「出版人」として）だけでしょう。十月革命後は「青年同盟」がジェヴェルジェーエフ唯一の「功績」だったわけで、それで新しい社会でもかれがなんらかの地位を占める権利が与えられたのです。マヤコーフスキーと知り合い（トランプ賭博の仲間）だったことも役だちました。

あなたはグローやマチューシン、マレーヴィチと会いましたか？[44]
いまモスクワでは、ヴォルホーンカの美術館［プーシキン美術館］に寄贈されたシャガールの自画石版の小展覧会がやられています。同時にトレチャコーフ美術館でかれの絵画作品が展示されました（画家の訪ソに関連して）。[45]シャガールの石版画は素晴らしいですが、「量産」にかなった技巧が神経にさわります。けっきょくラリオーノフではない、ラリオーノフは自分自身にとどまりながら、毎年新しく「やらない」ことができました。わたしはパリのシャガールよりも、ラリオーノフのほうがずっと偉大なロシアの画家と考えてきましたし、いまもそう考えます〈…〉[46]
マールコフをめぐるあなたのお言葉ひとつひとつが、わたしには宝物のようです。

8

ブブノワのハールジエフ宛書簡、最後のものである。モスクワからスフミまで手紙の届くのがだいたい一週間として、前のハールジエフの手紙を受け取ってから約一ヶ月が経過している。その間、これまでのハールジエフ宛手紙よりも、ブブノワの書面のトーンが変わった。最初の手紙のトーンから比べるとハールジエフから距離をおいた、皮肉やあてこすりにすら受け取られかねない身振りで手紙を書きはじめている。この間になにがあったのか。

［⑥　一九七三年七月二十三―二十四日付け、ブブノワのハールジエフ宛書簡］
親愛なるニコライ・イワーノヴィチ！　もう書いたかもしれませんけれど、あなたの手紙はとても嬉しいのですが、わたしは返事を書くことによってなにか否応なしに世の中のエチケットを遵守しているわけです。忙しいひとたちに対し返事を強いることで迷惑をかけるのではないかと怖れています。［手紙をもらってから］そろそろ一ヶ月ですね、〝文書〟期限[47]が過ぎようとしています。お便りすることにいたしましょう。
一九七〇年から七八年までにおよぶブブノワとコジェーヴニコワの往復書簡原本（一部が公刊されている）が私の

手元にある。それによると、ブブノワは論文の原稿を直接『ソビエト画家』編集部に送る前にコジェーヴニコワに送り（七月一日）、彼女の感想を聞いたほか、いつでもだれか適当な人物（芸術学者ミハイル・アルパートフの名前が言及されている）がいれば、見せても構わないと述べている（七月八日）[48]。
一九七三年七月二十二日、コジェーヴニコワはブブノワに返信（未発表）し、次のように述べている。

わたしはあなたの論文が気に入ったし、おもしろかったです。「わたしのアカデミー」［ブブノワ青春の回想］はわたしにあなたのお若い頃のことを詳しく教えてくれました、たくさんのことを知りませんでした。〈…〉残念ながらわたしは芸術学者ではないし、あまり頭の良いほうでもないので、あなたの論文のなにが出版社を「おびえさせる」のかはわかりません。それで誰にご論文を見せるべきか考えました。お手紙であなたがアルパートフの名前をおっしゃっていたのでかれと交渉してみることにしましたが、かれは二十五日までモスクワにおりません。それでハールジエフに電話して（ところで、かれはあなたのお返事を待っていいますよ）、「わたしのアカデミー」を読んでくれないか頼みました。ハールジエフは目を通して、まよわず出版社に渡すのがよろしいと言いました（わたしは残りの論文もぜんぶかれに渡したかったのですが、ハールジエフはお加減が良くなかったのと、わたしもヘトヘトでしたので、そうはなりませんでしたが）。

ハールジエフのあと、コジェーヴニコワは『ソビエト画家』の編集担当ブローツキーにブブノワの原稿を持参、好感触は得られたものの、結局なにも実を結ぶことはなかった。

［⑥　一九七三年七月二十三―二十四日、ブブノワのハールジエフ宛書簡つづき］
あなたはほんとうに熱心にさらに願望を満足させよう、古い朋輩たちの運命を知ろうとなさっています。ナグーブニコフについてまた質問ですが、かれはどのロシア美術館と関係があったのですか、レニングラードの「国立」ロシア美術館のことでしょうか？　むろんたいしたことではないのですけれど、わたしは国立のほうを〝少しばか

り〟自分の美術館とみなすのです、というのもわたしの自画石版をいくつか（十六点？）この美術館が所有しているのです、一九六一年だったか、モスクワでわたしの個展がやられた際に購入された作品です。それはいまロシア美術館の版画部に所蔵されています、そこの版画部長だったのが、いまも現職であって欲しいと思いますけれど、コフトゥーンとかいう方で、今でも若くて（相対的なことですが）感じのいい芸術学者でした。でも、およそ芸術学者はわたしを怖がらせます。むろんたいへん文化的なひとたちもおりますけれど……。あなたにうかがいたいのですが、あなたは芸術学者ですか？　それともほかの「もっと危険の少ない」側面から芸術に近づこうとなさっているのですか？

現在、ロシア美術館版画部に、ブブノワの石版画は四十点収蔵されている。二〇一八年九月十二日に私も版画部で調査したが、そのほとんどが日本時代の作品だ。ブブノワが「わたしのお気に入りの教え子」と記していた佐々木千世（本書第三章補遺）の肖像もある。ひじょうに状態が良く、インクも色彩も、つい最近に刷られたばかりのように鮮やかなままである。ただ、ブブノワがハールジエフに述べている一九六一年に、そのうちのどれをロシア美術館が購入したのかまでは調べ上げる余裕がなかった。

［⑥　一九七三年七月二十三―二十四日、ブブノワのハールジエフ宛書簡つづき］
マレーヴィチとわたしはいくぶん変な出会いかたをしました、それはあまりわたしを肯定的に描き出すものではありません。一九一四年以降、ペテルブルクのことだと思われます、かれの個展が質素な、それでも展覧会の目的にかなった場所でありました。展覧会にわたしは一人で、マレーヴィチも一人でした。芸術を畏れる気持ちのせいでしょうか、わたしは観衆に呈された作品への態度を自分にも他人にもいつも明らかにするよう努めてきましたし、いまも努めています。でもここでわたしはあまりにも高慢ちきで、マレーヴィチのイデーのまじめさを「理解」しても、かれの《方形のなかの方形》その他がじぶんに及ぼす芸術的な力を「感じ取る」ことができませんでした。わたしはマレーヴィチに絵の技法と事物の具体性が不充分であると説教したようです、ファクトゥーラについて説

教したことをよく覚えています。

いちばん驚かされたのは、マレーヴィチが反駁もせずわたしの意見を聴いたことです、見たところつつましげに、打ちのめされたかのようでしたが、ひょっとすると心の中でかれを説教するわたしの不遜さをわらっていたのかもしれません。でもかれの顔に笑いはありませんでした、むしろ哀しみ、孤独が見て取れました。そのときにいたほかの観衆をわたしは覚えていません。展覧会で彼と会って、それからどうなったのかも覚えていません。とはいえ、わたしは自分の不遜さを思い出してわれながらかなしい、恥ずかしくすら思います。もうマレーヴィチも世にないのですね……。かれはいつどこで亡くなったのですか？　トレチャコーフ美術館の収蔵庫でマレーヴィチの、それこそ真剣で独立独歩の探求の歴史を目にしたことがあるように思います。ここスフミで、マレーヴィチの弟子（一九三〇年代の？）と知り合いになりました。そのひとの息子［アレクサンドル・ロゾヴォーイ］は自分をわたしの弟子だと見なしています。どうでしょう、ふしあわせな地方住まいながらも、わたしもなにかしらに順応したわけですね。モスクワが世界に展示しはじめたものをすべて見たいものだと思います。スフミでシャガールは本のなかでしか、それも喜ばしくもフランスの書籍に出くわしたときでしか見られない。〈…〉

マールコフとわたしが近しかったのは、一緒に卒業したアカデミーのひじょうに短い期間でした。一九〇七年から一四年のことです。絵画芸術とはなんなのか、最初はかれに学びました、それからいっしょに仕事をして考察をかさねました。わたしはかれが新しい、大きな仕事をしていると考えていました。マールコフの亡くなったとき、かれがわたしと考え話していたことを保存し、コトバで伝えなければならないと決心しました。

とはいえ、それができたのはソ連帰国後の、ようやく一九六〇年以降のことでした。書き終えて、出版しようと思いました。しかしわたしは、たとえばフルシチョフとは別なように、また芸術学者全般が考えているのと別なように、芸術について考えていました。

とつぜんニキータ・フルシチョフの名前が出てくるので面食らうが、一九六二年にフルシチョフが社会主義リアリズムになじまない非公式芸術を「ロバの尻尾だ」と攻撃したことをいうばかりでなく、ブブノワにはフルシチョフをめぐってばかばかしい経験があった。ブブノワの書いた「画家の困難な仕事をめぐって」という記事に対し、六三年六月に『文学新聞』が掲載拒絶の返事とともに、次のような文書を送ってきたのだ。「フルシチョフの演説を貴方も注意深くお読みになったものと拝察しますが、そのなかで画家にとって唯一の滋養となるのは国民の生活でなければならない、というくだりがあります。ですから、《世界の芸術を学ぶことは画家には最高の学校にも滋養にもなるはずだ》などという貴方の御高説は正しくありません」。[49] ハールジエフに手紙を書きながら、自分の（ということはマートヴェイの）著作の掲載が拒絶され続けてきたさまざまの経緯が思い出されて、ブブノワの内面にやりきれなさが生々しく追体験されたのだろう。


［⑥　一九七三年七月二十三―二十四日、ブブノワのハールジエフ宛書簡つづき］

当初ミハイル・アルパートフが出版の手助けをしてくれそうでしたが、うまくいきませんでした。つぎにトヴァルドーフスキーが『ノーヴィ・ミール』に掲載しようとしましたが、やはりだめでした。かれはまもなく亡くなりました。エフィーム・ドローシ［作家］も頼りになりませんでした、なぜならやはりまもなく亡くなったからです。ここでわたしが記しているのは、マールコフの考えとわたしの文章を評価してくれたビッグネームばかりです。日本芸術についてのわたしの論文が『装飾芸術』一九六九年六月号に掲載されただけです。

最初のわたしの書いたもの（四論文）はマールコフの考えとコトバを祖述したものです。かれの思い出に罪を作ってはいけないと思ってかれの考えを述べただけです。それから書かれてあったものだけですが、かれの計画を思い出して、それをもとに、ヨーロッパ、アジア（日本）、アフリカなど世界の芸術ですでに収集してあったものをいつも頼りにして［記事を］組み立てはじめたのです。でもみなタイプ打ち原稿のままです。

マールコフをめぐるわたしの言葉ひとつひとつがあなたにとって宝物のようだ、とあなたは書いていらっしゃる。わたしに言いたいことはたくさんある、むろんそれでも不充分です。そこへ老年と、うとましい生活の転変、病気がしのびよってくる。

マールコフ（マートヴェイ）を記念する会議、上述の芸術学者コフトゥーンが開催したのですが、そこで読んでもらうために書いた回想がありますが、わたしは参加して自分で読み上げることができませんでした。[50]
七―八本の論文は純理論的なものです。若い画家たちは褒めてくれ、理解してくれますが、芸術学者はほめてくれません、だから芸術学者やその機関との交際からなにものも期待していません。補足しておかなければなりませんが、理解をわたしは精密科学に携わっている物理学者や数学者、医療心理学者、それこそアリストテレスやマルクスにすら見いだすことができます（こんなこと、誰も書いていないですけれど）。
どうしてわたしがマールコフについて、ほんの数言で語ることができましょう！
他方あなたはペンのひとです、でしたらよく耳を澄まして聞いてください！　くれぐれもゆがめて受け取らないでください。正確に記述し、うそいつわりなく、印刷される当人にとって明快に話さないといけません。

9

ブブノワの返信はハールジエフを傷つけた。ブブノワが自分の著作（マートヴェイの考えを敷衍した論文）について述べながらも、ブブノワの本の出版を検討中であった『ソビエト画家』出版部について、ブブノワが一言も述べていないからである。

書面を見るかぎり、ブブノワはハールジエフを「芸術学者」の一員とみなし、警戒したようである。そこへ「芸術学者やその機関」、専門誌や出版所、美術館のたぐいが彼女の著作をしかるべく評価せず、いつまでもおおやけにできないことも手伝って、著作掲載の不首尾をめぐる経緯が手紙を書きながらさまざまに思い起こされたのだろう、ハールジエフへの書面にもつい苛立ちを抑えきれなかったものと見える。

とはいえ、ハールジエフ擁護のために付け加えておくと、もとより雑誌『ソビエト画家』にはハールジエフが関わっていた。じつはブブノワの本を出版することも、次の返信に見えるように、そもそもはハールジエフがもくろんだのであった。にもかかわらずブブノワが、マートヴェイ（マールコフ）のことを書面で頻繁に口にしながら、なぜハールジエフに自著の出版についてハッキリとしたことを述べていないのかが奇妙である。

［⑦　一九七三年七月三十日付け、ハールジエフのブブノワ宛書簡］

あなたの手紙はいくぶんわたしをかなしませました。コジェーヴニコワさんが『ソビエト画家』出版部にかけ合いに出ていることが一言も述べられていないからです、あなたのご本の出版契約が結ばれる可能性が大きいにもかかわらず。それに出版をもくろんだのはそもそもわたしで、コジェーヴニコワさんには［出版部で］わたしの名前を出してくださってもかまわない、と申し上げました。なぜなら『ソビエト画家』出版部では、わたしの意見を重くみるからです。

いいでしょう、これに拘泥することはいたしません、たぶんコジェーヴニコワさんが状況すべてをあなたに知らせる必要を認めなかったのかもしれません。こんなことには前から慣れていますので、驚きません。

ナグーブニコフの件、ロシア美術館にかれはなんの関係もありません。

一九六〇年代初めに美術館収蔵物の整理でナグーブニコフが除籍対象となり、わたしが介入してなんとかその唯一の作品（《ジプシー女》）を破滅から救ったのです。当時ロシア美術館にはだれ一人この芸術家のことを知っている研究員がいなかったのです。わたしがかれらに説明しました。かれの亡くなった日付は私が調査して初めてわかりました。こういう「エジプトの夜」の闇を追い散らすのは容易なことではありません。

マレーヴィチについてのお知らせ、いささか正確さに欠けるようです。かれの最初の個展は一九二〇年モスクワでのことで、それもマレーヴィチはその場にいませんでした。あなたはどこか別の展覧会でかれと出会ったのでしょう。あなたのおっしゃったことをマレーヴィチが傾聴したとの由、わたしは驚きません。かれは他人の言うことに耳を傾け、意見を尊重できるひとでした。ひじょうに「間口の広い」人間でした。

かれの方形が及ぼす芸術的な力のことですが、それがきわめて有効だったのはマレーヴィチ直接の弟子たちだけの話で、ヘマな追随者（オリガ・ヴァザーノワはのぞく）にはかかわりありません。

ロートチェンコ、クリューン、ステパーノワなどのシュプレマ構成主義はひどいものです。わたしの見たてでは、まったく取るに足らない画家たちです。

ときに、スフミに住んでいるというそのマレーヴィチの弟子（あなたのお弟子さんの父親）は誰ですか？

ニコライ・ロゾヴォーイである。その息子のアレクサンドル・ロゾヴォーイ氏は現役の画家で、ブブノワのスフミ時代の絵の教え子に当たる。スフミの個展で観たブブノワの絵が気に入ったので本人に会いに行くと、なにかわたしがあなたにお手伝いができると思うのでしたら来なさい、と言われたのが出会った最初だったという。[51]
モスクワの「インフク」、芸術文化研究所でブブノワが懇意にしていたのは、ほかでもないハールジエフの言う「まったくとるにたらない画家たち」、ロートチェンコとステパーノワだった。

＊

けっきょく、ハールジエフとブブノワの交際はこれで断ち切れてしまった。ハールジエフには不遇とはいえ貴重きわまりないアーカイヴを手元に秘蔵するロシア・アヴァンギャルド芸術研究の第一人者としての自負があったし、ブブノワには芸術の前衛を「登場人物の一人」としてリアルタイムで生き抜いた、理論面でも実際面でもアヴァンギャルド運動の重要なリーダーの一人マートヴェイのパートナーだったという自負があった。ものを作ることもせず、データや本、文書しか知らない「芸術学者」になにがわかるものか。

書面では伝わらない細かい人間関係の機微、出版社との交渉ばかりでなく生身の人間どうしの複雑な事情がじっさいには影響していたのだろうと思われる。しかもブブノワは中央からとおいスフミにおり、モスクワのことはみなコジェーヴニコワにまかせきりだった。そのうえ八十七歳という高齢だった。

ところで、コジェーヴニコワが一九九四年に出したブブノワの回想・論文・書簡集にはハールジエフの名前がどこにも見られない。上に紹介したとおり、七三年四―七月のコジェーヴニコワのブブノワ宛書簡原本には、私がおおかに見たかぎりでは、二度ほどハールジエフの名前が言及されている。それは回想・論文・書簡集に収録されていない。おそらく刊行前年の九三年にハールジエフがオランダへ移住し、所蔵していたアーカイヴをめぐって一大スキャンダルが持ちあがったことに関係があるのだろう。

「あなたが芸術学者でなくて、わたしはほんとうに嬉しい！　こういう手合いは絵画のことをなんにもわかっていないし、ただのデータと実地の芸術的経験に裏打ちされてもいない芸術をめぐる他人の考察を知っているだけなのです」。[52]一九七三年七月二十九日、コジェーヴニコワにブブノワはこう書き送っているが、間接的にハールジエフのことが念頭に置かれているのかもしれない。「青年同盟」やマートヴェイのことなど、ブブノワにとって若き日のいちばん「痛い箇所」を突いてきたのがハールジエフだった。土足で踏み込んできて、勝手に解釈されてたまるものか、という思いがあったのだろう。

反面、ハールジエフの立場に立つなら、ひとの記憶というものは当てにならない。ひとの回想は歳月のために歪められ、都合のよい「きれいな」ストーリーに仕立てあげられてしまう、という思いを禁じ得なかったのではないか。だからこそ、アーカイヴによる精緻で実証的な裏付けが不可欠なのだ。ロシア・アヴァンギャルド芸術の実際と生成史をめぐる未刊行アーカイヴを必死に守ってきた第一人者からすれば、ブブノワとのエピソードも「回想を信じるな」[53]という自己の信条を裏付ける結果に終わった、ということだろうか。

ＰＤＦファイルでは、文書はなにも語りかけてこない。ハールジエフのアーカイヴ現物を早く目にしたい、目のあたりにする日を心待ちにするばかりである。

［付記］
ここに掲載したハールジエフのブブノワ宛書簡原本四点は、現在ロシア国立文学・芸術文書館が刊行中の『ニコライ・ハールジエフのアーカイヴ――РГАЛИ所蔵のロシア・アヴァンギャルドコレクションより資料とドキュメント Архив Н.И. Харджиева. Русский авангард: материалы и документы из собрания РГАЛИ』の第四巻に、私のコメンタリー入りで二〇二〇年末に刊行される見込みである。

注
1 Общество художников «Союз молодежи». К истории петербургского авангарда. / Альманах. Вып. 562. СПб., 2019. С.108.
2 *Сарабьянов Андрей.* Н.И. Харджиев – собиратель и исследователь русского авангарда // Архив Н.И. Харджиева. Русский авангард: материалы и документы из собрания РГАЛИ. Т.1. М., 2017. С.13-28; *Горяева Татьяна.* Как архив Н.И. Харджиева был возвращен в Россию // Там же. С.31-41.
3 二〇一九年十一月現在、ブブノワのハールジエフ宛書簡原本（三点）は、ロシア国立文学・芸術文書館で公開されている。РГАЛИ Ф. 3145. Оп.2. Ед.хр.171.
4 一九三一年六月十九日、アンナ・アフマートワ宅を訪ねた鳴海完造が若き日のハールジエフを見かけている。「色の浅黒い丸顔の一寸肥ったガッシリした южный тип［南方系］の男」と鳴海は日記に書き込んだ。鳴海はアフマートワから直接アクメイズムの成立と生成をめぐって「聞き書き」を残したが、鳴海が見かけたハールジエフは、アフマートワとなにを話していたのだろうか。太田丈太郎『「ロシア・モダニズム」を生きる 日本とロシア、コトバとヒトのネットワーク』成文社、二〇一四年、三〇二頁、三一三―三一七頁。
5 *Арская Ирина.* «Союз молодежи» - первое объединение художников авангарда // Общество художников «Союз молодежи». С.5-6.
6 Там же. С.10-11.
7 *Грушвицкая Елена.* Театральные эксперименты «Союза молодежи» // Общество художников «Союз молодежи». С.29-35.
8 *Турчин В.С.* Л.И. Жевержеев и художники «Союза молодежи» // Волдемар Матвей и «Союз молодежи». М., 2005. С.225-239.
9 J・E・ボウルト編著（川端香男里・望月哲男・西中村浩訳）『ロシア・アヴァンギャルド芸術 理論と批評 一九〇二―三四年』岩波書店、一九八八年、五五―七〇頁。
10 原文は история だが、「歴史」では意味が伝わらないため、以下「生成史」と訳出した。
11 エヌ・プーニン「ヨーロッパ芸術に於ける浮世絵の意義」『改造』七月号（一九二七年）、九八頁。
12 *Пунин Н.Н.* В борьбе за новейшее искусство [Искусство и революция]. М., 2018. С.96-97.
13 *Кожевникова И.П.* (составитель) Уроки постижения. Художник Варвара Бубнова. Воспоминания, статьи, письма. М., 1994. С.246.
14 Там же. С.247.
15 プーニンのひ孫、遺産相続人ニコライ・ズイコフ氏所蔵の写真。掲載許諾あり（二〇一八年十一月二十九日付け、太田宛の私信）。
16 *Кожевникова И.П.* (составитель) Уроки постижения. С.340–341. 熱海で撮影されたブブノワとプーニンの写真は以下に掲載されている。コジェーヴニコワ『ブブノワさんというひと 日本に住んだロシア人画家』（三浦みどり訳）群像社、一九八八年、一八二頁。
Кожевникова Ирина. Варвара Бубнова. Русский художник в Японии и Абхазии. М., 2009. С.103.
17 *Пунина И.Н.* Из архива Николая Николаевича Пунина // Лица. Биографический альманах. Вып.1. М.; СПб., 1992. С.427.

18　*Харджиев Н.И.* Статьи об авангарде в двух томах. Т.1. М., 1997. С.41.
19　Там же. С.99.
20　Каталог выставки «Архив Харджиева». М., 2018. С.25. なお、二〇一八年九月十九日から二〇一九年一月二十日までモスクワのトレチャコーフ美術館で、一九八〇年のロシア美術館での展覧会以来三十八年ぶりになる大がかりなラリオーノフ回顧展が開催された。
21　*Лобославская Т.В.* Хроника объединения «Союза молодежи» // Волдемар Матвей и «Союз молодежи». С.247.
22　*Маяковский В.В.* Полн. Собр. Соч. в 13 томах. Т.12. М., 1959. С.226.
23　*Грушвицкая Елена.* Театральные эксперименты «Союза молодежи» // Общество художников «Союз молодежи». С.34.
24　二〇一九年夏の「青年同盟」展はもとより、とりわけ革命百周年を記念する一七年夏に開催された「芸術を生活に Искусство в жизнь 一九一八—一九二五」という展覧会に、それは顕著であった。一八年夏の「ニコライ・クリビーン」展も、「青年同盟」展に至るためのきわめて重要な道程として、忘れるわけにはいかない。クリビーンの展覧会は、エヴゲーニー・コフトゥーン（一九二八—一九九六）に捧げられていた。
25　*Тугендхольд Я.* Французское собрание С.И. Щукина // Аполлон. 1914. № 1–2. С.33.
26　*Буженска Ирена.* Волдемар Матвей (Владимир Марков) и «Союз молодежи» как открыватели неевропейских культур // Общество художников «Союз молодежи». С.25.
27　*Марков В.* Фактура. Принципы творчества в пластических искусствах. СПб., 1914. С.1.
28　*Марков В.* Фактура. Принципы творчества в пластических искусствах. С.2.
29　Там же. С.64.
30　Там же. С.66.
31　*Бобринская Е.А.* «Принцип случайного» в теории нового искусства В. Маркова. // Волдемар Матвей и «Союз молодежи». С.113-124. 『ロシア・アヴァンギャルド４　コンストルクツィア　構成主義の展開』国書刊行会、一九九一年、三七—五三頁。
32　Howard, Jeremy. *The Union of Youth. An artitists' society of the Russian avant-garde.* Manchester and New York. 1992. p.216.
33　*Буженска Ирена.* Волдемар Матвей (Владимир Марков) и «Союз молодежи» как открыватели неевропейских культур // Общество художников «Союз молодежи». С.25. マートヴェイのアフリカ探求に、論文の著者ブジェンスカは興味深くもアクメイズムの詩人ニコライ・グミリョーフを対置する。「グミリョーフが実際にアフリカを訪ねた一方、マートヴェイは近しい友人で助手のワルワーラ・ブブノワとともに西欧の民族学博物館へ向かったのだ。」二十世紀初めのロシア・モダニズムと「アフリカ」イメージの問題は、エジプトの形象以外まだ解明されていない。それは英文学を介して児童文学にもつながる。コルネイ・チュコーフスキーの「ドクトル・アイバリート」その他、ソ連の児童文学におけるアフリカの形象を想起されたい。

34 *Мириманов В.Б.* Книга В.И. Матвея «Искусство негров» и начало изучения африканского искусства. // Волдемар Матвей и «Союз молодежи». С.178.
35 *Бубнова В.Д.* Последние годы жизни и работы В.И. Матвея // Там же. С.51.
36 *Марков Вл.* (*Матвей В.И.*) Искусство негров. Пг., 1919 [Репринтное издание; М., 2019]. С.44.
37 Там же. С.36.
38 Там же. С.36-37.
39 Там же. С.38.
40 *Ковтун Е.Ф.* Владимир Марков и открытие африканского искусства // Памятники культуры. Новые открытия. Ежегодник 1980. Л., 1981. С.411.
41 この「背が低くてもの静か、はにかみやで金髪のエストニア人」について、ブブノワは次のような逸話（画家の《眼》がうかがえる）を書き残している。「髪の毛が伸びて肩にかかるほどになると私たちはかれに言ったものだ、クンス、床屋に行きなさい！するとかれは、ヒマがない、とぼそぼそ言って紅くなるのだった。まずはかれの長くて白い首筋（かれの黒いシャツの第一ボタンはいつも留められていなかった）が紅くなってから、だんだん顔が紅潮するのだった。同輩たちは、クンスは夏（アカデミーのダーチャで）雲を描きに二十キロも歩いて出かけるのだよ、などとからかった。クンスの授業での作品、それはいつもずいぶん明るいトーンだったが、モデルの身体の色がとても柔らかで、まるで夜明けの雲のようだった。」*Кожевникова И.П.* (составитель) Уроки постижения. С.47.
42 一九六五年夏にブブノワは、マートヴェイの逝去以来久しぶりにリガを訪問し、ラトビア国立美術館でマートヴェイの絵画作品を目にした。六八年一月にブブノワはリガを再訪し、ラトビア国立美術館で開催されたマートヴェイ生誕九十年記念の展覧会と会議に参加、マートヴェイが生前に残したメモやノートをもとにまとめた報告「絵画における重量の原理」を読み上げた。*Кожевникова И.П.* Еще одна история верности и любви. Варвара Бубнова и Владимир Матвей // Волдемар Матвей и «Союз молодежи». С.78-81.
43 Уроки постижения. С.402-403. 引用箇所に各章の原稿枚数が記されているが、訳出していない。
44 一九七二年十一月十一―十二日付けのコフトゥーン宛手紙でブブノワは、マチューシンは知らない、グローは自分の通っていたギムナジウムで自然科学の先生をしていたが、まさか詩人だとは知らなかった、あの人のことだろうか？　と述べている。ハールジエフにもこの手紙への返信でグローとはごく幼い小学生のときに通りすがりに見たけれど詩人とは知らなかったと述べている（この箇所は本稿では割愛）が、ブブノワの思い違いだろう。Уроки постижения. С.402-403.
45 マルク・シャガールは一九七三年六月にソ連文化相エカテリーナ・フールツェワの招待で、妻とモスクワ、レニングラードを訪問した。『シャガール　わが回想』朝日新聞出版、一九八五年、二七四頁。

46　以下、プーシキン美術館で開催中だったイタリアの画家ジョルジョ・モランディの展覧会について言及されているが、本稿では割愛する。
47　ソ連時代、行政機関への市民の問い合わせや業務上の手紙に対しては、一ヶ月以内に返答しなければならないという決まりがあった。一ヶ月が経過しても返答のない場合は訴えることができた、それを言う。
48　Уроки постижения. С.410-411.
49　*Кожевникова И.П.* Еще одна история верности и любви. Варвара Бубнова и Владимир Матвей // Волдемар Матвей и «Союз молодежи». С.82.
50　ブブノワのマートヴェイをめぐる回想のこと。一九六六年にコフトゥーンはレニングラードでマートヴェイを記念する催しを企画し、スフミのブブノワにも出席してマートヴェイの回想を報告するよう依頼したが、ブブノワは病気で行かれなくなった。*Кожевникова И.П.* Еще одна история верности и любви. Варвара Бубнова и Владимир Матвей // Волдемар Матвей и «Союз молодежи». С.78-81; *Бубнова В.Д.* Последние годы жизни и работы В.И. Матвея // Уроки постижения. С.63-78. 回想や理論的論文も含めてブブノワの著作は、一九九四年にコジェーヴニコワが編纂したブブノワの回想・論文・書簡集『ものをとらえるレッスン Уроки постижения』で、初めて一つにまとめて刊行された。
51　アレクサンドル・ロゾヴォーイ氏と私との談話より。二〇一七年九月二十三日、モスクワのキエフ駅近く、クトゥーゾフ通り沿いにある氏の自宅とアトリエで。氏は、マートヴェイが生前追究していた時代と民族を超えて通用する絵画一般の原理をいまに受け継ぐ画家である。二〇一八年九月七日と十七日に氏と再会したが、その原理をパソコンで客観的に計測できるソフト開発の夢を氏は私に語った。
52　Уроки постижения. С.411.
53　鳴海完造が若き日のハールジエフをアフマートワ宅で見かけたことは記したが、ロシア・アヴァンギャルド運動の日本人研究者で唯一晩年のハールジエフと数回にわたって対談したのは、亀山郁夫氏である。氏のロシア滞在をめぐる回想録『あまりにロシア的な。』（青土社、一九九九年）にその貴重なハールジエフとの対談の記憶が随所で述べられているが、残念ながら叙述が情緒的にすぎ、それもハールジエフの弟子ルードリフ・ドゥガーノフのフィルターを経たハールジエフが写し取られているため、具体的にマンデリシタームやフレーブニコフについて、ロシア・アヴァンギャルド芸術の遺産について、なによりハールジエフが手元に保存していた貴重きわまりないアーカイヴと絵画コレクションについて、ハールジエフが氏に何を語ったのかがまったくわからない。唯一ハールジエフが「回想を信じるな」と氏に述べたことがいちばんにこころに残ったという。ハールジエフとドゥガーノフの複雑な経緯についてはここに述べない。*Дуганов Р.В.* Из воспоминаний о Н.И.Х.// Поэзия и живопись. Сборник трудов памяти Н.И. Харджиева. М., 2018. С.42.

第五章　チュコーフスキーとの再会——日ソ児童文学をめぐる断片

1

むかしむかし、コルネイ・チュコーフスキー（一八八二―一九六九）という作家がいた。本名をニコライ・コルネイチュークといった。児童作家としてよく知られた。ひとびとは講演、ラジオやレコードでかれの声を聞き、ナマの姿を見、リアルタイムでかれの本を読んだ。

小さい頃は児童書を読んだ。『ワニ』（一九一七）、『モイダディール』（一九二一）、『ドクトル・アイバリート』（一九二九）、『ビビゴーンの冒険』（一九六三）などチュコーフスキーの児童文学は、いくつかがソビエト時代に優れたアニメーション作品となったことも手伝って、サムイル・マルシャークの作品とともに、いまだ広く読まれている。

長じてかれの自伝や評論、専門的な研究書を読んだ。ニコライ・ネクラーソフをめぐる評伝の博覧強記ぶりに圧倒されたが、かれの記したなにげない回想をこよなく愛するようになった。回想から、チュコーフスキーがロシア文学の大先達からいかに学んだのか、学んだことをなによりも、誰よりも大切にしていることがうかがえた。マクシム・ゴーリキー（一八六八―一九三六）のような大先輩、またゴーリキーの大先輩ヴラジーミル・コロレンコとおなじ時間や場に居合わせたことを、チュコーフスキーは生涯たいせつにした。ゴーリキーと同様、ゲラや他人の原稿に手を入れる時には、赤と青の色鉛筆を手元から離さなかった。

チュコーフスキーの魅力は「おはなし」にある。ナンセンスにある。風刺にある。そのナンセンスや風刺を裏打ちするコトバの魅力がある。いちど耳にしたら忘れないリズムと音（おん）、音楽として、ダンスとしてコトバを体感

1964年6月18日、モスクワ郊外ペレジェールキノ
「創作の家」でチュコーフスキーとともに
(НИОР РГБ Ф.620. К.105. Ед.хр.8. Л.29; Л.35.)

する楽しさがある。しかも、読みすすめるうちにリズムが変拍子のようにころころと変わり、コトバのトーンもテンポも変わる。その魅力は、翻訳ではまったく伝わらない。

Музыканты прибежали,
В барабаны застучали.
Бом! бом! бом! бом!
Пляшет Муха с Комаром.

バンドのみんなも駆けつけた
ドラムを鳴らして
ボム、ボム、ボム、ボム！
ハエと蚊のふたりでおどる

А за нею Клоп, Клоп
Сапогами топ, топ!

ナンキンムシがおつぎでござい
ブーツをならしてタップダンスだ

Козявочки с червяками,
Букашечки с мотыльками.
А жуки рогатые,
Мужики богатые.
Шапочками машут,
С бабочками пляшут.

コガネムシはミミズといっしょに
ハムシは蛾のみんなといっしょに
ツノあるカブトムシは
おカネ持ちのオトコ衆だ
帽子を振って
チョウチョウとおどる

Тара-ра, тара-ра,
Заплясала мошкара.

タララー、タララー、
ブヨのおばさんもおどりはじめた

Веселится народ –

みんな陽気にさわいでいる

Муха замуж идёт
За лихого, удалого,
Молодого Комара!

ハエがおヨメにいくのだもの
勇み肌でこわいものしらずの
若き勇者　蚊のおヨメさんに！
（«Муха Цокотуха»「ハエのおしゃべりさん」一九二四）

じっさいこの詩行を鉛筆で書きつけながら、当時四十二歳のチュコーフスキーはしぜん踊りはじめたという。

〈…〉踊りながら同時に書くことはとても無理だった。わたしは部屋から廊下へ、台所へ走り回ったが、なんと手元に紙がなくなってしまった。壁紙があるじゃないかと廊下で気づいた。壁紙を剥がして、切れ端の両面を使って書き終えた。こうしてわたしはプロの児童作家になったのである。[1]

チュコーフスキーの作品には、話の現場で愛されてきた「スカースカ」、ロシア民話の生きたなごりがある。そこへヴラジーミル・マヤコーフスキーら未来派に見られる斬新な詩行や、革命とともに文学の表舞台に現れ出た卑俗な語彙や言い回し、習俗など、ミハイル・ゾーシチェンコに代表される二十世紀前半のロシア語の旺盛な活力が映り込んでいる。チュコーフスキーの魅力は「おはなし」の一回性にほかならない。自身、不可逆の「おはなし」を愛したからだろう、自作を子ども相手に披露する機会をチュコーフスキーはひじょうに大切にした。「子どもから取りあげたものを返してあげなければならないから」[2]と晩年の一九五七年秋、モスクワ郊外ペレジェールキノの自宅の隣に老作家

モスクワ郊外ペレジェールキノにあるチュコーフスキーの児童図書館（2019 年 9 月 12 日、太田撮影）

は児童図書館を自費で創設し、そこで定期的に近隣の子ども相手に朗読会を開くのだった。

二十世紀初頭、チュコーフスキーはオデッサでジャーナリズムに携わりながらロンドンへ渡り、大英博物館の図書館に通っては、カーライル、ドクインシーにはじまり、アーノルド、ブラウニング、ロセッティ、スウィンバーンにいたるまで、イギリス文学に読みふけった。英語は独学でものにした。以後、チュコーフスキーの英米文学への関心は、生涯衰えることはなかった。なかでもウォルト・ホイットマンを生涯愛した。

帰国後はサンクト・ペテルブルクに住まいを移し、長年にわたり文芸評論家として活躍しはじめる。アレクサンドル・ブロークをはじめ、アンナ・アフマートワ、ニコライ・グミリョーフ、マヤコーフスキー、ゾーシチェンコ、レオニード・アンドレーエフなど、いわゆる二十世紀ロシア・モダニズムの文学者たちをめぐるチュコーフスキーの貴重な回想はこのときに由来する。一九〇六年秋にはフィンランド湾にのぞむ保養地クオッカラ（現レーピノ）に住まいを移し、画家イリヤ・レーピンと親交を深めた。レーピンをめぐるチュコーフスキーの回想は画家のクセやしぐさ、言い回しなど、その場で生きているかのように画家の身体をあざやかに、生々しく視覚化するひじょうに優れた作品である。「おはなし」の一回性を大切にするチュコーフスキーの本質が、同時代人をめぐるもろもろの回想にも現れている。

そのようなチュコーフスキーの特質は、ゴーリキーをめぐる回想にも顕著である。大文豪がおりおりに口にしたコトバが、「O」を強調する特有のくちぶりや、ぱらぱらと太鼓のように指で机を叩くしぐさとともに、チュコーフスキーのペンを通じて読者に伝わる。一九一八年九月、革命後のペトログラード（現サンクト・ペテルブルク）にゴーリキーがソビエトの新しい読者相手に優れた世界の文学作品を紹介しようと「世界文学」出版所を創設したとき、会議の間合いにゴーリキーは表情豊かにしぐさをまじえて、いろいろな逸話を語った。詩人ブロークはゴーリキーのなにげない談話を愛し、クローンヴェルクスキー通りのゴーリキー邸を辞去しながら、毎度チュコーフスキー相手に、みちみちゴーリキーの口跡をなぞってみせた。

そもそもチュコーフスキーに、子どものための文学作品を書くよう仕向けたのはゴーリキーだった。チュコーフスキーがゴーリキーと初めて会ったのは、一九一六年九月二十一日のことだった。当時チュコーフスキーは、天使やケルビームばかりの登場する俗悪なうえに甘ったるい、大人たちに都合よいだけの教育的配慮の露骨な児童文学作品を攻撃していた。とはいえ孤軍奮闘で、だれもかれの声に耳を傾けるものはなかった。ところが、ほかならぬゴーリキーがチュコーフスキーの論説に注目し、ちょうどじぶんの関わる「パールス（帆）」出版所に児童書専門の部局をたちあげるので協力してはくれまいか、と声をかけてきた。初めて会ったのがペトログラードのフィンランド駅、大文豪と一緒にレーピンのところへ、計画していた子ども向け文集『ラードゥガ（虹）』のために挿絵を頼みに出かけたときだった。

さよう、良い児童書がない、あなたのおっしゃるとおりです。わたしが思うに、子どもの本は、内容はむろん優れた挿絵がないといけない。一流の画家による挿絵がないといけません。それから昔話やおとぎ話だけでなく、外国文学の古典はもちろん冒険小説はもとより、ジュール・ヴェルヌのような空想科学小説、さらに最新の科学啓蒙書も含めないといけない。いくら子ども相手だからって、神様と天使と道徳的訓戒でお茶を濁すようなマネをしちゃならんのです。

ところで、あなたは盛んに児童書批判をなさっているが、批判や罵倒だけではなにも生まれない、代わりに子どもになにを与えるのです？　ひとつどうでしょう、あなたご自身が書いてみては？　コブシで攻撃するばかりでなく、ご自身でほんものの芸術作品をお書きになれば、目下の腐敗もしぜん消えてなくなります。最上の論争とはコトバではなく、芸術創造によるものです。

チュコーフスキーはゴーリキーからこう水を向けられて、すっかり臆してしまった。のちの大作家、それもソ連・ロシアのあらゆる世代から愛された児童書の作者からは想像もつかない。一見気むずかしい陰鬱なゴーリキーの瞳がこと子どもの話になると空色に輝いて、まるで子ども以上の奇跡がこの世に存在しないかのように明るく嬉しそうに、それこそしあわせそうに大文豪は語り出すのだった。のちの「国立児童出版所 Детгиз」のとおい始祖こそ、ゴーリキーにほかならなかった。ゴーリキー自身の児童出版所は実現を見なかったが、その企図はソ連の「国立児童出版所」に受け継がれた。[3]

わたしはもうおじいさんでして、孫娘がいるのです、マールファといって、この子はたぶん喜劇女優か画家にでもなるのでしょう、絵に興味があるようでしてね、絵に指を突き立ててはわけのわからないコトバで面白おかしいおはなしをこしらえるのです。——あるときゴーリキーがチュコーフスキーに手紙でこう語った。イタリアのソレントから送られてきた手紙であるから、一九二〇年代中ごろのことである。ちょうど当時チュコーフスキーは、子どもの面白おかしいコトバをめぐって『二歳から五歳まで』という本を書いていた。ゴーリキーは言うなれば、この日本でも広く読まれたチュコーフスキーの大ベストセラーに、側面から参加することになった。[4]
ついでながら、このマールファという文豪の孫娘は、大阪毎日新聞のモスクワ特派員だった黒田乙吉が、一九二七年十月末にソレントのゴーリキー邸を妻子と訪問した際、黒田の長女と仲良しになった「マルワ」のことである。「日本人の子にしてロシヤ語しか話さない私の長女と、ロシア人の子にしてドイツ語しか話さないマルワさんとが手真似でもってすっかり仲良く遊んでいるのを、にこにこして見ているゴーリキイは、全くいいお祖父さんであった」。マールファはのちに秘密警察長官のラヴレンチー・ベリヤの息子と結婚した。[5]
「たったいま、ゴーリキーが死んだと知った。真夜中。庭を歩いて泣いている。一行も書けない。〈…〉アレクセイ・マクシーモヴィチ［ゴーリキー］のことを、わたしはどんなにしょっちゅう誤解したか、どれほどあのヒトに詩的で優しいものがあるか、わからなかったか。かれの書きものぜんぶにもまして、人間として、あのヒトは貴かったのだ」——ゴーリキーの他界した一九三六年六月、チュコーフスキーは日記にこう記した。[6]

2

『二歳から五歳まで』は当初『おさない子どもたち』の書名で出版された。初版は一九二八年だが、三三年に改版され、書名も『二歳から五歳まで』に改められた。子どものでたらめに思われるコトバや言い間違いにどれほど新鮮な遊びのポエジーがあるか、子どもの、とりわけ二歳から五歳までの子どもによる無意識の言語操作にいかにロシア語それ自体の可塑性と潜在力が現れているか、子どもの言い間違いにはときに地方方言と同じ現象が見られ、そこにはただの誤りと切り捨てて見過ごしてはならない重大な言語の自律的組成現象がうかがえる、などを数多くの実例をもとに例証しようとした意欲的な著作である。児童教育上の配慮よりは、未来派やフォルマリズムの詩学にも通ずる、いわば子どもの意味を超えたコトバそれ自体、音声それ自体を追究した書物である。親たちや学校教員たちからチュコーフスキーに実例を知らせる手紙が殺到し、チュコーフスキーは丁寧に読み分けながら改版のたびに自著にそれを加えていった。その結果、一九七〇年までに二十一版を重ねる大ベストセラーとなった。

日本ではまず部分訳が、「雪どけ」の一九五七年（スターリン批判の翌年）に三一書房（南信四郎訳）から出版された。ロシア語の数多い実例をどう訳したのか、翻訳をめぐる苦労がしのばれるけれども、それについてここでは詳述しない。総じてチュコーフスキーの音声の遊びや、リズムに富むダンスのステップのようなテクストを、翻訳することは不可能である。語呂合わせと音声の連想から引き起こされる子どものロシア語の妙味を伝えるには、高度なロシア語の実力はもとより、センスある日本語の運用能力が求められる。翻訳したところでどれほど実例の妙味が日本の読者に伝わったのか、それも「耳と身体全体で」テクストに参加するのではなく、もっぱら眼で黙読する習慣しかない、さらに「おはなし」自体も現実の話者から聞いた経験もほとんどない日本の読者にチュコーフスキーをいかに伝えるのか、いまだ疑問の余地がある。

とはいえ、不完全な翻訳にも活発に反応する読者がいた。児童作家のいぬいとみこ（一九二四—二〇〇二）である。作家として活躍しながら岩波書店の児童書の編集・出版にたずさわり、かずかずの名著を世におくり出した。『ながいながいペンギンの話』（一九五七）、『北極のムーシカミーシカ』（一九六四）などの作品で知られる。

チュコーフスキーの『二歳から五歳まで』は、そもそもは「子ども時代への回帰」[7]のよろこびを最高の「霊感」として、リズムと音声の遊びを通じて作品を書いてきたチュコーフスキー自身の体感と楽天性に発したものだが、日本ではその遊びとしてのコトバの要素が無視され、ともすると戦後民主主義的ヒューマニズムの観点から、翻訳の制約からだろう、大人の身勝手な「子どもらしさ」「童心主義」を押しつけるのではない、独立した子どもの創造性を論じた本のように受け取られたきらいがある。

子ども——あなたにとってそれは、たんに未熟なヒナドリではありませんでした。むしろ、もっとも完成された創造物であり、損なわれてはならない人類の原型でした。こどもたちは、けっして役立たずでもなく、かわいい愛玩物でもなく、人間の一生の中で最も豊かで意味深い労働をいとなむ知的労働者であり、人類の創造性を保障する原動力でした。こどもたちは、楽天的で、前進的で、自由で、彼らを眺めるだけで人びとの心に平和をもたらすほどの「思想家」でした。このようなこどもたちに対しては、教えることよりも、彼らから学ぶものが多いことを、あなたは指摘しつづけてきました。[8]
チュコーフスキーの著作の翻訳を数多く手がけてきた理論社の創業者である小宮山量平は、ソ連の大児童作家の逝去にあたって右のような弔文を寄せている。弔文であるから多少の美辞麗句は割り引いて受け取るべきかもしれないが、「守るべき」愛玩物が子どもだという「童心主義」を排斥しながらも、子どもこそが創造の原点であり無垢な人間の原型であるというような、新たな装いであるだけで結局は同じ「童心主義」の堂々めぐりを小宮山は見せている。子どもは無垢のフロンティア、というわけだ。[9]
おそらくソ連の「雪どけ」と、世界初の人工衛星打ち上げや有人宇宙飛行に戦後社会の新たな地平線を目のあたりにした、当時の日本のリベラルな知識人に共通した感覚が小宮山の文章にあらわれているのだろう。けっして誤りではないとはいえ、小宮山の観点は一九五〇—七〇年代にかけての時代のコンテクストでしか有効ではない、ひじょうに偏ったチュコーフスキー評価である。チュコーフスキーの書物に意味やメッセージを読み取っても、コトバの一つ一つの手触りや音声とリズム、つまり老大家自身のいう「音楽的なファクトゥーラ」[10]に気を配ることはない。「耳のない」翻訳にたよることしかできなかった日本のある時代、ある傾向の読書階級に特有の現象だったのだろうか？
そもそも日本で十九世紀ロシア文学はもとよりソ連文学がある時期に人気を博したのも、メッセージが重視されたためにすぎず、コトバというメディアの潜在力やその自立性について考察を深める契機はほとんどなかったようにも見える。時代とともにメッセージは姿を変えたが、主題はけっきょくいつも同じだった。ヒトは、社会はどうあるべきか。チュコーフスキーのテクストも、このような日本同時代に特有のイデオロギー自動装置にからめとられてしまったかのように見える。
いぬいとみこのチュコーフスキー評価も、基本的に小宮山と同じ路線に由来する。ただし、いぬいは小宮山ほど教条主義的なとらえかたをしていない。

大人の側が、子どもに「空想」を与えるのではなく、子ども自身のもっている世の中を知ろうとする能力、積極的に明るさを求めて生きようとするその能力に、大人としての作家が合致していくことにこそ、幼年文学をかく必然性があるのだ……と、私はその本［『二歳から五歳まで』］によって目をひらかれました。

子どもを、固定した未熟な小型の大人とは考えず、絶えず変っていく動態のものとしてとらえているところが私には魅力的でした。[11]

いぬいは作家として活躍する前に、教員として保育園・幼稚園に勤めた経験がある。おそらく作家である以上に、小さな子どもとじかに接してきたいぬいだからこそ、「絶えず変わっていく動態」としての子どもを口にできたのだと思われる。幼稚園教諭としての経験が、いぬいとみこという一児童作家を生んだことを軽く見ることはできない。子どもに向かういぬいの柔軟なこころの姿勢が見える。

とはいえ、翻訳にたよるほかなかったいぬいに、ロシア語のひとつひとつの音声や連想を求めることはどだい無理な話であった。またいぬいは「耳」のセンスが良くなかったようで、外国の人名や地名を自己流に聞き取っては、おかしな表記を文面にさらけだす。別荘地ペレジェールキノではなく「ペレジェルキーノ」、挿絵画家タチヤーナ・マーヴリナを「マヴリーナ」といぬいはしきりに記しているが、おそらく身体にしみついた思い込みのように、新たな環境に置かれても正されることのないリズム音痴の自動機械のようなものが、いぬいにはあったのではないか。これはたんなる誤りではすまされない。チュコーフスキーのテクストとそのリズム評価に関わる根源的な問題である。音声それ自体を聞き分けられないなら、チュコーフスキーのテクストのほとんどは死んでしまうのだ。

それでも、いぬいには他に得がたい気質があった。不完全な翻訳ながらも子どものコトバの楽しさを語るチュコーフスキーの子どもに学ぶ姿勢に共感して、わざわざペレジェールキノのチュコーフスキーに会いに出かけた。あくまでじぶんの眼と足で確かめよう、著者、語り手とじっさいに話がしたいという好奇心、経験主義的な姿勢がまずひとつ。つぎに、コトバのちがいを超えても、相手を信頼させる濁りのない率直な心情だろうか。チュコーフスキー自身、子どもの魂そのもののような人物だったが、いぬいその人も打てば響くようにチュコーフスキーという「老人になった子ども」に感応できる同じ魂の持ち主だった。

一九六三年七月二十日、チュコーフスキーが近隣の子ども相手に催す恒例の「カスチョール（キャンプ・ファイヤー）」の祭りの用意そのままのペレジェールキノで、じっさいに老大家と話していぬいは感激した。通訳に田中かな子、ソ連側の案内人としてイリーナ・コジェーヴニコワと女性がもう一人（おそらくアーラ・コロミエツだろう）[12]同行していた。すでに日暮れ時だったので案内された児童図書館に子どもはいなかったが、チュコーフスキーの「妖精パックのようないたずらっぽさ」に接して、『二歳から五歳まで』の著者にいぬいはますます惹かれた。[13]その思いは翌年夏、二度目のペレジェールキノ訪問に結実する。

チュコーフスキーがいぬいとの再会の模様を詳しく日記に記しているので引用しよう。その場にはコジェーヴニコワのほか、モスクワのドルージバ大学に留学中だった田中泰子・田中雄三夫妻とともに、日本学者のヴェーラ・マールコワ（コジェーヴニコワとコロミエツの日本語の先生にあたる）、その夫の画家レオニード・フェーインベルクが同席した。

六月十八日［一九六四年］
〈…〉愛らしいイヌイがたったいま帰ったところだ、イヌイがくれたペンで今これを書いている。彼女の児童書（散文）は英語の強い影響で書かれている、わたしは児童図書館に彼女の本と肖像写真をいくつか展示した。イヌイはキモノ［いぬいは出来あがった帯などを持ってきていた］[14]をはおって、一緒にペレジェールキノの通りを散策した。イヌイと一緒に、ドルージバ大学の学生二人、田中泰子と田中雄三（夫婦）と、『ソビエト婦人』のイリーナ・コジェーヴニコワがやってきた。わたしはヴェーラ・マールコワとその夫で画家のレオニード・エヴゲーニエヴィチも誘った。マールコワはすばらしい翻訳家で、日本語を流暢に話す。イヌイはすてきな笑い方をする、わたしはこんな笑いを聞いたためしがない、まるで笑いだそうとしたけれど、途中で思い直してやめてしまったかのような笑い方だ。イヌイの笑いにはなんだか子どものようなところがある。わたしたちは「創作の家」、マールコワのところ［マールコワと夫フェーインベルクは『創作の家』に滞在していた」へ出かけたが、そこで日本人たちは日本の民謡を小部屋でいくつか唄った。その後リーリャ・ブリークとカタニャーンのところへ行き、ノヴェーラ・マトヴェーエワ［ギターを弾きながら歌う詩人］を誘った。マトヴェーエワは「大風」と「街はずれ」を歌った。

今日わたしはエフトゥシェンコとアフマドゥーリナと少しだけ知り合った。[15]

左からマールコワ、田中、いぬい、チュコーフスキー（オックスフォード大学から授与された文学博士の帽子とガウンを着ている）、コジェーヴニコワ。「創作の家」のヴェランダで撮影（НИОР РГБ Ф.620. К.105. Ед.хр.8. Л.30.）

いぬいはこの年、国際児童文学者会議に出席するためプラハを訪れ、その帰途モスクワを訪問したのだった。その折りの紀行文『リラと白樺の旅』によると、チュコーフスキーが「日本の民謡」と記したのは《サクラ》や《隅田川》、ショジョジのタヌキ囃子の歌のことである。[16]いぬいたちは折り紙でツルを折り、署名をしあって別れた。このときのエピソードをもとに、いぬいは『七まいのおりがみと・・・』という子ども向けのおはなしを書いた。

さゆりという日本の女子学生がプラハとモスクワの旅に出た。「モスクワちかくの林」で「ことし八十四さいの、ゆかいなまほうつかい」と出くわした。まほうつかいは羽根飾りのついたインディアンの格好をして、千人の子どもたちと遊んでいる。さゆりは日本のツルを折ってまほうつかいに差し出した。するとそこへ「フランスの森の仙女のような」「うつくしい女のひと」（リーリャ・ブリーク）があらわれてじぶんの国のツルを折るのだが、まほうつかいは、日本のツルのほうがうつくしいと駄々っ子のような調子で言い張りながら去る。

書斎の折り鶴（2017 年 9 月、太田撮影）

そして、こどもたちが見あげた空に、白い雲のマントを光らせながら、とんでいくまほうつかいが見えました。その手には、うすみずいろのおりがみのつるが、まるでたからものでもあるかのように、ささげられていたのでした。[17]

いぬいは田中泰子の全訳をつけて、このおはなしを老作家に贈った。[18]折り鶴はいまも、チュコーフスキーの書斎に飾られている。

いぬいもふくめてその場にいた日本人は、伝説の「マヤコーフスキーの恋人」リーリャ・ブリークと会って感激したようすだが、「森の仙女のような」ブリークのことをその場に居合わせたマールコワが、未発表の日記であからさまに「厚化粧の、ごてごてと塗りたくった唇、細いズボンと黒いロングブーツ。あの女に私は嫌悪しかおぼえない」と、ごく冷ややかに書いていることが興味深い。[19]たびかさなる迫害を経験してきたソ連知識人と、「雪どけ」に戦後世界の新フロンティアを見て熱狂する日本知識人の温度差、意識と体感の落差が見てとれる。一九六四年といえば、二月にレニングラードで詩人ヨシフ・ブローツキーの裁判があった。そもそも、マヤコーフスキーの死をめぐり、当局に加担したのがブリークにほかならなかった。一九七八年、ペレジェールキノで、八十六歳のブリークは自殺した。

3

チュコーフスキーに宛てたいぬいの肉筆書簡草稿が、保管していた古い文書から出てきた。ロシア語の翻訳をめぐっていぬいの仕事上のパートナーだった田中かな子（一九三一―一九九九）の遺した古いノートに挟み込まれていた。ノートは二〇一七年十月に、私が田中穣二氏から拝借したものである。[20]

ノートに挟み込まれていたいぬいのチューコーフスキー宛の手紙は二点からなる。一点は一九六三年八月二十三日付けで、田中かな子によるタイプ打ちのロシア語訳（九月十日の日付）が添付されている。モスクワから帰国して、チューコーフスキーと会って話した感激も鮮やかなまますぐ書いた手紙だろう。もう一点は日付がなく、ロシア語訳も添付されていないが、内容から判断して一九六四年二月以降ではないかと考えられる。いぬいが夏にプラハで開催される国際児童文学者会議に言及していること、南信四郎訳の『二歳から五歳まで』（三一書房）の改版が出たのが一九六四年であること、さらに作家アレクセイ・トルストイの息子（物理学者のニキータ・トルストイ）の来日をめぐる記事[21]が掲載されたのが同年二月二日であることから、そのように判断される。

ひょっとして、いぬいとみこのほかの書簡がモスクワに保管されていないか、ロシア国立文学・芸術文書館（РГАЛИ）はもとより、ロシア国立図書館手稿部（НИОР РГБ）が所蔵するチューコーフスキーのアーカイヴを調査した。二〇一七年三月がその最初だった。その折はいぬいの手紙を確認できなかった。目録のほか文書カードも丹念に調べたが、見当たらなかった。ところが、二年半後の一九年九月、再度確認のためロシア国立図書館手稿部に出向いたところ、最近編まれたとおぼしき新たな目録が加わっており、いぬいのチューコーフスキー宛手紙が複数保管されていることがわかった。手紙に添付して、いぬいがペレジェールキノ滞在中に撮影し、チューコーフスキーに送った写真も収められている。状況は急転した。

いぬいの手紙は一九六一年から六四年までと、六五年から六九年までの二部（Ф.620. К.105. Ед.хр.8; Ед.хр.9）に分けて保管されている。前者が十五通、後者が二十通で、驚くべきことにぜんぶで三十五通（贈り物その他に添付した書き付けや、新年のカードも含む）にもおよぶいぬいの手紙がモスクワに存在するのである。ほかにいぬいがチューコーフスキーに送った個人的な写真（黒姫の子どもや仕事の同僚たちと一緒に写ったもの）がある（Ф.620. К.123. Ед.хр.35）。そこにマルシャークと一緒に撮影した写真も一枚だけ保管されている（Ф.620.К.123. Ед.хр.35. Л.4）。いぬいの手紙はだいたいがロシア語タイプ打ちの翻訳（田中かな子ないしは北畑静子の訳）だが、いぬいの日本語肉筆原本も保存されている。田中かな子の具合が悪く、いぬい自身が英文タイプで書いた手紙も一通だけある（一九六六年十二月二十五日付け。Ф.620.К.105. Ед.хр.9. Л.9-10）。トルストイ展が東京でやられていて、書き直しと訂正だらけの原稿に感銘を受けた、コジェーヴニコワが展覧会の仕事で来日している、コロミエツも東京だ、という内容である。[22]
二〇一九年九月の調査の結果、わたしの手元にあるいぬいの肉筆書簡二点の背景、その幅広い裾野が見えてきた。モスクワに保管されているいぬいの肉筆書簡も、手元の二点と同じごく薄い半透明の外国郵便用の便箋で書かれている。
あとで述べるように、いぬいに宛てたチュコーフスキーの手紙の行方は不明である。その意味でいぬいの手紙は、日本の児童文学史上きわめて貴重な資料だろう。すべてをここに紹介することはできないが、いぬいとチュコーフスキーの「文通」（いまや古めかしいこのコトバこそ、いぬいには一番ふさわしく思われる）を、以下にかいつまんで再現することにしよう。
残された文書を他の文書とおなじ「場」に浮かべ、当時生きていた人々の「ヴォイス」と「体感」を甦らせる試みである。一つ一つ丁寧に読んでいただければ、いぬいとみこが抱いていたペレジェールキノのイメージはもとより、チュコーフスキーの肉声や姿態が自然たちあがってくるものと期待される。

＊

まず、モスクワに存在するいぬいの最初の手紙から。これがそもそも、いぬいがチュコーフスキーに送った最初の手紙である。日付は一九六一年十一月二十四日、特徴ある字体のいぬい直筆による日本語書簡である。いぬいがチュコーフスキーに関心を持ったきっかけが丁寧に述べられている（以下、段落分けはオリジナルにしたがう）。

コルネイ・チュコフスキーさま
お元気でいらっしゃいますか。私は、あなたの御著書『二才から五才まで』の日本語版を、一九五八年に拝見して、大変深く感銘を受けました。それ以来、いくたびもくり返して読み、私自身が幼い子どものための文学を書く上に、非常に示唆を与えられましたことを、厚くお礼申し上げます。
あなたがたくさんの実例をあげて証明していらっしゃる、幼い子どもの思惟のふしぎな合法則性を求める傾向は、日本の子どもたちも、もちろん共通しております。そして、それに気づかなかったことに、私自身驚いております。私は「幼年童話論」として、あなたの『二才から五才まで』ほど適切な本を知りません。

私たち、児童向図書のエディターであり、また自ら児童のためによい文学を書いてゆこうとする若い者たちにとって、あなたのご本は、非常に励ましを与えて下さいました。どのような時代にも子どもたちに必要な「空想」の灯を絶やすまいと、あなた方が苦闘されたことに、私たちは深い共感を覚えました。


一九五六年、「スターリン批判」と「雪どけ」をきっかけにはじまった、日本の児童文学者から同輩でもあり先生でもあるソ連の児童文学者への挨拶状とでもいうべき内容の手紙である。思えば、チュコーフスキーが児童図書館を創設（五七年秋）したのは、石井桃子が一九五八年三月、東京・荻窪に開設した「かつら文庫」の活動と、ほぼ同じ時期にあたる。おもに英米の児童文学作品をモデルに形成され、児童文学の作者や児童図書館の活動家との交流も深められてきた戦後日本の児童文学にソ連とのパイプが加わろうとしていた、ある意味でひじょうに微妙な時期（「日ソ共同宣言」の五年後）にいぬいの手紙が書かれていることに注目したい。いぬいこそはその最前線に立つ「結節点」であり、それを手助けし、チュコーフスキーとの会見をお膳立てしたのがイリーナ・コジェーヴニコワだったことを想起されたい（本書第一章）。手紙の後半を見てみよう。


あなたがかつてソヴェトの子どもたちのためにほんやくされたロフティング（Lofting）作『ドリトル先生物語』（“The Story of Dr.Dolittle”）の本を、私は東京で見たことがあります［『ドクトル・アイバリート』のことか？］。今、岩波書店から、ドリトル全集が発行され（訳者は作家の井伏鱒二）、日本の子どもたちに、とても愛されています。

ソヴェトの作家の作品で、岩波書店から出版されて、とても日本の子どもたちに愛されているのは、マルシャークの『どうぶつのこどもたち』と『森は生きている』、ノーソフの『ヴィーチャと学校友だち』、ヴォロンコーワ『町から来た少女』、ムサトフ『こぐま星座』、オセーエワ『ワショークと仲間たち』などです。

あなたご自身、楽しい幼年童話をお書きになっているそうですね。いつかあなたの本も、日本に紹介させて頂けることをのぞんでおります。

あなたは、どこに住んで、いまどんな作品を書いていらっしゃるのでしょう。ますますお元気で、世界じゅうの子どもたちのために、よいお仕事をなさって下さい。

お国を訪ねる福井研介［翻訳家・評論家、『ヴィーチャと学校友だち』の訳者］さんに託して、日本の一児童文学者からの敬愛のしるしとして、日本のお人形を一つお贈りします。日本の少女が「ハルコマ」という馬のおもちゃをもって遊んでいる姿です。

24.11.1961
東京都千代田区一つ橋二の三
岩波書店少年少女文学全集編集部
いぬいとみこ
（НИОР РГБ Ф.620. К.105. Ед.хр.8. Л.1-2.）

ここで言われている作品が、戦後のもの（一九四〇―五〇年代）ばかりであることに注目したい。一九三七年の大粛清、ならびに日中戦争勃発と太平洋戦争で約二十年間断絶した日ソ関係であったが、いずれも戦後はじめて訳出された作品群だ。「ソビエトの児童文学が日本の子どもたちに読まれだしたのは、戦後のことだ」と田中かな子は主張する。「ソビエト児童文学の一つのブームを作りだしたのは、なんといっても岩波少年文庫の活動に負うところが大きい」[23]。言うまでもなく、いぬいも田中も岩波少年文庫の活動で最重要の役割を果たした。

第二次世界大戦を抜きにしてソビエト児童文学を語れない、と田中は論ずる。それにしても、ナチスとの戦争を経験した学校や、コルホーズの子どもの生活（「社会主義リアリズム」そのもの）が、戦後の廃墟を目のあたりにした日本の子どもの眼にどううつったのだろうか？「あなたご自身、楽しい幼年童話をお書きになっているそうですね」——いぬいがチュコーフスキーの作品を知らないことが注目される。ソビエトの子どもの現実とかけ離れた荒唐無稽とされ、生真面目だけがとりえの教条主義的学校教師や、御用学者たちから迫害されたことが、日本のチュコーフスキー紹介にも影を落としていたのだろうか？　コトバの遊び、ナンセンス、笑いとユーモアに富むチュコーフスキーの書きものに、戦争や病気、死は出てこない。子どもの喜びや幸せにつながらないテーマをチュコーフスキーはきらった。長い生涯、あまりに多くを見聞きした——誹謗、密告、逮捕、処刑、追放、没収、ヒトの恐怖を。他人の不幸にチュコーフスキーは敏感だった。助力を惜しむことはなかった。
他方、ロシア革命後はじめて国交の正常化した一九二〇—三〇年代にかけて日本にももたらされたソ連の児童書のことが思い起こされる。[24]この時期、とくにレニングラード国立出版所児童書編集部でマルシャークが編集主幹をしていた一九二四—三七年には優れたものが多く、ヴラジーミル・レーベジェフやヴラジーミル・コナシェーヴィチなど絵画作品としてもきわめて優れた挿絵画家の仕事と相まって、現代ロシアのオークションでも高値がつくと聞く。ゾーシチェンコのほか、ダニール・ハルムス、アレクサンドル・ヴヴェジェンスキーのような前衛詩人集団「オベリウ」の文学者はもとより、エヴゲーニー・シヴァルツ、タマーラ・ガッベなど、綺羅星のような名前が、マルシャークの主宰したレニングラード国立出版所児童書編集部の記憶と結びついている。

〈…〉戦前は独創的に装丁された児童書のさしずめ黄金時代のようなものでした。読者にとっては尽きることのない金の鉱脈、クロンダイクそのものです。長い間この時代のことが研究されていますが、いまも多くの稔りをもたらしてくれます。まるで魔法のような時代なのです。[25]

作家アレクセイ・トルストイの孫イワン・トルストイ（先述したニキータ・トルストイの息子）が、一九二〇—四〇年代のソ連児童書について、このように『ノーヴァヤ・ガゼータ』紙に語っている。児童書にかかわったソ連の作家や画家たちは、とくに一九三〇年代にひどくなった検閲や逮捕と迫害を逃れて、いわば「児童文学」という「地下」に潜ったのだ、ともイワン・トルストイは言う。「一九三〇年代初めまで児童書の挿絵は、相対的とはいえ、言語と芸術形式の探求を守るサンクチュアリだったのです」。[26]二〇年代の終わりごろから作家たちは二つの隠れ場所に逃れた、一つは自然と動物、もう一つが児童文学だ、最良の作家たちがこの二つの方向に逃れた、と述べるのは、文学研究者マリエッタ・チュダコーワである。[27]

1920年代半ばのヴラジーミル・コナシェーヴィチの絵本（『ラードゥガ』出版所）。2018年9月、サンクト・ペテルブルクのロシア美術館「コナシェーヴィチ展」で太田撮影

とはいえ、ただに作品発表の場をなくした作家が生活の糧を得るための方便、「地下活動」ないしは監視の厳しい大道を避けた横道、目立たない「ニッチ」としてソ連児童文学をとらえるだけでは全貌はわからない。そう考えるには、あまりにも豊穣な才能と作品がいまに伝わっているからだ。二十世紀のソ連児童文学を考えるとき、ソ連という権力装置の途方もない悪夢を忘れさせるほど、輝かしい児童文学の実際があったことは否定できない。「ソ連という時間」を生きたヒトたちにとって、現在どこに身を置こうが、どういう立場や党派に属していようが、夢中になって読んだ絵本の記憶はいまも消えるものではない。

レニングラード国立出版所児童書編集部のマルシャークの下で編集の仕事をしていたのが、チュコーフスキーの娘リージヤ・チュコーフスカヤ（一九〇七―一九九六）だった。現在「ドーム・クニーギ」のある建物のネフスキー大通りに面した小部屋にマルシャークが作者と何時間もこもり、議論しながら一つのコトバ、言い回しを一緒に考えつづける様子をチュコーフスカヤはあざやかに描き出している。[28] 作者はもとより部下たちを自分の朗読と熱狂で鼓舞し、焚きつけ、その気にさせるマルシャークの下からどのように、たとえばエレーナ・ダンコの『中国陶磁器のひみつ』（一九二八）や『木の俳優たち』（一九三一）のような優れた児童書が出てきたのか。時代の制約に置かれた「地下活動」としてしか児童書の「黄金時代」現出の理由を考えられないとすれば、それは絵本を愛した読者のことはもちろん、マルシャークのような良き編集者たちの存在が考慮に入れられていない。後世のわたしたちは読者として、残念ながら編集者たちが作者らと共有したマルシャークの熱を、語気のリズムを、朗読のトーンをリアルタイムで感ずることができない。

わたしにとってほんとうの大学となったのは、レニングラード国立出版所児童書編集部にほかならなかった、とチュコーフスカヤは後年回想する。編集部で働く前、レニングラードの芸術史大学でトゥイニャーノフ、トマシェーフスキー、エイヘンバウム、シクローフスキーら高名な「フォルマリスト」たちの講義を受け、まめに出席して単位も取得したが、たいして興味もわかなかった。若さのためだろう（当時十九歳）、大学の講義ではなく「世界観」を一息に身につけようと非合法のサークルに関わったことがたたり、一九二六年の夏、チュコーフスカヤは当局に逮捕され、しばらくサラートフへ流された。

流刑先からレニングラードへ帰って、一九二八年の夏よりマルシャークの児童書編集部で働きはじめてみると、大学で講義されていた「文学のプロセス」そのものが目の前で、それも編集者との協働で、日々刻々と形づくられていた。興奮しないはずがなかった。児童の教育や文学にというよりも、マルシャークとその教え子たちと仕事をすることに大いに惹かれた。

公的イデオロギーと検閲の枠内で、マルシャークとレーベジェフは芸術創造の高みを目指した。失敗作も多かったが、マルシャークの児童書編集部で生まれた成功作、たとえばボリース・ジトコーフやアレクセイ・パンテレーエフの散文はもとより、ハルムスやヴヴェジェンスキーの詩、イングランド民謡の翻訳などは半世紀（今日から見れば九十年）もの時間の試練にも耐え、児童文学はおろかロシア文学それ自体の古典とみなすべき傑作群である。時代状況に鑑みればそれは奇跡のように信じられないことだったが、それでも事実にほかならなかった。[29]

一九六四年七月四日にマルシャークが世を去ったとき、チュコーフスカヤはペレジェールキノの「創作の家」のあたりで事故（車をよけたところ、その後ろを疾走してきた自転車に気づかず、その自転車と衝突してしまった）に遭い、寝たきりになってしまっていた。彼女は父親と同等、あるいは父親以上に大きかった作家の葬儀に参列することができなかった。「リーダが知ったらどうしよう？　考えるのも怖い」——マルシャークの死をめぐって、チュコーフスキーはこう日記に記した。[30]

＊

私の手元に存在するいぬいの肉筆書簡二点のうち第一のもの（一九六三年八月二十三日付け）は、全体の順番から言うと、チュコーフスキーに宛てた二番目の手紙にあたる。草稿らしく書き間違いもそのままだが、チュコーフスキーの手元にもたらされたのは一九六三年九月十日付けのタイプ打ちロシア語訳の手紙である。私の手元にあるタイプ打ちロシア語訳とモスクワに保管されているものの文面はまったく同じである。[31] 手元にある日本語肉筆書簡原本から引用する。

親愛なるチュコフスキーさま
お元気でいらっしゃいますか。

モスクワ郊外のお宅をおたずねしてから一ト月がたちますが、あのたのしかった夕べのことは、まるできのうのことのように思い出されます。

こちらに帰ってから、児童文学者の友だちにあなたのことを話しますと、みな、「お会いできてよかった」と、よろこび、またうらやましがっています。そしてあなたの写真をみて、『二才から五才まで』の著者が、「尊敬すべき陽気さに溢れたすばらしく優しい方」だという私の表現は、まちがいなかろう、と云ってくれます。

あなたのかわいらしい図書室のことを、私はたびたび友人に話しました。すると、東京の杉並区で、家庭図書館をひらいている作家の石井桃子さんや、東京から少しはなれた浦和で小さい家庭図書館をひらいている瀬田貞二さん［トールキン『指輪物語』やC・S・ルイス『ナルニア国ものがたり』の訳者］はたいへん喜んできいていました。石井桃子さんは、あなたのおしごとが、アメリカでも大変評価されていると、いっていました。

私は帰国してから、もう一度『二才から五才まで』を、よみ返しました。

するとあなたの声がきこえてくるようで、ほんとうに懐しく思いました。この本ばかりでなく、あなたの作品が訳されて、日本の子どもに喜ばれる日が、早くくるよう祈っています。

別便（船便で）［ママ］私の著書三冊と、日本の郷土玩具の本（色彩写真が多い）と、絵本を、五冊お送りします。

どうか、あなたの図書館へくる子どもたちに、みせて上げて下さいませ。
では、あなたが、いつもお丈夫で、ソビエトじゅうの、いいえ、世界じゅうの子どものためにいいお仕事をなさって下さいますよう、おいのりいたします。もう一度、お目にかかれますように！
一九六三年八月二十三日
愛情をこめて
いぬいとみこ

『二歳から五歳まで』の著者と出会えていぬいは心から感激した。なによりも、老大家が一九五七年秋に自費で建設し、ペレジェールキノにプレゼントしたという、近隣の子どものための小さな図書館に感銘を受けた。

小さいこどものためのへや、もう少し大きいこどものためのへや……と、はじめてはいった者にもすぐわかるのは、各へやがその年ごろのこどもにふさわしく飾られているせいでしょう。ある一角には、マルシャークさんからこどもたちに贈られた本が親しみ深くならべられていました。

チュコフスキーさんは、ここえ［ママ］くるこどもたちに本を読んであげたり、お話をしてあげるのがたのしみだと話してくださいました。[32]

チューコフスキーの児童図書館はいまも活動している。二〇一九年九月十二日にも私は訪問したが、平日にもかかわらず、訪れる子どもや母親の絶えることがない。学校に通っていた一九六一―二年以来ずっと司書をしているという、ヴァレンチーナ・セルゲーエヴナ・フルィストーワさんから話をうかがうことができた。

図書館内部の様子はコルネイ・イワーノヴィチの生きていらした頃とほとんど変わりません、近隣の街からはむろんモスクワからも電車に乗って本を借りにくるヒトがいます。登録者はざっと千人でしょうか。わたしはコルネイ・イワーノヴィチの本はむろんかれのことが好きで、司書の仕事をはじめました。ほんとうに面白い方で、遊びを思いついては子どもと一緒になって騒いだり跳ねまわったり、八十代の老人がですよ、そこの林で、周りの大人もみんな釣られてあのひとの遊戯に巻き込まれてしまうのですね、大笑いして。ところが気がついてみるとご当人はとっくにいなくなっている、いつのまにやら書斎にもどって原稿を書いているのです。

ごらんなさい、これはコルネイ・イワーノヴィチが好きだったレコードです、音楽は好きではなかったようですけれど、ベランジェだかの歌は好んで聞いていました。じぶんでも録音されるのを面白がりましてね、あの方の亡くなったとき誰かがかれの朗読しているレコードを隣の部屋で鳴らしたのです、あの方が戻ってきたかのようですけれど、レコードはやっぱり現実のかれの声を再現していません、歪めてしまっています。よく響く鐘のようにどこにいても

聞こえるような、よく通るテノールでしてね、口が悪いというのか、辛辣というのか、気が利いているというか、とにかく舌鋒の鋭いかたでした。生涯不眠に苦しみましてね、まあ、あなたもそうですか。背が高くて手足の長い男性によくあるのだそうですよ、忘れちまいましたが、なんとかという医学用語もあるのだそうです。お薬は仕事に差し支えるから服用するのを好みませんでしたが、でもとくに晩年はきつそうでした。
ここはチュコーフスキーがソ連の学校教育とどれほど分かちがたいかが一目瞭然でわかる部屋です。ソ連の小学校の男の子の制服がこちら、女の子の制服がこちら。わたしたちはみな、チュコーフスキーと一緒に育ってきたのです。もう四世代、五世代にもなるでしょうか。ほら、わたしたちの図書館前で撮影されたこの有名な写真の女の子、大きな犬とならんで本を右手にかかえているでしょう、いまや地域の小学校の校長先生をしています。本を好きになることは、ヒトの一生にかかわるのです、わたしもすっかりおばあさんになっちまいましたけれど。あなたを写真に撮っても良いですかってよく聞かれるけれど、ヒトのことまるで

太古の恐竜みたいじゃないですか、だからいつもお断りしています……。

ソ連児童書の「黄金時代」を、時代のコンテクストも踏まえ、本格的に検討できる最後の機会が、ほかでもない今なのかもしれない。ソ連という時間を生きたヒトたちの、読んだ絵本の記憶が生きているうちに、徹底して検証する必要があるだろう。

＊

いぬいのチュコーフスキー宛、三番目にあたる手紙の日付は一九六三年十二月四日、モスクワに日本語原本はなく、ロシア語訳のタイプ打ち書面しかない。チュコーフスキーから返事をもらい、その返信をしたためたものである。チュコーフスキーと初めて対面できて感激したいぬいの思いがあふれている。ロシア語に誤りの多いのが気になるが、誤り以上に、いぬいの女学生のように、まっすぐで濁りのない真情が書面にあふれていることに注目したい。以下、いぬいの日本語のトーンをできるだけ真似ながら訳出する。


コルネイ・チュコーフスキーさん、すてきなお手紙をありがとう。あなたと知り合えてとてもうれしいです、あなたもわたしのことを思い出して下さっているものと思います。帰ってからわたしはお友だちに、コトバなんかわからなくても人間はたがいにわかり合えるものだと話しました。

七月二十日の夕方あなたとお目にかかり、やさしいお声を聞いたとき、わたしは喜びのあまり涙が出てきてしまいました。驚いたことにわたしは、あなたがわたしにとってたった一人だけのすてきな先生であるように感じたのです。子どもは幸せに暮らし、元気に育たなければならないと、あなたが説いていらっしゃることを存じ上げております。

日本にも優れた文学作品がたくさんあります。でも、お年寄りの作家たちは悲しみや気のふさぎが好きで、そればかりを書いています。それでいて、そんな文学作品が良いので貴いのだなどと考えています。でもわたしが思うに、そんな本を子どもが好むはずがありません。

帰国してからあなたのお仕事を知り、これまで以上にあなたのことを尊敬しております。たった二、三時間しかご一緒しなかったのに、あなたとまる一ヶ月も一緒にいたような気がしています。それもあなたが、わたしをじつの娘のように、親切に受け入れてくださったからです。まるで巨人の家にやってきて、魔法のご馳走をいただいたかのようでした。〈…〉

(НИОР РГБ Ф.620. К.105. Ед.хр.8. Л.5-7.)


引用末尾の表現に注目したい。「巨人の家にやってきて、魔法のご馳走をいただいたかのようでした」——いぬいにとってペレジェールキノは、奥深い森の中の魔法の国のように思われたのだろうか？　あるいは森の中の誰もいない家に潜り込み、大きい椅子と中くらいの椅子と小さい椅子に座って、大きいお椀と中くらいのお椀と小さいお椀からスープをのんだように感じたのだろうか？　まるで遠い、おそろしい、縁のないところだと思っていたロシアが、「巨人のような子ども」チュコーフスキーを介して歓待してくれているように思われた。驚きに目を見開き、隔てのない新鮮な気持ちでモスクワに、ペレジェールキノに感嘆しているいぬいの様子がこの表現によくうかがえる。だが、いったん異界のものを口にすると、もとに戻れなくなるのが魔法昔話の定式だろう。

以下、いぬいは自作の『空からの歌ごえ』と『ながいながいペンギンのはなし』を児童図書館に贈りたいと知らせている。いずれの本も、チュコーフスキーの家博物館に現在も保管されている。ときに、チュコーフスキーは不眠を気にして夜九時には床につく（朝五時には起きて仕事をする）のを長年絶対の日課としていた。いぬいは夜八時半に老作家の家に着いたようだが、いぬいの書面にしたがうとチュコーフスキーはこの日、いつになく十一時ちかくまで起きていたことになる。絶対の習慣を変えてまで日本からきた女性をチュコーフスキーが歓待した様子がうかがえる。この日は寝られたのだろうか？

私の手元に存在するいぬいの肉筆書簡のうち二点目のものは、モスクワの資料にしたがえば、チュコーフスキー宛六番目の手紙に当たる。タイプ打ちロシア語訳がモスクワに保管されており、その日付は一九六四年三月三日だが、その内容から、いぬいの日本語原本の書かれたのが二月六日であることが判明した。私が保管する日本語の書面を引用する。

親愛なるチュコフスキーさん、
お元気でいらっしゃると思います。私はあなたにうれしいニュースをお伝えします。それは、あなたの『二才から五才まで』の新版［昭和三十九年改訂新版］が、日本で出版されました。南信四郎さんの訳で、前の訳に訂正を加えた上、前に未紹介だった一章がつけ加えられています。その章は、いかに幼い子が「とんちんかん」なことばの楽しさを味わいたがっているかを述べたもので、私も大いにあなたの発見に賛成でした。私は、日本訳の新しい『二才から五才まで』をあなたにお送りできるのを、たいへん喜んでおります。

あなたは、A・トルストイ［アレクセイ・トルストイ］の息子さんから、日本の印象をおききになったそうですね。彼の訪問のことは、新聞でみました。「文豪」L・トルストイ［レフ・トルストイ］とどんな関係ですか？」と、二〇〇ペン以上も、彼は日本人たちからきかれたと、そのインタビュー記事にはかかれていました。

私の働いている岩波書店では、A・トルストイが再話した『ロシア民話集』を、一九六四年六月に出版することになっています。日本の幼いこどもたちが、その本を通して、ロシア民話の女キツネやクマやオオカミたちと親しくなると思うと、たのしいです。

さて、私の『ながいながいペンギンの話』の絵をかいた人は、山田三郎さんといいます。かれは動物がすきで、動物を主人公にした話のさしえを主にかいています。

私は、さいごに、もう一つのニュースをあなたに伝えます。もしかすると、私は、五月末ごろ、モスクワへ行けるかもしれません。というのは、六月九日〜十一日、チェコのプラハで児童文学に関する国際会ギがあり、そこへ招待されました。それで五月末に日本をたって、モスクワ経由でプラハへゆくことができたら、もう一度、あなたにお目にかかれるのです！　あなたは、そのころ、モスクワにいらっしゃいますか？　そして、喜んで私にあってくださいますか。もし、あなたにお会いできなければ、こんどのチェコゆきの喜びは半分以下になるでしょう。まだ、プラハにゆけるかどうか、正式にはきまっていないので、このことはまだかかないでおこうと思いましたが、かかずにはいられませんでした［傍点箇所、赤鉛筆で下線］。

もしもチェコゆきが実現して、その途中あなたにお目にかかれたら、本当にうれしうございます！

では、どうぞおからだをお大切に。ますますお元気で、よいお仕事をなさって下さい！　心からの友情をおくります。

あなたの　いぬいとみこ

いぬいの『ながいながいペンギンの話』とその挿絵にチュコーフスキーは興味を持ったらしい。同じ頃いぬいは、一九六三年七月のモスクワで知り合った児童作家ソーフィヤ・プロコーフィエワ（大作曲家の息子の妻、マールコワとフェーインベルクの娘）に『ペンギン』とそのロシア語（田中かな子訳）のあらすじを送っている。その書面も田中かな子が遺した古いノートに挟み込まれていた。チュコーフスキーに『ペンギン』現物を贈ったことを、いぬいは同年十二月四日付けの手紙に書いていた。その際にあらすじも送ったのだろう。翌六四年六月、再会したいぬいにチュコーフスキーは、あなたの『ペンギン』を児童図書館で子どもたちに朗読しましたよ、と得意そうに言った。「たぶん、ロシア語であげたすじがきを、よんで下さったのでしょう」。[33]
田中かな子（ないしは北畑静子）のロシア語訳（決して達者なロシア語ではない）で、どれだけいぬいの書面にあふれる気持ちがチュコーフスキーに伝わったのかはわからない（チュコーフスキーが原稿を読む癖で、いちいちロシア語の誤りに手を入れた箇所も散見できる）。それでもいぬいの真情をくみとったからこそ、少なくとも一九六四年のチュコーフスキーはいぬいとまた会うことを喜び、再会の模様をくわしく日記に記録したものと考えられる。
いぬいは「たった一人だけのすてきな先生」チュコーフスキーを生涯敬愛した。その思いが書面にあふれている。モスクワから帰国後すぐ『二歳から五歳まで』を読み返したところ、「あなたの声がきこえてくるようで、ほんとうに懐しく思いました」と書くいぬい。まだ本決まりになったわけではないから書かないでおこうかと思ったけれど、またモスクワに出かけられるかも知れない、あなたと再会できるかも知れない、「喜んで私にあって下さいますか」「かかずにはいられませんでした」と記すいぬい。さすがの老大家もおそらく、いぬいのまっすぐな気持ちに打たれたことだろうと想像される。

モスクワに保管されている次の手紙（ロシア語訳タイプ打ち、日本語原本なし）で、いぬいの二回目のペレジェールキノ訪問の日程が明らかになる。日付は一九六四年五月二十日。オリンピックをひかえた当時の東京におけるソ連関係の催しがうかがえて興味深い。


親愛なるコルネイ・イワーノヴィチ！

今月わたしは東京でソヴィエトの古代芸術展覧会を見物し、ショスタコーヴィチの《一九〇五年》［交響曲第十一番］を聴きました、ソヴィエト国立交響楽団が演奏したのです、ホールは満員でしたが、とても気に入りました。ソ連対外友好文化交流団体連合のマリーヤ・エルモラーエワさんに、五日間のうち六月十五日から十九日までのいずれかの日に、ペレジェールキノのあなたを訪問したいと願いを出しました。

またあなたにお目にかかれるなんてほんとうにうれしい！　でも、残念なことに、今回はカーチャ・田中［田中かな子］と行けません、お友だちの田中泰子さんが通訳のお手伝いをしてくれます。あなたからいただいた本を読みながら、あなたと再会できることを楽しみにしています。

（НИОР РГБ Ф.620. К.105. Ед.хр.8. Л.16.）


大作曲家ドミートリー・ショスタコーヴィチはチュコーフスキーの親類だった。チュコーフスキーの孫エヴゲーニー（次男ボリースの息子）が、作曲家の娘ガリーナと結婚したのである（一九五九年）。

4

チュコーフスキーが日記にくわしく記したように、いぬいの二度目のペレジェールキノ訪問は、ソ連対文連に要求したとおり、六月十八日に実現した。帰国してすぐ、いぬいはチュコーフスキーに手紙を書いた。さいわい、モスクワに日本語原本が残されている。日付は一九六四年六月二十六日である。チュコーフスキーが、なにを思ったのか、いぬいに「ゆびわ」を贈ったとある。それはほんもののアメジストの指環だった。気を惹くためのチュコーフスキー一流の遊戯だったのだろうか？　魔法昔話の約束ごとにのっとったお芝居、ごっこ遊び。しかし、遊戯とはいえチュコーフスキーの場合、演ずるときは真剣そのものなのである。その真剣さに周りの者たちは、つい釣り込まれてしまうのだ。ロシア文学の「歩く博物館」「仮面のマエストロ」「道化」「役者」――マールコワのチュコーフスキー評である。[34]
かれの魔法にかかった者は、なにもいぬいばかりではなかった。舞台と「おはなし」の現場は通じている。素敵な人形劇の舞台を思い起こせば、それもおわかりいただけるだろう。指環をいぬいに贈ったチュコーフスキーはもはや近代的な意味での職業作家というよりは、昔ながらの「おはなし」「スカースカ」の語り手「コルネイ・イワーノヴィチ」に変ずる。
本名「ニコライ・コルネイチューク」からペンネーム「コルネイ・チュコーフスキー」を編み出し、文学者としての長いキャリアのうちに、ペンネームが本名となった。亡くなるまで「児童作家」コルネイ・チュコーフスキーを演じつづけた。[35]ある意味、チュコーフスキーの生涯は、本名を仮面（影）に変え、仮面を自分のほんとうのペルソナとするための苦闘だったと言うこともできる。

親愛なるチュコフスキーさん！

お元気でいらっしゃいますか？　私はぶじに、東京へ帰ってきました。父や母がたいへん心配していましたが、私がとても元気で、よい旅行をしてきたことを知って、かれらも安心いたしました。

チュコフスキーさん、去年よりも、もっと健康そうなあなたにお目にかかれて、私はほんとうにうれしうございました。ペレデルキーノ［ペレジェールキノ］の写真を、大いそぎで現像してもらい、田中かな子さんに見せましたら、彼女も、あなたが、大変お元気そうだといって、喜んでいました。彼女から、あなたによろしくとのことです。あなたのお家のリラ［ライラック］の花のにおいや、マヤコフスキーの愛人のエルサ・トルオレのお姉さん［ブリーク］の家で、若い女流詩人［マトヴェーエワ］の詩をきいた話をしましたら、田中かな子さんは、うらやましがって、私の手を、ぶちました。(とても痛かったです!)

明日の横浜を出るオルジョニキゼ号で、田中泰子さんのお父さまの高杉一郎さんが日本を発ち、モスクワやヨーロッパへの旅におでになるので、この手紙と、日本の地図[いまもチュコーフスキーの書斎に飾られている]と黒白の写真を、あなたに届けて頂きます。泰子さんと高杉さんの訳した『ロシア民話集』も、見本刷りができてきたのでおわたしします。きっと彼女たちが、それをいつかあなたにお目にかけるのではないでしょうか?

あなたが、私に贈って下さるゆびわのことは、イリーナ[コジェーヴニコワ]さんから、伺いました。ほんとうに何とお礼をいっていいか、わかりません。モスクワで時間がなくて、頂いてくることができませんでしたが、たぶん、九月に高杉一郎さんが帰国なさるとき、私の手もとへお届け下さるでしょう。では、どうか、マルコワさんご夫妻や、才能ある若い女の詩人[マトヴェーエワ]や、その他、私のお会いしたペレジェルキーノの方たちに、くれぐれもよろしくお伝え下さい。

あの美しいいいかおりのする林の中の思い出は、私は一生忘れないでしょう。

長いてがみは、またかきます。

あなたがますますお元気で、よい日々をおすごしになりますように!

六月二十一日のキャンプ・ファイヤーは、すばらしかったでしょうね! それに参加できなかったことだけが、唯一つの心のこりです!

では、私たちを車で送って下さったあなたのお孫さん[ミーチャか?]によろしく。(カラーの写真は、今月末に郵送できますでしょう。)

ごきげんよう。

あなたのいぬいとみこ
26 June 1964 東京
(НИОР РГБ Ф.620. К.105. Ед.хр.8. Л.19-20.)

モスクワに保管されているいぬいとチュコーフスキーの写真のなかに、「美しいいいかおりのする林の中の思い出」がつまっている。マールコワも、田中泰子も、チュコーフスキーも、コジェーヴニコワも、みなとてもいい顔をしている。『七まいのおりがみと・・・』でチュコーフスキーは、まるで駄々っ子のようないたずら好きの魔法使いとなって登場する。


夏のはじめで、林のかげには、わたげばかりになったタンポポの花が、なん千本も、ゆらゆらゆれていました。

お日さまと、まつやにのにおいのいっぱいな、その林の中に、小さいうちが、たっていました。

そこには、ことし八十四さいの、ゆかいなまほうつかいがすんでいたのです。

まほうつかいは、インディアンからもらった、はねのかざりのついたマントをきて、千人のこどもたちとあそんでいました。

さゆりさんは、まほうつかいのうちの千一人めのおきゃくになったのです。[36]

ペレジェールキノにあるチュコーフスキーの家
（2017年9月、太田撮影）

ところで、「演技」や「遊戯」を得意としたからといって、チュコーフスキーが真心に欠ける人物だったなどと早合点しないでいただきたい。そもそも真心に欠ける人間を、子どもが好きになるだろうか？　チュコーフスキー自身はもとより、かれの「おはなし」と「魔法」を大好きになったソ連の人々は数知れない。かれが現れると、戦争疎開先でもすぐに子どもが「あ、コルネイ・イワーノヴィチだ！」と嬉しげにその周りを取り巻くのだ。病院や施設でかなしそうにしていた子どもが、かれが現れたとたんに歓声をあげて笑い出すのだ。かれお得意の手品や「おはなし」に夢中になるのだ。いぬいもそれがわかったはずである。だからこそ「ゆかいなまほうつかい」を書いたのだ。

他方、チュコーフスキーの「おはなし」は、たとえば「良い本を児童に」というような「教育的配慮」とは全く別の次元を目指していることを、この場でくどいほど繰り返しておきたい。児童図書館創設の夢とは出来あがったイデオロギーではない。天国のように最初から存在する目的ではなく、テクストの「演技」と「遊戯」という、あくまで魔術的で創造的な実践プロセスの成果であることを、私としてはとくに強調したい。それは聞き手ないしは読者である子どもが参加してこそ成り立つものだ。いかに聞き手、読者をその場の「おはなし」に参加させるのか？　新しい世界を示すことができるのか？　児童作家の力量が問われるなら、いちばんはそこが問題だろう。

児童図書館を自費で創設するにあたり、「子どもから取りあげた（うばった、とも読める）ものを返してあげなければならない」と考えたチュコーフスキーの気持ちを推しはかるべきだろう。それは子どものくれたささやかな時間とお小遣いだったかもしれない、集中力とエネルギーだったかもしれない。チュコーフスキーのコトバと遊戯に応答し、一緒に参加してくれる子どもの生き生きとした生命力のことなのかもしれない。児童図書館創設をめぐる日本での教育的な通念とは、そもそもまったくちがうチュコーフスキーの意図が見えてくるのではないだろうか？　児童図書館はかれにとって、子どもへの感謝のあらわれそのものだった。

二〇一九年九月五日、チュコーフスキーの家博物館の主催で、いぬいのチュコーフスキー宛未発表書簡をめぐる私の講演会が催され、その場で私は『七まいのおりがみと・・・』のロシア語拙訳を披露した。所在がわからなくなってしまった田中泰子訳のいわば改版である。老作家の書斎に飾られている七羽の折り鶴と、日本の地図やおひなさま、なによりもいぬいその人を記念して、持参した綺麗な千代紙でロシアの聴衆とツルを折った。小学生も館員も一緒に、一生懸命ツルを折っていた。

次の手紙（一九六四年七月十五日）はロシア語訳タイプ打ちのみだが、いぬいが自分の読書背景をくわしく述べていて、ひじょうに興味深い。おそらく、チュコーフスキーの書斎で見かけた英語の児童書が呼び水となったのだろう。日記にチュコーフスキーがわざわざ「彼女［いぬい］の児童書（散文）は英語の強い影響で書かれている」と書き添えているのは、かれの書斎で児童書（ホワイトやミルンの作品）をめぐっていろいろ話が出たからだろう。いぬいの記事にそれがうかがえる。[37] 流暢でなくとも、片言の英語で多少とも老大家とやりとりがあっただろうと想像される。チュコーフスキーは得意げに、一九六二年にオックスフォード大学から授与された名誉文学博士の帽子とガウンを着て見せた。イギリスでの見聞を、老作家はいぬい相手に大いに語ったことだろう。


親愛なるチュコーフスキーさん！

いかがおすごしですか？　お仕事はいかが？

女子学生の田中さん［田中泰子］を通じてあなたに写真をいくつか送りました、わたしがあなたと一緒にうつっているものです。もうお受け取りになりましたか？

あなたの写真やスライドを見ながら、よくあなたのことを思い出します。あなたがお元気で、以前とかわらず陽気で快活でいらっしゃるのを見て、わたしはとてもうれしかったです、リラを背景に一緒に撮った写真がとくに気に入っています、撮影がうまくいきませんでしたが。あなたのお庭のリラの匂いをよく思い出します。

お宅で面白い本をたくさん見てとても感激しました、そのなかに E.B.White “Charlotte’s Web”［邦訳『シャーロットのおくりもの』］がありました。なぜなら、わたしは英米のファンタジー文学がとても好きなのです。たぶん、あなたも P.L.Travers “Mary Poppins”［邦訳『メアリー・ポピンズ』］や、Mary Norton “The Borrowors”［邦訳『床下の小人たち』］をお読みになったでしょう。作家の Mrs. Travers と一九六三年の来日の折に会ったことがあるのですが、彼女は魔術を駆使する年寄りの魔法使いみたいに見えました、自分が書いた “Mary Poppins” みたいに意地の悪いおばあさんのように見えました。

イギリスに行ってみたいとあなたに言いました。でも残念ながら、いちども行ったことがないし、本でしか知らないのです。わたしは一九三〇年代から英文学を翻訳で知りました、『マザー・グース』や『ピーター・パン』、『ガリヴァー旅行記』などです。

子どもの頃、父がクリスマスによく英語の児童書をプレゼントしてくれましたが、インテリの中流家庭によく見られる本でした。

岩波書店で出版されている本の一覧をお送りします。目を通していただければ、どういうソビエトの本が日本の子どもに気に入られているか、おわかりいただけるでしょう。

わたしがロシア語か英語に通じていたら、ペレジェールキノ滞在中、あなたともっとかんたんにお話できたでしょうに。あなたはまるで海のような知識と、知性と、ユーモアをお持ちです、でもわたしはなによりもあなたの優しいお心がいちばん好きです。一九六三年の夏、はじめてあなたにお目にかかったとき、わたしはうれしくて胸がいっぱいになってしまいました。このたびはあなたと長くご一緒できなくてほんとうに残念でした、あなたの精神的な富を可能な限りたくさん吸収しえたことでしょうに。マヤコーフスキーのふるい知り合い［ブリーク］のお宅にお邪魔したとき、若い女の詩人［マトヴェーエワ］に会いました。残念なことに、わたしはコトバを知らないものですから、その良さがわかりませんでした。マールコワさんやイリーナさんはよく通訳してくださいましたが、わたしがぜんぶを理解しなかったとしても、あのひとたちのせいではありません。

東京は例によってむしあつい天気がつづき、わたしもあまり加減がよくありません、でもあなたのペレジェールキノを思い出すと、気分も良くなって息苦しくありません。

きっと毎日机に向かわれて、たくさん書きものをしておいででしょう、素晴らしい児童書をお書きになっていることと想像します。わたしも東京で、日本の子どものために良い本を書こうと思います〈…〉

（НИОР РГБ Ф.620. К.105. Ед.хр.8. Л.17-18.）

この手紙の末尾に、手書きのロシア語（誰の書いたものか不明）でマルシャークの死を悔やむ一節が書き添えられている。帰国してすぐ、いぬいはマルシャークの死を知った。チュコーフスキーは盟友の死を深くかなしんだのと同時に、じぶんの間近な死を思ってひじょうに怖れた。そのため一ヶ月半ほど寝込むほどだった。

チュコーフスキーは、いぬいが知らせてきた岩波書店の出している児童書（岩波少年文庫）の目録を見て、感想を述べた。児童文学をめぐるゴーリキーの思い出を書いた。チュコーフスキーの返事は日本語で、いぬいの紀行文『リラと白樺の旅』に引用されている。日付は一九六四年八月十日。日本の地図をチュコーフスキーはいぬいにねだった。[38]
〈…〉日本の地図、ありがとうございます。わたしはさっそく、図書館にかけました。もうこれで、わたしはどこにあなたのすてきな東京があり、横浜、千葉、名古屋があるか、地図の上でたどることができます。……いつかみせて下さった『少年文庫』のリストはすばらしい。私はあの中にあるA・トルストイの『ニキータの少年時代』イリーンの『人間の歴史』プーシキンの『勇士ルスランとリュドミーラ姫』ガイダールの『チムール少年隊』ノーソフ『ヴィーチャと学校友だち』などをまえにロシア語でよみ、とても面白く思っていました。あのリストの中のスウェーデンやイギリス、フランスの本など、いいものが集められていると思います。
むかしゴーリキーが、わたしや作家のチーホノフに、児童図書の出版計画をまとめるようにいったことがありました。少年文庫のリスト中の『宝島』『ドン・キホーテ』『アーサー王』『ロビン・フッドのゆかいな冒険』などは、いずれもわれわれの計画に入っていたものです。
……わたしは、七月以来いまもなお、マルシャークの死のかなしみからぬけだせずにいます。かれとは四十年（あるいはもっと長く）つきあってきましたし、かれの作品はわたしを楽しませてくれました。わたしは、かれとの友情をほこりに思っていましたし、かれはまた、じぶんの原稿を、よくわたしによんできかせてくれたものでした。
〈…〉[39]
作家アレクサンドル・チーホノフは、チュコーフスキーがゴーリキーと知り合った一九一六年、出版所「パールス」を仕切っていて、ゴーリキーのもくろんでいた児童書出版をめぐる計画に加わっていた。ゴーリキーから参加を求められたチュコーフスキーは画家のアレクサンドル・ベヌアと出版所に出向いたが、さっそく出版リストを作成するよう依頼された。それは世界で最良の児童書のリストで、それを近年中に出版するというのだった。遠大で、非現実としか言えないようなプランだった。当時のロシアで児童文学は人跡未踏、不毛の、オアシスも蜃気楼すらもない沙漠だった。本を出版しようにも良い翻訳がなかった。ましてやロシア語の良い児童文学の書き手などいなかった。それは今日の国立児童出版所による出版計画の曾祖父はおろか、さらに高祖父にあたるような原型だった。

ゴーリキーの計画は革命で頓挫したが、一九一九―二〇年、ちょうど「世界文学」出版所をたちあげたときに、再度ゴーリキーは計画の実現に取りかかった。そのときの出版計画が記録されている。九歳から十五歳までの子どもを対象とする本として、『アンクル・トムの小屋』『トム・ソーヤーの冒険』『ハックルベリー・フィンの冒険』『王子と乞食』『水の子どもたち』『プチ・ショーズ』『家なき子』『銀のスケート』『若草物語』『クオレ』『小公子』『トム・ブラウンの学校時代』『悪童物語』『オリヴァー・ツイスト』『ニコラス・ニクルビー』『骨董屋』『クリスマス・キャロル』『ハイアワサの歌』『ウンディーネ』などがリストにあがっている。その他、冒険記や旅行記、空想科学小説である。世界の民話はいうまでもない。世界の神話、叙事詩、説話などは、子ども向けの再話を提供する。ホメーロス、ヴェルギリウス、千夜一夜物語、アイスランド・サガ、カレワラ、さまよえるオランダ人、ローエングリン、トリスタンとイゾルデ、ブィリーナ、デカメロン、アーサー王と円卓の騎士たち、オイレンシュピーゲル、ドン・キホーテ、ロビンソン・クルーソー、ガリヴァー、ミュンヒハウゼン……[40]。

児童文学はもとより、子どもをめぐって熱弁をふるうゴーリキーに、チュコーフスキーは驚くばかりだった。「ゴーリキーがまさかこんなふうであろうとは、私は知らなかった。かれの味方や敵が描き出していた姿、かれの小説から思い描いていた姿とは、まるきりちがっていた」[41]。ゴーリキーの児童書の通暁ぶりには唖然とさせられた。「児童書の表玄関ばかりでなく、その屋根裏や地下室までを知っていることがわかった」[42]。児童書の出版をめぐっては、チュコーフスキーをはるかに超える最大限主義者《マクシマリスト》ゴーリキーがそこにいた。

岩波少年文庫の出版リストを見ながら、チュコーフスキーはゴーリキーとともに着手し、マルシャークとともに歩いたソ連児童文学の来し方に思いをはせたにちがいない。はからずも、日本の児童文学はゴーリキーが創始したソ連児童文学とおなじく、欧米でもとりわけ英米文学の強い影響下にあるように見えた。チュコーフスキー自身の読書体験が、石井桃子が一九五〇年に創刊した岩波少年文庫の目録に鏡のように映り込んでいるかのように見えた。それこそなにもないところから児童文学は生まれてきた。半世紀ちかくの時間を経て、児童文学というジャンルがようやく認知され、新しい才能がさらに生まれようとしていた。

チュコーフスキーの書きもの机、いぬいの贈ったおひなさまが見える。右の電話の脇に灰皿が見えるが来客用のもので、チュコーフスキー自身は酒もタバコも嗜まなかった（2017年9月、太田撮影）

いぬいは九月にあらためて老作家に手紙を送った（九月十三日、タイプ打ちロシア語訳のみ）。マルシャークの死をかなしむ老大家を元気づけるため、ひな人形と自分の名前の入った手ぬぐいを贈った。東京オリンピックのことが言及されている。いぬいの紀行文に引用されているチュコーフスキーの手紙の内容と、みごとに響きあっていることに注目したい。


親愛なるチュコーフスキーさん！

お便りを受け取ってうれしく思いました。

お加減はいかがですか？　マルシャークさんが亡くなって、おかなしみのあまり具合がよろしくないと思いますが、すぐに良くなられることをお祈りもうしあげます。

わたしもマルシャークさんの死をかなしんでおります。あなたのマルシャーク哀悼の辞は文学新聞に掲載され、わたしの友だちが訳してくれました。最良のご友人をなくされたことを、お悔やみもうしあげます。

アーラ・コロミエツさんに、日本のふるいお人形をあなたに渡してくれるよう頼みました。日本語で「おひなさま」といいます。日本の女の子たちが人形のお祭りの日（三月三日）にこれを飾るのです。あなたの図書館に本を読みにくる子どもたちに、見せてあげてください。それからわたしはあなたに幸せの赤い手ぬぐいを贈りました。手ぬぐいの白い柄は、日本の字です。「ことぶき」［漢字で「壽」が書き添えられている］の字は長生きと幸せを意味します。べつの小さい字は、わたしの名字「いぬい」［漢字で「乾」が書き添えられている］です。日本の地図がお気に召したようでうれしく思います。

この秋は東京でオリンピックが開催されるので、ソ連のお客さんがたくさん日本にいらっしゃいます。ソ連のみなさんがいい印象を持ってくれるよう望んでいます。

わたしたちの少年少女文学全集についてお考えをいただき、どうもありがとうございます。なんでも四、五十年前にゴーリキーが全世界最良の児童作品をソ連の子どもたちに知らしめたのだそうですね、とても素晴らしい、だいじなお仕事だと思います。

プラハの国際児童文学会議に参加したとき、チェコスロヴァキアの若い作家たちがチュコーフスキーの積極的楽天主義を発展させたいと言いました。あなたの『二歳から五歳まで』のことをしきりに話題にしていました。

先日『ソビエト婦人』誌に掲載されたあなたのご論文を読みました、ソビエトの詩人とイギリスの詩人のちがいが良くわかりました。

ご健康とご多幸をこころよりお祈りいたします。

あなたがいつまでもご病気でいると、ソビエトの子どもも、わたしたちもかなしくなります。

お返事をお待ちしています。

13.9.1964
あなたのいぬいとみこ
(НИОР РГБ Ф.620. К.105. Ед.хр.8. Л.25-26.)

いぬいがチュコーフスキーに贈ったひな人形と手ぬぐいは、今日かろうじてただ一通だけあきらかになっているチュコーフスキーのいぬい宛ロシア語の手紙（一九六五年二月二十七日付け）の内容と、素敵に呼応している。

親愛なるいぬいとみこさん、
あなたと知り合って、あなたのすてきなお国への興味がふつふつとわきました。日本についての本を読んだり、旅行したひとたちの話を聴いたりしています。日本に出かけたわたしの友だちは、みな日本のことで感激していま

す。〈…〉[43]
わたしはいま、あなたからいただいた日本のペンでこの文章を書いています、わたしの机の目の前には《オヒナサン》人形がいます。くびに《コトブキ》の字［壽］とあなたの名字《イヌイ》［乾］がはいったスカーフ［手ぬぐい］を巻いています。でも見ているのは、あなたのくださった日本のカレンダーで、頭の上にはあなたが手ずから折ってくださったツルがいます。《ウルシ》という名前の本で、ウルシでできた小箱や家具、仏像のことを読みました。またわたしは日本の古都・奈良の写真をうちながめます、興福寺、法隆寺、東大寺の写真です。それからわたしは想像のなかで、あなたと東京の数寄屋橋を散策してから一緒に神田の書店街に向かい、岩波書店をたずねてわたしは石井桃子さんや瀬田貞二さんと近づきになるのです。
どうかかれらにわたしから、くれぐれもよろしくとお伝えください。田中かな子さんにこころよりご挨拶申し上げます。たったいま、富士山と雪の積もった村が描かれているあなたの絵ハガキ［広重か？］を受け取りました。どうもありがとう。

あなたのコルネイ・チュコーフスキー

あなたのアドレス入りの封筒を送ってください。[44]

二人のコトバのちがいを超えた「文通」の、こまやかな気持ちのやりとりがうかがえる。わずかにいまに残されたチュコーフスキーのいぬい宛手紙だけからも、二人のあいだで手紙と小包のやりとりが頻繁に行われていたことが裏付けられる。
老作家はいぬいが送ってくれた綺麗な絵や縁取りのある、和紙でできた日本の封筒やハガキを周囲に自慢した。綺麗な日本製の封筒に女性に宛てた（ただし女性なら誰にでも、というわけではなかった）手紙を入れながら「恋文だと思うかもね、読んだらがっかりするかな」などとチュコーフスキーは毎度おどけて見せた、と老大家の秘書を十七年間も務めたクララ・ロゾーフスカヤが記している。[45]
いぬいは書く――

わたしはいつもアメジストの指環をしています、あなたの贈ってくださった指環です。あなたのことをよく思い出します。

（一九六四年十一月二十三日。НИОР РГБ Ф.620. К.105. Ед.хр.8. Л.28.）

私はいま、あなたのプレゼントのアメジストのゆびわをはめて、このお手紙をかきました。

（一九六五年五月九日。НИОР РГБ Ф.620. К.105. Ед.хр.9. Л.38.）

わたしはよくあなたの贈って下さったアメジストの指環をはめて、あなたのことを思い出します。

（一九六五年六月十三日。НИОР РГБ Ф.620. К.105. Ед.хр.9. Л.6.）

いぬいは指環を「森のあるじ」からの贈り物のように受けとめた。「なにがあっても、この指環を身につけていなさい。身につけているかぎり、あなたは無事です。誰にも渡してはいけない、どこで誰からもらったのかも言ってはいけないよ」。アメジストの指環は、あたかもふたりの精神的な絆の証のようにも思われた。

5

一九六五年はいぬいにとって重要な節目になる年だった。東京・練馬区の幼稚園の一室を借りて、家庭文庫「ムーシカ文庫」を開設したのだ。石井桃子や瀬田貞二の先例があったとはいえ、いぬいが子どものための図書館を創設するいちばん大きなきっかけとなったのが、ペレジェールキノでチュコーフスキーと会い、作家からじかに児童図書館を見せてもらったことだった。チュコーフスキーとじっさいに会見したこと、なによりかれが大作家であるにもかかわらず、子どもとじつに楽しげに接している姿を目のあたりにしたことが、直接のきっかけだった。

――わたしは、病気のときでも一と月以上、子どもたちとはなれてはいられないね。作家は子どもにじかに本を読んできかせることで、子どもたちから、ずいぶんおしえられるものだ。あなただって、音楽的な声で、本をよんでやる機会がもちろんあるだろうね？[46]
いぬいはこのとき、煮え切らない返事をしただけだった。ムーシカ文庫の開設は、「たった一人だけのすてきな先生」から出された宿題を、いぬいなりに考えぬいた結論だった。家庭文庫の開設について、さっそくいぬいはチュコーフスキーに手紙で知らせている。さいわい、日本語の肉筆原本がモスクワに保管されていた。日付は一九六五年四月十六日、ムーシカ文庫を開いてすぐの手紙である。

あなたがペレジェールキノで、すてきな魅力的な図書館を、ひらいていらっしゃるように、私もこの四月十日から、小さい図書室、「ムーシカ文庫」を、はじめました。私の本のタイトルをとって、名づけたのです。ほんとに小さい図書室ですが、さいしょの日、四十人あまりのこどもがやってきて、私のよんであげた「青い目のねこ」の話にきき入っていました。作家が、子どもたちとじかにふれあうことの大切さを私はあなたから教えられました。そして、大ぜいの子どもと本をよむということは、全くすばらしいことです。私は、毎週土曜日に、「ムーシカ文庫」でこどもと本を読みながら、あなたのご健康とご恢復をいのります。
(НИОР РГБ Ф.620. К.105. Ед.хр.9. Л.33.)

つづいて同年六月十九日、タイプ打ちロシア語訳より。
わたしたちの児童図書館「ムーシカ」は、毎週土曜日にしかやっていません、わたしが毎日岩波書店で働いているからです。でも毎週土曜日には四十人くらいの少年少女たちが図書館にやってきます。みんな小学生で、おもしろそうに本を読んでいます。わたしはよくかれらに本を朗読します。すでにマルシャークの『静かなおはなし』と、自作の『いさましいアリのポンス』を読んで聞かせました。この本は六月のはじめにお送りしました。

（НИОР РГБ Ф.620. К.105. Ед.хр.9. Л.6.）
一九六五年にはもうひとつ、いぬいにとって重要な出来事があった。いぬいのペレジェールキノ再訪が実現してから翌六五年にかけて、いぬいの作品のロシア語訳出版のはなしが持ち上がった。それはいぬいとチュコーフスキーの再会の場に居合わせたマールコワのチュコーフスキー宛手紙（一九六四年十二月十八日）から見てとれる。いぬいの作品の翻訳に、初めはマールコワが携わっていた。

〈…〉いま読みはじめ、仕事にかかったところです。まずはイヌイトミコの作品の翻訳に取りかからなければなりません。彼女はいつも手紙をよこしてくるので、わたしはなんだか罪人のような気がしています。手元にある彼女の中篇や短篇を注意深く読みかえしました。どれかを選り分けるのはものすごく難しいです！　セキレイ［『空からの歌ごえ』の一篇］についてのおはなしを翻訳しようと思います。タイプで打ち直したら、お墨付きをいただけるようお送りします。『牡丹灯籠』の翻訳についてのあなたの反応をストルガーツキー［アルカージー］に電話で読みあげましたら、かれは喜んでカチューチャ［アンダルシアの踊り］を歌って踊りはじめました。
（НИОР РГБ Ф.620. К.108. Ед.хр.10. Л.1 об.-2.）

同じ頃、いぬいのチュコーフスキー宛の手紙（一九六四年十一月二十三日）でも、自作のロシア語訳がソ連で発行されることが言われている。

〈…〉ご無沙汰して申し訳ありません。『うみねこの空』という本を書いていて、とても忙しかったのです。日本の漁村に住む少年少女の生活を書きました。この作品がわたしの前の短篇よりあなたやソ連の子どもたちに気に入るのではないかと自負します。本が出ましたら、あなたとマールコワさんに贈ります。ヴェーラ・マールコワさんがわたしの本をロシア語にお訳しになると聞いてうれしく思います。

（タイプ打ちロシア語訳。НИОР РГБ Ф.620. К.105. Ед.хр.8. Л.27.)

三十年にわたる訳者［アンナ・グルースキナ］のたいへんな尽力で日本の万葉集がお国で出版されたと聞いています。ぜひこの古代の民族の書、万葉集を読んでみてください。わたしも万葉集がとても好きです、詩歌に日本の民族性がいっぱいあふれているからです。ガリーナ・ローンスカヤさんがすでにわたしの短いおはなし［『川とノリオ』のこと。『ツルよ、飛べ Лети, журавлик!』という作品集に収録されて一九六六年に出版された］をお訳しになったと聞いて、とてもうれしく思いました。

（一九六五年一月二十五日、タイプ打ちロシア語訳。НИОР РГБ Ф.620. К.105. Ед.хр.9. Л.1.)

「いぬいがとうとうロシア語で出ましたね！」——一九六六年十二月十九日、チュコーフスキーはマールコワに宛て新年の挨拶とともに、いぬいの小品『川とノリオ』の翻訳出版のことだろう、うれしげにハガキを送った。[47]

チュコーフスキーのマールコワ宛ハガキ。日本製のハガキである。いぬいが送ったハガキだろう（РГАЛИ 所蔵）

ところが、前もって言っておかなければならないが、『うみねこの空』のロシア語訳『カモメの歌』の出版（一九六八年）を境として、チュコーフスキーのいぬいへの態度が急変した。
そのカギを握るのは、いぬいの手紙に見えるように、はじめ『うみねこの空』の翻訳に携わっていたマールコワである。マールコワの残した未発表の回想録に、初めは非常に友好的に見えた二人の関係にヒビの入ったことが記されていた。そしてマールコワによると、そのヒビは最後まで修復されることもなかった。その前に老大家が他界してしまったからである。

いぬいはマールコワの娘、児童作家のプロコーフィエワに、執筆中の作品『うみねこの空』について次のように伝えている。

＊

私はいま、『ウミネコのうた』という作品をかいています。漁船が大型化したために小型漁船の漁が少く［ママ］なり貧しくなっていく日本の沿岸漁民の問題と、日本近海に生まれて育つウミネコ（カモメの一種）たちが、やはり工業化した町から圧迫されるのを野鳥を愛する少年少女が守ってやるというテーマのものがたりです。私は、毎日、岩波書店で、少年少女のための本の編集のしごとをするかたわら、このものがたりをかいているので、仲々筆がすすみません。

私の手元にあるチュコーフスキー宛日本語肉筆書簡二通と同じく、田中かな子の遺した古いノートに挟み込まれていた手紙である。いぬい二通目のチュコーフスキー宛肉筆書簡と一緒にホッチキスで綴じられているので、一九六四年二月頃に書かれた手紙だろうと推測される。
いぬいはチュコーフスキーにも、まもなく出版される執筆中の作品についてくわしく報告している。モスクワに保管されているいぬい肉筆による日本語の書面である。日付は一九六五年五月九日、いぬいの肉声とささやかな日常がうかがえる文章である。

〈…〉田中やすこさんからのコイノボリを、あなたがお喜びになっていらして私もうれしいです。これでおヒナさまとコイノボリがあなたのお宅にそろいましたね。あなたは、日本の子どもたちのお祭り（女の子と男の子の）のときの記念のものを、すっかり、おもちになっていらっしゃるのです。
あなたは、私の仕事のことをたずねていらっしゃいますね。私は、東京の岩波書店へまいにちいって、子どもの本の編集をしています。労働時間は七時間から（九時～四時）ですが、あなたもご存じのように、編集のしごとは、その時間だけでは、できません。一日に、十時間以上も働くことが珍らしくありません。でも私は、日本のこどもたちのために、いい本を出すことを愛しています。で、私はいまのしごとを、とても幸福に思っています。
ただ一つ困ったことに、この仕事だけで十分、一主人分くらいの能力がいりますので、私が創作をする時間はとても少ないのです。エッセイや、小さい書評などは仕事を終えてから、深夜に、［タイプでなく］字で書きます。創作は、日曜日と、一年に四回くらい、一週間ほどまとめてとるお休みの日にやるのです。それで、この五月中旬に出る『ウミネコの空』という作品をかくのに、二年もかかってしまいました。四〇〇字で、四〇〇枚くらいの少年小説で、読者は十二～十四才くらいです。日本の北の青森県に、ウミネコ（カモメの一種）が子どもを育てに年に一ど帰ってくる島があります。その島のある町の中学生たちが、サークル活動として、ウミネコの版画集をつくっていく話を、ウミネコそのものの生活とを、かわるがわる描いて、現在の日本の少年少女を、貧しい沿岸漁民のとりもつ問題を、かいています。白い美しい鳥たちを彫って、中学生たちの手づくりの版画が、七十枚くらい入って、美しい本になるでしょう。
私の『木かげの家［の小人たち］』の続篇をかくまえに、私は純粋［傍点はいぬいによる］な日本人の生き方を、一ど、つっこんでかいてみたくて、この『ウミネコの空』をかきました。

（НИОР РГБ Ф.620. К.105. Ед.хр.9. Л.34-37.）

『うみねこの空』は、一九六五年に理論社から出版された。チュコーフスキーがマールコワ（ならびに日本語訳関係者）を通じてそれまで目を通していたいぬいの作品と、ずいぶん傾向がちがっている。六四年六月のペレジェールキノ再訪後に書かれた短篇『七まいのおりがみと・・・』（六五年九月三十日にいぬいは見本を一冊チュコーフスキーに贈った）[48]はもとより、マールコワが六四年十二月十八日の手紙でチュコーフスキーに翻訳の「お墨付き」を求めている『空からの歌ごえ』のほか、六六年十二月十九日にチュコーフスキーがマールコワにハガキで述べている『川とノリオ』などと比べて、第一に大きな作品である。長篇（ないしは中篇）であるから、物語もジャンルとして、コトバの容れものとして、いぬいの短篇に見られる散文詩のような叙情性とは別の構築原理にしたがうことになる。いぬいとしても長篇にかける思いが強かったのだろう、その「力み」が上の書面にある「純粋な日本人の生き方」という表現に出ていたのかもしれない。ただ、「純粋」とはなにを念頭に置いていたのだろうか？　西欧主義の影響を受けていない、ふるくから土地に根付き、受け継がれてきた日本の「常民」の生活を作品にしたい、ということだろうか？　戦後の急激な工業化と産業主義の渦のなかで消えていく地方民の生活（いぬいの作家活動とほぼ同時代的に制作された山田洋次の映画『家族』や『故郷』が思い起こされる）を描いてみたいということなのだろうか？　いずれにしても、この長篇を読む以前、少なくとも一九六六年十二月（「いぬいがとうとうロシア語で出ましたね！」とマールコワ宛にハガキを送った時）までは、チュコーフスキーもいぬいにまだ好意的であった。

青森県八戸市の蕪島にウミネコの繁殖地がある。春になるとウミネコは、各地から繁殖のため蕪島にあつまってくる。ウミネコは古くから漁の神のお使いとしてたいせつにされてきた。ウミネコは天然記念物に指定されている。ところが、ウミネコが近隣の水田を荒らすので、害鳥として駆除してほしいという申請が出された。そこで一定数だけ射殺するよう許可が出た。「ウミネコ騒動」が持ち上がった。新聞は八戸の「愛鳥精神」のなさに憤激する意見を書きたてた。「迫害されるウミネコ」、とくに「母性愛を発揮する母鳥とヒナ」をカメラにおさめたがる新聞やテレビが蕪島に殺到した。地元中学の「美術クラブ」の生徒にとって「ウミネコ騒動」は他人ごとでなかった。教員の指導のもと、学力テストの勉強に追われながらもウミネコの版画を製作し、蹴落としたりたがいに押しのけあうこともなく、友情と絆、創造力が深められていった。生徒は協働して『うみねこのうた』という版画集を出す……。

いぬいは「ウミネコ騒動」をめぐる時事問題に取材し、現地にも出向いて執筆した。とはいえ、いぬいの得意とする叙情的ファンタジーなのか、時事問題をめぐって読者に問いかけるルポルタージュなのか、いまひとつよくわからない作品であることは指摘しなければならない。ウミネコがコトバを使う。年寄りのウミネコが昔語りをする。ウミネコの仲間とイワシの群れを奪い合った零細な漁民に悲哀を感じたという。むかしウミネコとカラスがエサをめぐって協定を結んだという。

もとより『ながいながいペンギンの話』や『北極のムーシカミーシカ』にも人語を解する野生動物が登場したが、

野生動物の生態を描ききる「動物記」風の作品なのか、動物も人間やエルフのように話をし、喜怒哀楽をしめす純然たるファンタジーなのか、いぬいの作品にはよくわからないところがある。動物の生態を描くには専門的知識（とりわけペンギンの鳴き声がいただけない。じっさいにペンギンがどういう音声でコミュニケーションを取っているのか）がまったく足らず、それなら動物ファンタジーかと言えば、その世界にそぐわない動物記風の「食うか食われるか」のテーマが盛り込まれる。

いぬいとしては弱肉強食の「リアルな」酷薄さをかくして子どもにキレイゴトを語りたくなかったのかもしれないが、読者から見れば、物語の約束事（約束事の設定は児童相手だろうが大人相手だろうが関係ない、舞台はもとより言語芸術の基本だろう）を示されないまま、どっちつかずの状態に置かれて興味を殺がれる。子どもこそは（当時リアルタイムの子どもとして、私は述べている）、動物学にせよ地理学や天文学にせよ、たとえかみくだいてあっても専門の新しい知見に飢えているはずだ。「リアル」を求めながら、中途半端なこしらえごとで終わっている。とはいえ筋が冒険ファンタジー風に仕立てられており、それでかろうじて通読にたえる。

しかし、『うみねこの空』はそうはいかない。飛ぶウミネコからの映画の俯瞰ショットのような視点が取り入れられる一方で、話にいっこう展望が見えない。東北弁でウミネコが空から見た漁船の遭難をかなしむ。ゴーリキーの「海つばめの歌」と、ケーテ・コルヴィッツの版画が引用される。中学生の会話に「死の灰」を浴びた第五福竜丸、原水爆反対平和行進ばかりか、北方領土問題や日米安保条約までが話題に盛り込まれる。物語の中心を担うのは、冬子という右手の指をなくした生徒である。その生徒は指を小さい頃、浜に流れてきた米軍演習用砲弾の信管に吹き飛ばされたのだという。安保闘争が念頭に置かれているのだろう。

野鳥をめぐる吹き替え付きのドキュメンタリー映画か、アニメーション映画[49]のシナリオならまだしも、いくら長篇とはいえ破綻なくこれだけの内容を盛り込むのは至難の業だろう。作家として、よほどの準備と才覚が不可欠だ。なにより、ハンディキャップのある子どもを物語の中心、それも思春期にある難しい年ごろの中学生の物語の中心に据える以上、作者にはそれに見合った決意がなければならない。口当たりの良い食べ慣れた食物のように、読者にたやすく咀嚼・嚥下されてはならない噛みごたえ、硬さと説得力がストーリーに不可欠だろうが、いぬいの文章にそんな気配はいっこうにない。

動物や架空の存在しか書けない自分を、いぬいも内心自覚していたに相違ない。だからこそ、本格的な長篇に取り組んでみたかった。矛盾に満ち、問題だらけの大人の世界に、版画集創作で対峙しようと奮闘する生徒たちの心情と生活を、リアリスティックに描いてみたかった。

6

ペンギンや熊の子やセイウチのことを書くのはいいけれど、なぜ日本の子どもの生活を本にしないのか？　ソ連の子どもはそういう本に興味をもつだろうに、とチュコーフスキーに言われて、いぬいはハッとした。[50]はからずもチュコーフスキーは、いぬいのいちばん痛いところを突いてきた。それで『うみねこの空』を書いた。範型として『二十四の瞳』のような学校小説があったと思われる。しかし、メッセージのあるのはわかるが、時代のコンテクストがわかっていないと伝わりにくい。いずれにしても、いぬいが「たった一人だけのすてきな先生」の問いかけに、うまく応えることができたとは決して言えない。

ロシア語版の訳者はコジェーヴニコワとコロミエツ、日本学者マールコワの教え子たちである。二人による『うみねこの空』のロシア語版『カモメの歌』を読むまでは、チュコーフスキーもいぬいに夢中になっていた。一九六六年二月七日付け、いぬいのチュコーフスキー宛手紙（ロシア語訳タイプ打ち）。


一月初めにご令息のニコライさんが亡くなられたと聞き、とてもかなしく思いました。お気持ちをお察しいたします、おかなしみのあまりお身体の調子が悪くなるのではないかと危惧しております。〈…〉わたしの本のためにたくさんご尽力してくださるそうで、それからマールコワさんとアーラさん［コロミエツ］がわたしの小説『うみねこの空』を翻訳してくださっているとの由、ほんとうにどうもありがとうございます。わたしの本をソ連の子どもたちが読んでくれることを夢見て、うれしく思います。

（НИОР РГБ Ф.620. К.105. Ед.хр.9. Л.7.）

『うみねこの空』ロシア語訳出版の話が持ち上がったとき、コジェーヴニコワは翻訳には加わらず、もともとはマールコワ自身がコロミエツと翻訳することになっていた。それがいつのまにか、マールコワにかわってコジェーヴニコワが翻訳することになった。島尾敏雄に宛てたコジェーヴニコワの手紙によると、一九六六年夏の時点で、すでにコジェーヴニコワが翻訳にあたっていたことがわかる。
わたしはいま、いぬいとみこ『うみねこの空』の子どものための本の翻訳を急いで終わりかけています。出版所との契約を結んだのはもうずっと前のことなので、この翻訳を九月の末まで［に］終わらなければなりません。
（一九六六年八月十五日）[51]
チュコーフスキーも、いぬいの本がロシア語で出版されることを気にしていた。いぬいの本の出版にあたっては、チュコーフスキーはもとよりマールコワも尽力した。それは老作家のマールコワに宛てたハガキにうかがえる。
ようやくイヌイトミコさんの本があなたやローンスカヤさん、コロミエツさんのおかげで停頓から動きはじめたとうかがって、嬉しく思います。（一九六五年八月十九日。消印）[52]
ところが、チュコーフスキーはいぬいの「まだ仕上がっていない、切りつづめていない」[53]第一稿の翻訳を読んで、まったく別の反応を見せた。マールコワが「わたしが知っていた人々」という未発表の回想に、『カモメの歌』翻訳と出版をめぐるチュコーフスキーの反応を書きのこしている。
コルネイ・イワーノヴィチは喜ばしそうに、じまんげに自分の創設した児童図書館を見せてくれた。そこには日本の児童書が並べられていた。コルネイ・イワーノヴィチを日本の児童作家イヌイトミコが訪ねてきた［チュコーフスキーの日記にあった一九六四年六月十八日のこと」。彼女はものごしが柔らかく、おしゃべりも心地よいし、心の底から一生懸命なので、コルネイ・イワーノヴィチを夢中にさせてしまった。以来かれは、イヌイの本を私が翻訳すべきだとしつこく言ってきたが、私は可能な限りお断りした。ついに私の昔の教え子たち［コジェーヴニコワとコロミエツ］がイヌイの本を一冊翻訳した。

するとチュコーフスキーは私に電話してきた。オリュンポスの神々ばりの憤怒に猛り狂っていた。本を決定的に、取り返しのつかないほどこき下ろした。

じっさい、イヌイトミコはナイーヴで脆弱な作家だったが、最良の心のほとばしりをもっていた。このこともコルネイ・イワーノヴィチの目には彼女の本のずさんさ、形式のなさ、才能のなさを穴埋めすることにはならなかった。

「むろん私も《チューリップ幼稚園》［中川李枝子『いやいやえん』］を読みましたが、あれはすてきな児童書でしたがねえ？」

でもソーフィヤ・プロコーフィエワが翻訳に手を入れたのですよ……

「ははあどうりで！」するとまたかわいそうなイヌイトミコ「まったくあれはどうしようもない！［Ах! она негодяйка!］」

悪い本、もっと言えば救いようのない本は、すぐさま容赦なくコルネイ・イワーノヴィチの罰を受けるのだった。いぬいとみこが何も知らないし、今後も知らないでいることは幸いだ。彼女はコルネイ・イワーノヴィチの墓参にまで来たのに……。[54]

マールコワは、チュコーフスキーがしきりに言ってくるいぬいの作品の翻訳を「可能な限りお断りした」という。いまに伝わっている書面から判断すると、いぬいがチュコーフスキーに書いている一九六六年二月七日から、コジェーヴニコワが島尾敏雄に書いている八月十五日までのどこかで、マールコワは手がけていた翻訳を投げ出してしまったことになる。コジェーヴニコワに後をまかせてしまった。

『うみねこの空』のロシア語訳は読みにくい。説明が多く、読者の注意をそらす。なかなか核心の本題が見えないので、なんの話かわかりづらい。日本語の人名地名がロシア語のリズムとテンポを停滞させる。ことにチュコーフスキーに言わせると児童書にとっていちばん重要なポイント、絶え間なく目まぐるしく事件が展開する話のスピードが、いぬいのロシア語テクストには皆無である。視点の移動に工夫があっても、いつまでも平板な叙述と冗長な会話文に終始する。
チュコーフスキーが『カモメの歌』を酷評したのは、まずこれが自分の期待していた「おはなし」でなかったからかもしれない。児童文学はもとより「おはなし」「スカースカ」に対するロシアでの感覚と、日本での通念のズレが見られたのかもしれない。語り手も自然聞き手と一緒に入り込んでしまうような「スカースカ」の魔法と遊戯が感じられなかったのかもしれない。それに加えて翻訳されたロシア語テクストのまずさ、音とリズムの悪さもあるだろう。だがそもそもは、原作の叙情的ファンタジーにも時事ルポルタージュにも徹しきれていない、思い切りに欠けるジャンルとしての曖昧さに由来するのではないか。私たちとしては、チュコーフスキーが『カモメの歌』を受け付けなかった事実を、そのまま受けとめるしかない。年老いた作家の単なる気まぐれではないはずだ。[55]
いぬいはロシア語版に著者緒言（一九六七年三月五日の日付）を入れている。「美術クラブで活躍する中学生たちの連帯と労働をめぐる友情のおはなし、この事実に基づく物語が、あなたたちソ連の読者にも面白く、ためになると信じています」。[56]「社会主義リアリズム」の典型のようにも読める緒言である。もっとも、だからこそソ連で出版しやすい外国作品でもあったのだろう。あるいは出版手続きが容易になるように、いぬいの日本語緒言を意図的にこう訳したのか？　とはいえ、チュコーフスキーがいちばん毛嫌いしてきたのがほかでもない、真面目であっても無芸無才、作品としての新しさや技法に欠ける退屈きわまりない「連帯と労働をめぐる友情のおはなし」にほかならない。一九五〇年代なかばの「雪どけ」からにわかに反動化しつつあった六〇年代後半の状況を念頭に置けば、チュコーフスキーの苛立ちもうなずける。作家も作品も置かれた「場」の磁力の向きで評価が変わる、そういう好例である。
チュコーフスキーがその場の「コトバの即興性」をひじょうに好む人物であったことも原因の一つとして考えられる。一九一四年から六六年までの半世紀以上にわたって、いろいろな折にいろいろな口実でつづられた作家や画家、音楽や演劇の関係者による寄せ書きを集めた『チュコッカラ』をなによりも大切にした。なぜなら、そこには二度と繰り返しのきかない機会と、機会に応じたコトバが書きしるされているからだ。[57]かれにとって、不可逆の即興性ぬきにコトバ（演技・遊戯するコトバ）を考えることはできない。チュコーフスキーにとって「陽気である」ことは「才能ある」と同じくらいに最大限の褒めコトバだったが「退屈」こそは「無才能」と同義だったと、娘のリージヤ・チュコーフスカヤは述べている。[58]とはいえ、才能とはなにか？
外向的なチュコーフスキーはいつもヒトを求めた。たくさんの未知のヒトとの交際を求め、かれらのその場の反応から自分の書きものや講演、つまり自分のコトバの手応えと、コトバに対する臨機応変の反応を求めた。そして新しい知り合いに見どころがある、コトバのやりとりが機敏で面白い、気が利いている、「才能がある」と見るとかれの賞賛はとどまることを知らず、一方的に度を超えたほどこしをする。利害や返礼ぬきに、気前よく手助けしよう、贈りものをしようとする。
ところが、その新しい知り合いはえてしてふつうの人間で、別の状況で見ると即興的反応ににぶいどころか、あとから見れば「ろくでなし」だったりする。チュコーフスキーは頭を抱えてがっかりする。なんであんなのに夢中になったのか？　自分で自分がいまいましくなる。夢中になるのも早いが、幻滅するのも早い。[59]冷めてしまえば容赦なくさんざんに罵ったうえで、すぐに相手のことを忘れてしまう。「ろくでなし」に使う時間も無駄、というわけだ。当の相手にしてみれば迷惑な話で、無用な気を使うことになる。少なからず傷つく。あんなに親しげに、うれしげに支援してくださったのに、いきなりどうして態度が変わってしまったのだろう？　こちらに落ち度があったのか、なにか気にさわるようなことを言っただろうか？[60]
チュコーフスキーの突然の「変心」に傷つくヒトも多かった。「相手に愛想の良いことを言うのと同時かそのあとで、当の相手をこきおろす」というチュコーフスキーの「やり口」は誰でも知っている、と述べたのは、作家のリージヤ・ギンズブルクである。[61]とはいえチュコーフスキーの「変心」とは、なによりもまず「変身するコトバ」にほかならない。変動する音とリズムにほかならない。一瞬後にはすべてが変わってしまう。前のとおりの対応はもう効かない。対応と応答は一瞬ごとに更新されなければ追いつかない。チュコーフスキーは、言語の止まることのない活力と可塑性・潜在力を「生命のごとく生き生きとした」と形容した。[62]変動してやまないチュコーフスキーにこそ、その形容はふさわしい。

『カモメの歌』は一九六八年八月に刊行された。「今年の八月にソ連で『カモメの歌』が刊行されると聞いています、あなたに読んでいただけるので、とてもうれしいです」（НИОР РГБ Ф.620. К.105. Ед.хр.9. Л.14.）――いぬいはかわらずチュコーフスキーに手紙で知らせている（一九六八年五月十五日、ロシア語訳タイプ打ち）。チュコーフスキーが『カモメの歌』の出版後、逝去する六九年十月末までに、いぬいについて意見を変えたかはわからない。

いぬいがチュコーフスキーに送った最後と思われる手紙（ロシア語訳タイプ打ち）がモスクワに残されていた。日付はないが黒姫の山荘のことが言われているので、一九六〇年代後半、『カモメの歌』が出版された六八年以降の手紙だろう。

お元気なのでしょうか？　長い間、あなたからなんのお便りもないものですから、とても心配しています。いつもあなたのことを思っています、あなたがいまも、これからも健康でいらっしゃることをこころから願っています。おともだちの田中かな子さんがソ連へ出かけるので、この手紙をあなたに渡してくれるようお願いしました。夏のあいだ暮らしていた山に囲まれた別荘で撮影した写真を同封します。子どもたちは、土地の子たちです。
あなたがお元気で健康でいらっしゃることをお祈りします。
いぬいとみこ
（НИОР РГБ Ф.620. К.105. Ед.хр.9. Л.51.）

いぬいとみことコルネイ・チュコーフスキー、日本の児童文学史上もっとも感動的かつ生産的でありながら、ひじょうに残念な結果に終わってしまった、記憶にのこるエピソードである。「指環」の魔法も解けてしまったのだろうか？「即興としてのコトバ」の魔法。

しかし、だからといって、いぬいが日本とソ連の児童文学に残した業績のすべてが否定されるわけでは決してない。「結節点」として日本とソ連の児童文学をつないだいぬいの役割は、今後さらに話題にされ、評価されなければならない。チュコーフスキーの児童図書館に触発され、いぬいの始めた「ムーシカ文庫」の活動は、子どものときに文庫へ通ったヒトたちに受け継がれている。子どもに読み聞かせするいぬいの「声」が、子どもと一緒に本を読む「場」が、死んでしまったわけでは毛頭ない。

小さい頃に素敵な本とめぐり会えたヒトは幸いである。「本を好きになることは、ヒトの一生にかかわるのです」というペレジェールキノ児童図書館司書のヴァレンチーナ・セルゲーエヴナのコトバを反芻したい。チュコーフスキーの「指環」とは、まさしくそういう意味でいぬいに受け取られたのだ。

7

いぬいとみこの『カモメの歌』が刊行された一九六八年八月から、他界する翌六九年十月末まで、チュコーフスキーは手紙を書くどころではなかった。入退院を繰り返した。チュコーフスキーがいぬいに手紙を長く書かなかったとすれば、書くことすらままならなくなった身体の具合にかんがみる必要がある。「書くプロセスがあんまり苦しくてならないから、自分が憎くてたまらなくなる、あんまり憎いものだから、なんの罪もないひとたちに当たり散らす」——六九年六月十七日、他界する四ヶ月前、老作家は『日記』にこう記す。[63] 亡くなる（十月二十八日）十日前には、おそらく死を予感したのだろう、娘のリージヤに宛てて遺言を書いている。[64] 日記のエントリーは十月二十四日が最後である。

これだけみると、チュコーフスキー最晩年の日記には、この世から去りつつある八十七歳の老作家の肉体的な辛さばかりが記されていると考えたくもなるが、実際には、以前ほどではないとはいえ、外界の事件やヒトから受けた印象が鮮明に書き残されていて、意外な思いがする。ブラックユーモアも健在だ。二歳十ヶ月の女の子、ひ孫のマリーナとのやりとりが秀逸だ。

マリーノチカが今日こう言った——

ヴァロージャにはひいおじいちゃんはいない。おとこのこにもおんなのこにも、ひいおじいちゃんはいない、ひい

おじいちゃんはすぐにしんじゃう。おじいちゃんはいつしぬの？（一九六八年十月三十一日）[65]

マリーノチカに十日ばかり前、こういう詩をかたった——
　おばあさんはビュッフェにいった
　でも焼いたお肉はなかった
　いったいなんだ？
　あたしのお肉はどこいった？

今日とつぜん、マリーノチカは自分流にこれをうたいだした——
　おばあさんはビュッフェにいった
　でも焼いたお肉はなかった
　おばあさんはビュッフェにいった
　そしたら焼いたお肉があった（一九六八年十一月四日）[66]

幼い子どもは「ない」という否定的なコトバをきらうと論じた『二歳から五歳まで』の著者の面目躍如という感がある。本の実例に使おうとしたのか、マリーナの替え歌に「二歳十ヶ月」と注まで入れている。

最後になった入院の日。


昨日マリーナが言った——入院なさるの？

わたしともったいぶった話をするときには、マリーナはいつも「あなたことば」をつかう。

少し考えてから、こう言った——おもどりにならないのね？（一九六九年十月六日）[67]

病気で寝ながら自宅で退屈していると、思いがけず詩人のエヴゲーニー・エフトゥシェンコが乳母車に乗せて、小さいペーチャを連れてきた。チュコーフスキーは目のまんまるな可愛らしい男の子に感激して、ペーチャに捧げた詩を日記につづった（一九六九年五月十二日）[68]。
生後十ヶ月のひ孫ドミートリーのこと。
赤ん坊みたいに弱々しいと言おうと思ったが、ミチャーイ・チュコーフスキーのことを思い出して、コトバを引っ込めた。ミチャーイはいま生後十ヶ月なのに、比類ない力持ちだ、ボクサーみたいに体格がいい。二〇〇〇年一月にはミチャーイも三十二歳になり、二〇四九年には回想録を書くのだろう——「曾祖父は、往時有名でなくもない作家だったが、わたしは記憶していない。なんでも、軽率でデタラメな人物だったそうである。」（一九六九年十月十六日）[69]
画家のマーイ・ミトゥーリチが娘のヴェーラ（当時十四歳）とやってきた。チュコーフスキーは挿絵が気に入らず、画家に注文をつけた。『ハエのおしゃべりさん』にはコナシェーヴィチのような線描が欲しかったのに、ミトゥーリチは色の斑点で描いている。
わたしがおとうさんを罵ると、この中学生は憎しみのこもった目でわたしを見た。おとうさんと素晴らしく仲が良い。（一九六九年九月十四日）[70]
画家と娘が辞去するとき、チュコーフスキーは駅まで見送りに出た。ヴェーラが先に行き、チュコーフスキーとミトゥーリチは話しながら後からつづいた。ヴェーラは退屈して、つきまとってきた大きな犬に「馬乗りになった」。そうだよ、ああでなくっちゃ、とチュコーフスキーは言って、自分も犬を「乗り回した」……[71]。
子どものことばかりでない。政治的な話題がふんだんにある。一九六八年後半から六九年十月まで、日記はかつてないほど政治的な様相を帯びる。当時話題の「時のヒト」ナンバーワンのエフトゥシェンコと、アレクサンドル・ソルジェニーツィンの名前が頻出するようになる。
今日、文学第二の中心人物であるアレクサンドル・イサーエヴィチ［ソルジェニーツィン］がやってきた。あごひげが前より伸びて、顔もやつれた感じだ。昨日［リャザンから］モスクワへ来たが、一日だけで疲れてしまい、わたしのところでよく寝て休もうというわけだ。意気盛んだ。作家同盟リャザン支部に送った向こう見ずな手紙のことを話す。〈…〉（一九六八年十一月二十三日）[72]
とりわけ一九六八年八月（いぬいの『カモメの歌』が刊行された時）以降、「プラハの春」へのソ連の軍事介入を境に、ペレジェールキノは「反体制」の牙城と言わずとも、当局からすれば外国人禁制の要注意スポットとなった。理論社の小宮山量平も、そのあおりを受けた一人だった。
今日、日本のわたしの出版人、小宮山さんがやってきた。KGBはかれをペレジェールキノへ通さなかった。禁止区域というわけだ。（一九六八年十月二十三日）[73]
〈…〉夜、六時から十一時までエフトゥシェンコ。わたしにとって巨大な事件だった。〈…〉ソ連軍がチェコスロヴァキアを侵攻して以来、まるで自分が爆発したかのようだった、それで際限なく詩を書いた、という。素晴らしい詩を五つ朗読した。〈…〉たいした詩だ、たいした人物だ。大きな運命の大きな人物だ。つねづねわたしが言っていたように、かれは歯のなかの一番痛む神経にいつも触れてくる針なのだ、歯痛のようにかれは国の生活を感じ取っている。
わたしは抒情詩人ではありません、でもどういうわけか政治的テーマの詩を書かずにはいられないのです、どんなに呪われたテーマであろうと——エフトゥシェンコはこう言った。（一九六八年十一月二日）[74]

いぬいとみこが二度目に訪ねてきた一九六四年六月十八日、最初に知り合ったときには、チュコーフスキーはこの「雪どけ」を代表するソ連詩人についてとくになにも書いていなかったが、それから四年が経過し、「雪どけ」も過去になり、ブレジネフ時代が始まると、エフトゥシェンコの壮大さが見えてきたのだろう、朗読に老作家はよほど感極まったらしい。エフトゥシェンコのアクチュアリティーが、硬直したソ連の現実のなかでありありと見えたのかもしれない。このとき以降、エフトゥシェンコも、最晩年の老作家の家によく出入りするようになった。もう残り一年足らずの最後のエントリーまでに、エフトゥシェンコがあと六度ほど日記の話題にのぼっている。


エフトゥシェンコが来た。〈…〉意気も高らかな詩を読んだ、あんまり見事に読むものだから、わたしといっしょにさらに一万人悦びを味わうひとのいないことを残念に思った。〈…〉それからシベリアから持ちかえった詩を読みあげた、シベリアでかれは木造平底船《バルカース》に乗って河を旅した、船は石に乗りあげてしまった。いかにもロシア的で民衆的だ。〈…〉かれの詩はまったく印刷されない。一つの同じ詩を十二の編集部が返してよこしたという。モスクワの早朝がどれほど素晴らしいか、モスクワの夜がどんなに綺麗かを書いた詩なぞは禁止された――おかみの眠っている時間がおたくはお好きなようだから、という理由で。

かれはシラノ・ド・ベルジュラックの役で映画に出るつもりでいた。だが、党中央委員会は許可しなかった。監督はいきなりこう言い渡された――だれでも構わないが、エフトゥシェンコだけはだめだ。

監督はシラノをあきらめた。[エフトゥシェンコは]アメリカについての叙事詩を持参した。

(一九六九年八月二日)[75]

昨晩、みなで夕食の席についていると、くたびれきって無表情の顔をしたエフトゥシェンコがやってきて、ペーチャを床に下ろすと陰気にこう言った(見たところ、ここへくる道中ずっとこう考えていたのだろう)――「わたしは職業を棄てなければなりません、わたしはまったく詩人ではないのだそうです。わたしは年がら年中スポットライトを浴びている奇術師なのです。」

われわれは驚いた。かれは黙っていた。

「昨日トヴァルドーフスキー［『ノーヴィ・ミール』編集主幹］にこう言われたのです。かれの手元に五ヶ月ほど『アメリカ』の原稿が眠っていました。やっとヒマを見つけて読んだのです。かれにはけがらわしく思われた。それで三十分もわたし相手に、それも並々ならぬ粗野な感じで、おまえの書いたものはクズだと証明しにかかったわけなのです。」

わたしはなだめて、――フェートはネクラーソフを詩人と認めなかったし、セリヴィーンスキーはトヴァルドーフスキーを認めませんでしたよ。〈…〉エフトゥシェンコは最後まで聞かずに、ペーチャを連れて立ち去った。

（一九六九年九月十四日）[76]

チュコーフスキーは、アメリカによる人類初の月面着陸に夢中になっていた。ところが、ソ連の国際派きどりの連中は、宇宙飛行の世界的意義をつねづね語っていながら、アメリカのヒーローたちに対してやっかみと憎しみの気持ちでふくれあがり、同じ感情を国民に煽る。途中でくたばっちまえばいいのにさ、などと家政婦は言う。小学生には、アメリカが人間を月に送りつけたのは非情で非人間的なせいだなどと教え込む――いわく、われわれならば機械やメカニズムを送るのに、アメリカ人は生きた人間を送りこむのだ！　チュコーフスキーは考え込む。最晩年の老作家の日記が、硬直した体制の紋切り型をめぐる苛立ちで埋められる。

一言でいうなら、あわれなセクト主義者たちは自分が人類の一部であることすら感じたくないわけだ。それも自分たちこそ月面に立つ最初の人間たちであるなどと豪語していたくせに、けろりと忘れている。「コミュニズム体制でのみ、人間の宇宙飛行は可能なのだ」――わがクニお決まりのプロパガンダがこれだ。

昨日を忘れるロシア人の能力のおかげで、今日のプロパガンダがしたい放題ウソをばらまくことができる、さしずめ「非道な資本主義体制においてのみ、月面に生きた人間を送り込むことができる」という具合だ。

かたりの大ボラふきたちめ！（一九六九年七月二十五日）[77]
フランクリン・D・リーヴ（『ロシアにおけるロバート・フロスト』[78]の著者）というアメリカの詩人でロシア文学研究者が、妻と三人の子どもを連れてチュコーフスキーを訪ねてきた。妻のエレーナはネクラーソフの学位論文を書いていたため、チュコーフスキーと相談したかった。ところが話もはじめないうちに、警察が十人ばかりもやってきて、なかにはバイクに乗ったのもいて、リーヴ教授とその家族をすぐさま連れ去った。（一九六九年十月四日）[79]

＊

このように、チュコーフスキーの逝去直前の日記を見ると、かれがいぬいに以前ほど手紙を書かなくなったのは、かならずしも『カモメの歌』ばかりが原因でもなさそうである。老齢、病気、度重なる入院などの肉体的な条件にもまして、政治状況がいぬいと知り合った頃とは様相をがらりと変えていたことも原因として考えられる。ペレジェールキノが当局の厳重な監視下に置かれていたことが、日記から如実にわかる。ただでさえ遠い日本に、現実味が感じられなくなってしまったのかもしれない。

チュコーフスキーの没後、いぬいは三度目のモスクワ訪問（一九七一年六月二十日）にでかけ、ペレジェールキノで墓参をした。ちょうど七年ぶりの訪問だった。残念なことに児童図書館は日曜日で閉まっていた。帰国すると、チュコーフスキーの娘リージヤから手紙が届いていた。そこには「生前チュコーフスキーが愛した小さな子どもの図書館は、やはりいまもたしかに生きているし、書斎も庭も生前そのままに、大切に保存されている」[80]と書かれてあった。

いぬいが訪れた頃とはペレジェールキノもすっかり様子が変わった。一九六五年後半（「ソルジェニーツィンがうちに越してきた」と、同年九月二十九日の日記にある）[81]からチュコーフスキー家は、「反体制作家」ソルジェニーツィンをかくまっていると当局からマークされ、老作家の没後はあからさまに迫害が深刻化した。いぬいが三度目にペレジェールキノを訪問したのは、当局の迫害に対しリージヤ・チュコーフスカヤの孤軍奮闘の英雄的な活動が始まったころにあたる。チュコーフスキー家はペレジェールキノの家から立ち退きをせまられ、家や庭など不動産の処遇をめぐって当局と裁判になり、長きにわたる闘いがはじまった。一九七四年一月、チュコーフスカヤは、やはり「反体制知識人」のアンドレイ・サハロフを擁護したかどで、ソ連作家同盟から除名された。その経緯は『除名のプロセス』という本に、克明に記されている。[82]
そのリージヤへのいぬいの返事（ロシア語）が、一通（一九七一年七月八日）だけロシア国立文学・芸術文書館にある。それによると、あなたとモスクワでお目にかかれず非常に残念です、わたしの手元にはチュコーフスキーさんからの手紙が二十通あり（べつの記事でいぬいは二十四通あると言っている[83]）、そのうちの一つは『白樺とリラの旅』の抜粋を送ったことを感謝した手紙です、チュコーフスキーさんからの手紙は、かれの創作と生涯についてのご本を編纂するのに必要でしたら、あなたにいつでもお送りします、『白樺とリラの旅』に興味をもってくださってうれしい、その要約を近々にあなたにお送りします、という内容だ。[84]
翻訳は田中かな子で、力強い達筆のロシア語筆記体が目を引く。いぬいは自分のサインと住所を英字で書いた。封筒にはチュコーフスカヤの字だろう、別のインクで受取日「七一年七月末」と「おじいさんの手紙 Дедово письмо」というメモが記されている。娘は父親を「おじいさん Дед」と呼んでいた。チュコーフスキーの亡くなった一九六九年十月二十八日に、彼女が「おじいさん、どこにいるの？　あなたにしょっちゅう会わずともどこにいるかはわかっている、そういうことに慣れてしまった」と日記に記していることに注目したい。[85]
他方でチュコーフスキー、ならびに娘リージヤのいぬい宛書簡の所在が不明だ。いぬいの没後、処分されたのか？　かろうじて、孫のエレーナ・チュコーフスカヤが編纂した決定版のチュコーフスキー全集に一通だけ、いぬいに宛てた老作家の手紙（一九六五年二月二十七日付け）が収録されている。手紙原本ではなく、コピーをもとに収録された。先に引用した「コトブキ」と「イヌイ」の字の入った手ぬぐいのことを書いた手紙である。

＊

日本には「アーカイヴ」という考えが存在せず、物故した人物の文書はあらかた処分されてしまう。しかしながら、いぬいのような幅広い活躍をした人物の文書、とくに書簡には日本語や英文のものはもとより、チュコーフスキーや

いぬいとマルシャーク（1964 年 6 月 17 日）

マルシャークのような大作家からのロシア語書簡が存在したはずである。

親愛なるいぬいとみこ様
貴女のすばらしい贈物に心からお礼を申し上げます。

可愛らしい日本人形は私にはてしない詩情の国、祖国をしのばせながら、今私の机の上においてあります。

私は貴女に心から御挨拶をおおくりするとともに、記念に私の著書の中の一つをおおくりします。この小さな本は、私の子供時代、少年時代について物語ってあります。

私の著書が日本の読者によまれていたことを大変うれしく思います。これらはひとえに貴女が情熱的に働いておられる岩波出版社［岩波書店］のおかげが大きいと思います。

心から貴女の御健康と御多幸をいのります。

貴女を深く尊敬するサムイル・マルシャーク。


いぬいによるチュコーフスキー宛肉筆書簡二通と同じく、田中かな子の遺した古いノートに、いぬいに宛てたマルシャークの手紙の日本語訳メモが挟み込まれていた。ロシア語原本の所在は不明だ。日付はないが、いぬいがマルシャークと一九六四年六月十七日に会見し、作家本人から『人生のはじめ』（邦訳は理論社、一九六八年刊）を贈られたことにかんがみれば、[86] いぬいの帰国後まもなくに送られてきた手紙だと思われる。いや、むしろ贈られた本の扉に、右のようにマルシャークはメッセージを書いたのではなかったか？　いぬいの手元に残った『人生のはじめ』原著が現在どこにあるのかわからない。その原著をもとに邦訳（北畑静子・村山士郎訳）が出版されたのではなかったか？　亡くなる直前のマルシャークの肉声が、ごくかすかな痕跡とはいえ、短いメッセージにうかがえる。[87]
以上、すべてイリーナ・コジェーヴニコワの足跡をたどるうちに出くわした文書である。「私はあなたのうたうようなのびやかな日本語を、なつかしく思い出しています」とコジェーヴニコワに書くいぬいの手紙（やはり田中かな子の遺した古いノートに挟み込まれていた）に私は、はるかに半世紀以上も前、多くの日本の読書人がソ連に寄せていた期待とあこがれを見る。「雪どけ」にからんで新鮮な驚きと、現場の当事者とは落差もはなはだしいソ連への「幻想」をいだきながらも、生きる地平線の拡大をまだ夢見られた、リベラルな日本知識人のむかしに喪失感をすらおぼえている。もうはるかな昔だ。

注
1　*Чуковский Корней.* Собрание сочинений. Т.10. М., 2017. С.705.
2　*Грудцова Ольга.* Он был ни на кого не похож // Воспоминания о Корнее Чуковском. М., 1983. С.331.
3　*Чуковский Корней.* Собрание сочинений. Т.5. Современники. Портреты и этюды. М., 2017. С.68-76.
4　Там же. С.67-68.
5　太田丈太郎『「ロシア・モダニズム」を生きる 日本とロシア、コトバとヒトのネットワーク』成文社、二〇一四年、一三七頁。
6　*Чуковский Корней.* Дневник. В 3 томах. Т3: 1936-1969. М., 2012. С.21.
7　*Чуковский Корней.* Собрание сочинений. Т2. М., 2017. С.367.
8　小宮山量平『子どもの本をつくる 創作児童文学の時代』理論社、一九八四年、二一三頁。小宮山のチュコーフスキー宛書簡三通が、ロシア国立図書館手稿部に保管されている（НИОР Ф.620. К.106. Ед.хр.13）。チュコーフスキーの著作の日本語訳出版をめぐる内容で、時期は一九六七年二月から六九年七月まで。いずれも小宮山自身の手書きロシア語で書かれている。チュコーフスキー逝去の弔文（『きりん』通巻二二八号・第二三巻第一号）の切り抜きと翻訳も添付されている。小宮山のロシア語弔文は、チュコーフスキー生誕百三十周年記念の回想集に収録された。Воспоминания о Корнее Чуковском. М., 2012. С.397-398. 編者のエレーナ・

チュコーフスカヤ（チュコーフスキーの孫）によると、小宮山の手紙は老大家の没後すぐに送られてきて、その後しばらくチュコーフスキーの家博物館のエクスカーションで読みあげられたという（С.8）。
9 理論社が出版した『二歳から五歳まで』の訳者である樹下節（松本傑）は、黒田乙吉と同じく熊本ハリストス正教会の高橋長七郎神父からロシア語を学んだことを記しておく。
10 *Чуковский Корней.* Собрание сочинений. Т.2. С.385.
11 いぬいとみこ『リラと白樺の旅』理論社、一九七〇年、二二二頁。傍点は原著者による。
12 いぬいとみこ「チュコフスキーさんの図書館をたずねて」『アカハタ』第四六三五号（一九六三年八月二十三日）、第六面。紙面に掲載された写真からはわかりにくいが、田中穣二氏が自費出版した『遺文集 かな子の仕事』（二〇〇〇年）の口絵に掲載されたコロミエツの写真と照合して、田中かな子のごく親しい友人だったコロミエツだと判断される（コロミエツとじっさいに面識のあった宮本立江氏にも確認していただいた）。帰国してからいぬいも田中も、以下に示すチュコーフスキーに宛てたいぬいの手紙と同時期に、コロミエツとコジェーヴニコワに手紙を書いた。のちにコジェーヴニコワとともにコロミエツは、いぬいの『うみねこの空』（一九六五年）をロシア語に翻訳する。翻訳に際して『カモメの歌』と改題されて、一九六八年に刊行された。
13 同。
14 二〇一七年二月二十四日付け、田中泰子氏より太田宛私信。
15 *Чуковский Корней.* Дневник. В 3 томах. Т.3: 1936-1969. С.388.
16 いぬいとみこ『リラと白樺の旅』一一八頁。
17 いぬいとみこ『七まいのおりがみと・・・』実業之日本社、一九六五年、一二八頁。
18 いぬいとみこ「たった一人の先生の思い出」『ソヴェート文学』第八〇号（一九八二年夏）、一四一頁。とはいえ、残念ながら田中泰子によるこの短篇の全訳テクストは、いまや行方がわからなくなってしまった。
19 РГАЛИ. Ф.2841. Оп.1. Ед.хр. 65. В.Н. Маркова. Дневник. 14 мая 1963 – [август] 1964. Л.17 об. – 18.
20 田中穣二氏は二〇一九年八月に他界した。氏は突然の訪問にもにこやかに迎えてくださった。心よりご冥福を祈りたい。
21 『朝日新聞』夕刊、一九六四年二月二日、第三面。インタビューでニキータ・トルストイは『戦争と平和』のトルストイとどういう関係か？と聞かれて、「おお、その質問、日本へ来てちょうど二十万回目です」と答えた。作家タチヤーナ・トルスタヤはこのニキータの娘に当たる。インタビューで当時「八歳の娘」と父親は言及し、その詩がたいしたものだと自慢げに語っている。
22 「あなたが日本にいらっしゃるのに、お会いできなくて、ざんねんです。こんど、東京へいらした時、ぜひぜひ、お会いしましょうね。では、幸福な大阪のお正月を祈ります」といぬいがコジェーヴニコワにしたためたクリスマスカードが私の手元にある。日付は一九六六年十二月二十六日、チュコーフスキーに宛てた英文の手紙の翌日である。コジェーヴニコワ由来の文書である。トルストイ展は一九六六年十一月十一日から十二月十八日までが東京、翌六七年一月四日から二十九日まで大阪で開催された。

23 田中かな子「日本におけるソビエト児童文学について」『遺文集 かな子の仕事』二〇〇〇年、一〇一—一〇八頁。
24 『幻のロシア絵本 一九二〇—三〇年代』淡交社、二〇〇四年、一五二—一八二頁。
25 *Тимофеева Ольга.* «Книга сопротивления» // Новая газета № 107. 25 сентября 2019. С.20.
26 Там же.
27 Детская мысль без советчины. Беседа с Мариэттой Чудаковой. Connaisseur № 2. Прага, 2019. С.19.
28 *Чуковская Лидия.* В лаборатории редактора. СПб., 2017. С.291-444.
29 *Чуковская Лидия.* Прочерк. М., 2009. С.44-47.
30 *Чуковский Корней.* Дневник. В 3 томах. Т.3: 1936-1969. С.392.
31 唯一の違いは、いぬいのサインのあとに、訳者の田中かな子が手書きのロシア語でメッセージを書き入れていることである。「チュコーフスキーさん、気にかけて下さって心からお礼を申し上げます。健康と幸せをお祈り申し上げます。田中かな子（訳者）」。
32 いぬいとみこ「チュコフスキーさんの図書館をたずねて」『アカハタ』第四六三五号、第六面。
33 いぬいとみこ『リラと白樺の旅』一一四頁。傍点は原著者による。
34 РГАЛИ Ф.2841. Оп.1. № 64. «Люди, которых я знала. Корней Чуковский». Воспоминания. Автограф с тетради, машинопись. Л.10-12.
35 亡くなる直前、「これでやっとチュコーフスキーも終わりだ」と老作家が言ったと何かの回想で読んだ、とマールコワが書いているが、本当かどうかはわからない。Там же. Л.17.
36 いぬいとみこ『七まいのおりがみと・・・』一二三—一二四頁。「ロールパン文庫」を運営している小松原宏子氏の手元にあるこの本の見開きにいぬいは、一九六五年九月三十日に一冊の見本をチュコーフスキーに贈り、その返事（十月二十二日付け）が十一月十日に届いた、とメモを記した。
37 いぬいとみこ『リラと白樺の旅』一一六—一一七頁。
38 同、一一五頁。
39 同、一二〇—一二二頁。日付が一九六五年（一二二頁）とされているが、マルシャークの死についてのくだりにかんがみれば、一九六四年の誤りであることが明らかだ。
40 *Горький М.* О детской литературе. М., 1958. С.91-95.
41 Там же. С.364. 傍点は原文による。
42 Там же. С.365.
43 本稿では割愛したが、この箇所には玉川学園の創設者・小原国芳のことが言われている。チュコーフスキーはなにかの機会に小原の本を読み、その教育方針にいたく感銘を受けた。「小原博士の教え子たちの演ずる戯曲のなかにソ連のアレクセイ・パンテレーエフの作品（『金の時計』）があって、うれしく思いました」。小原からチュコーフスキーに宛てて和紙に書かれた毛筆書簡が保管されている。「あなたも日本に来ませぬか。旅費は送れませぬが、日本御滞在の十日間は玉川のゲストにしてお迎えいたしたいです」（七月五日付け、執筆年不明。НИОР РГБ Ф.620. К.124. Ед.хр.14. Л.41-42）。チュコーフスキーの日本滞在が実現したことはない。
44　*Чуковский Корней.* Собрание сочинений. Т.15. М., 2017. С.564-565. 瀬田貞二の名前の一部が「判読不能 нрзб.」と編者は記しているが、日本のコンテクストで誰のことかは明らかである。タナカ Танака がタナコ Танако と誤って記されているのは、おそらくチュコーフスキー自身の混同に由来する。
45　*Лозовская Клара.* Записки секретаря // Воспоминания о Корнее Чуковском. С.238.
46　いぬいとみこ『リラと白樺の旅』一一四頁。
47　РГАЛИ Ф.2841. Оп.1. № 147. Письма Чуковского Корнея Ивановича Марковой. Приложены копии писем К.И. Чуковского В.Н. Марковой сделанные В.Н. Марковой и её комментарии к ним. Л.6. 掲載写真の末尾に、このように記されている。
48　注36を参照。
49　ついでながら、いぬいの『ながいながいペンギンのはなし』に酷似したアニメ作品が、日ソ共同作品として制作されたことがある。『小さなペンギンロロの冒険 Приключения пингвиненка Лоло』（一九八七）というもので、監督は吉田健次郎とゲンナージー・ソコーリスキー、脚本は多地映一、ヴィークトル・メレシコ。ライフワークとソユーズムリトフィルムが制作した。さすがに筋立てはいぬいのものとは違えているが、ペンギンの兄弟の名前や状況の設定といい、いぬいの作品とよく似ている。映画のクレジットにいぬいの名前はない。ロシアではひじょうに良く知られた作品である。
50　イリーナ・コジェーヴニコワ（田中かな子訳）『「いぬいさんのお仕合せを願っています」――チュコーフスキイといぬいとみこ」『ソヴェート文学』第八〇号（一九八二年）、一四七頁。
51　本書第六章を参照。
52　РГАЛИ Ф.2841. Оп.1. № 147. Письма Чуковского Корнея Ивановича Марковой. Приложены копии писем К.И. Чуковского В.Н. Марковой сделанные В.Н. Марковой и её комментарии к ним. Л.3. もっとも、これは『川とノリオ』の翻訳発表について述べたのかもしれないが、コロミエツの名前があるので、『うみねこの空』のこともチュコーフスキーは念頭に置いていたものと判断される。
53　Там же. Л.10.
54　РГАЛИ Ф.2841. Оп.1. № 64. «Люди, которых я знала. Корней Чуковский». Воспоминания. Автограф с тетради, машинопись. Л.16. 注52のマールコワのメモによると、まだ作品として磨き上げられていない『うみねこの空』第一稿を翻訳とともにいぬいはチュコーフスキーに送りつけたものとも考えられる。とはいえ、その原稿と翻訳を読んでチュコーフスキーが憤激の電話をよこしてきたのか、本の出版後に電話してきたのか、いまひとつよくわからない。あるいは出版後に意見を変えたのか？　いずれにせよマールコワの口調にしたがえば、チュコーフスキーのいぬい評価は『カモメの歌』一読後最後まで変わらなかった様子である。

55　私見では、幼いときに砲弾の信管の破裂で指を吹き飛ばされた女の子という設定に、チュコーフスキーは過敏に反応したものと思われる。病気で痛がる次女ムーラ（十一歳）を最期まで看取ったチュコーフスキーは、苦しむ子どもにひじょうに敏感だった。指をなくしたことが作品でなんら納得のいくように解決されていないので、ともすると指がないという事実だけが目立って読めてしまう。
56　*Инуи Томико.* Песнь о чайках. Повесть. М., 1968. С.5.
57　*Чуковская Елена* (составитель). Чукоккала. Рукописный альманах Корнея Чуковского. М., 2006.
58　*Чуковская Лидия.* Памяти детства. М., 1989. С.150.
59　*Чуковская Марина.* В жизни и в труде // Воспоминания о Корнее Чуковском. С. 200.
60　*Чуковская Лидия.* Памяти детства. С.155-156.
61　*Гинзбург Лидия.* Записные книжки. Воспоминания. Эссе. СПб., 2011. С.299.
62　*Чуковский Корней.* Живой как жизнь. О русском языке. М., 2014.
63　*Чуковский Корней.* Дневник. В 3 томах. Т.3. 1936-1969. С.534. とはいえ、この記述の直前には、探偵小説をめぐる記事にかかりきりであることが記されている。シャーロック・ホームズはもちろんアガサ・クリスティーなどを、チュコーフスキーはよく読んでいた。べつにノートを作って、そこに成功している箇所や殺人の手口などを書き込んだ。記事は未完に終わった。*Лозовская Клара.* Записки секретаря // Воспоминания о Корнее Чуковском. С.232.『チュコッカラ』にはコナン・ドイルのサイン（一九一六年）も当然ある。*Чуковская Елена* (составитель). Чукоккала. Рукописный альманах Корнея Чуковского. С.183-185.
64　*Чуковский Корней.* Дневник. В 3 томах. Т.3. 1936-1969. С.543.
65　Там же. С.524.
66　Там же. С.525-526. 傍点は原文による。
67　Там же. С.540.
68　Там же. С.533.
69　Там же. С.542.
70　Там же. С.538. 二〇一八年九月初め、ミトゥーリチの娘ヴェーラ・フレーヴニコワさんと私はモスクワ・キエフ駅からすぐにあるミトゥーリチのアトリエでお目にかかった。あのときのことは良くおぼえている、と思い出に話がはずんだ。ミトゥーリチはアヴァンギャルド芸術の画家ピョートル・ミトゥーリチの息子である。未来派詩人ヴェリミール・フレーブニコフの妹と結婚して生まれたのがマーイである。タルコーフスキーの映画『僕の村は戦場だった』（一九六二）に登場する白樺林の少女はヴェーラさんである。ペレジェールキノに住む「のっぽ」のチュコーフスキーのことを台詞で言っている。
71　*Митурич Май.* Воспоминания. Живопись. Графика. М., 2015. С.159.「馬乗りになった оседлала」というのは冗談で、ついてき

たイヌが怖くなかったから一緒に遊びはじめたんです、またがって。そうしたらコルネイ・イワーノヴィチがごらんよ、ああでなくちゃ、と言って、駅までイヌにまたがったまま歩いたのです。かれは足が長かったから、ロバに乗っても足が地面につかえたはずだし、人間二人も背中に本当に乗ったらイヌの背骨が折れてしまうでしょう？　とヴェーラさんからお返事をいただいた。二〇一九年十一月十九日、二十日付け、太田宛私信。
72 *Чуковский Корней.* Дневник. В 3 томах. Т.3. 1936-1969. С.526–527.
73 Там же. С.524.
74 Там же. С.525.
75 Там же. С.536.
76 Там же. С.537-538.
77 Там же. С.535-536.
78 F.D.Reeve, *Robert Frost in Russia* (Boston and Toronto, 1964).
79 *Чуковский Корней.* Дневник. В 3 томах. Т.3. 1936-1969. С.536-7, 540, 583. ちなみにフランクリン・D・リーヴは、映画『スーパーマン』のクリストファー・リーヴの父親である。
80 いぬいとみこ『子どもと本をむすぶもの』晶文社、一九七四年、一一頁。
81 *Чуковский Корней.* Дневник. В 3 томах. Т3. 1936-1969. С.419.
82 *Чуковская Л.* Процесс исключения. Париж, 1979.
83 いぬいとみこ「たった一人の先生の思い出」『ソヴェート文学』第八〇号（一九八二年）、一四二頁。
84 РГАЛИ. Ф.3390. Оп.1. Д. 443. Письмо Инуи Томико Чуковской Л.К. 8 июля 1971 г. Л.1.
85 *Чуковская Лидия.* Дневник-Большое подспорье (1938-1994). М., 2015. С.239.
86 いぬいとみこ『リラと白樺の旅』九七頁。
87 これに添付して、マルシャークの息子イマヌエル・マルシャークに宛てた岩波書店のロシア語公式文書写しが下書きとともにある（一九六五年十月二十日）。湯浅芳子の訳で『かしこい品々』［邦題『魔法の品売ります』岩波書店、一九六六年］を出版したいのだが、適当な挿絵画家を紹介してほしいという内容だ。それに作家の息子はマーイ・ミトゥーリチの名前をあげている（一九六五年十一月四日）。いぬいと田中はのちにミトゥーリチのアトリエ（モスクワのキエフ駅からほど近い）を訪ねた（一九七三年十月）。写真は私が二〇一九年九月七日にモスクワのロシア国立図書館手稿部でスキャンをお願いした、一九六四年六月十七日マルシャーク宅で撮影されたいぬいとマルシャークの貴重な一枚である（НИОР РГБ Ф.620. К.123. Ед.хр.35. Л.4）。同じ写真が、いぬいとみこ『リラと白樺の旅』九七頁に掲載されている。

第六章　島尾敏雄の「雪どけ」——モスクワ、一九六五年秋

1

私は「雪どけ」を知らない。「雪どけ」のもたらした熱狂と希望をともにしたことがない。それは私の生まれる十年も前のことだった。「鉄のカーテン」が少しだけ開かれ、「向こう側」が少しだけ顔をのぞかせた。顔を合わせれば、なんのことはない、ただの若者同士で、威勢のいい無責任なコトバを放言しあい、ジャズを愛し、詩の朗読会に通った。若者はすぐに仲良くなった。「カーテン」なぞマスコミの便利なジャルゴンに過ぎないように思われた。体制もヒトも「西」と「東」に、善と悪、シロとアカ、自由と独裁に分ける方がしごく便利なのは今も同じだ。そんな単純に世の中が片付くはずもないのに、報道や政治家は二項対立のキャンペーンを好んでやりたがる。

私が生まれたのは一九六五年秋のことだ。「雪どけ」が反動の氷に覆われようとする間際だった。大学へ入り、ロシア語を専門に習うことになった。大して関心もなかったが、ロシア語を勉強しだしてすぐに異変が起こった。第二の「雪どけ」がやってきた。ペレストロイカ。テレビで連日、五十代の若い書記長が颯爽と演説していた。アメリカと核兵器削減交渉を本格的にやりはじめた。未明までテレビの前にすわり、会談の行方を見守った。するとアンドレイ・ヴォズネセンスキーが大学に現れた。独特の悪声で自作を朗読した。圧倒された。ブラート・オクジャワもやってきた。かれは私の目の前で生ビールに塩を入れた。いまからちょうど三十年前のことだ。

ソ連出版界では長らく発禁とされていたエヴゲーニー・ザミャーチンの作品集が刊行されはじめた。六十代になった書記長もやってきた。その去り際、原卓也が突如壇上にのぼり、流暢なロシア語でかれに挨拶とお礼のスピーチを

1965年10月25日、イリーナ・コジェーヴニコワの働く『ソヴェート文学』編集部で（「かごしま近代文学館・メルヘン館」所蔵の写真）

した。領土をめぐる役所のお仕着せ質問のバリケード（自由な質問・討論の余地はまったくなかった）にウンザリした会場は、それで息を吹き返した。

その頃、はじめてモスクワへ出かけた。夏のモスクワは大きくからっぽに見えた。通りに車も少なく、空気がきれいに感じられた。オスターンキノの展望レストランで、モスクワの周りが森であることを初めて知った。三六〇度、地平線が拡がっていた。赤の広場脇の巨大ホテルで早起きしては、誰もいない早朝の広場を歩いた。ロシア語を自分生涯の言語にする、とことん磨き上げる、そうハラをくくった。その気持ちはいまも変わらない。

時間が流れた。ソ連も消えた。いまや「雪どけ」を聞いても響かない。一九五〇年代なかば、スターリンが没してソ連の体制が西側に少しだけ開かれたという歴史的事項として知っていても、かつてソ連の「雪どけ」がどれほど日本の読書階級に生きている地平線の拡大をもたらし、リアルタイムの興奮を呼びさましたのか、ピリピリと皮膚感覚で知っている人間も少なくなった。

むしろ「雪どけ」のインパクトも、「反体制作家」アレクサンドル・ソルジェニーツィンの追放（一九七四年）に象徴されるその後の反動と、ソ連崩壊（一九九一年）のために今日すっかり霞んでしまったかに見える。私たちロシア文学の専門家も含めて、いまどれだけの読書人がイリヤ・エレンブルクやワシーリー・アクショーノフ、エヴゲーニー・エフトゥシェンコの作品を愛読しているだろうか。あれほど盛んに翻訳・出版されたにもかかわらず。

正直、かれら「雪どけ」の旗手たちの作品をいま読み返したところで、たとえば同時代をともにした五木寛之の小説と同様、ノスタルジックな時代風景や青春群像がうかがえるだけのことで、そこに先鋭な政治的・文化的アクチュアリティーを感じ取ることは難しい。かれらの作品は時代と場所で共有された生活のコードと密接に結びついている。手元のスマホのネット検索で手軽に知識をつまみ食いするだけの現代の私たちには日ソ国交回復も、スプートニクやガガーリンも、なんの驚きも反響をすら呼びさまさない。「雪どけ」はもはや死語にひとしい。思えばそれは、六十年を経ても、いまだあの国と平和条約を結ぶにいたらない国情と軌を一にしているのかもしれない。

本章は、「雪どけ」の現場にリアルタイムで参加したロシア文学者たちのつかの間の姿を、かいま見る試みである。

原卓也、江川卓、木村浩、安井侑子など、アクショーノフやエフトゥシェンコとさかんに意見を交わし、酒を飲み、生き生きとその場の当意即妙のやりとりに反応し、同じ場を共有したロシア文学研究の先達たちの姿を、作家・島尾敏雄（一九一七―一九八六）の未発表資料をもとに再現する。

思うに「研究」という営為は、ある種の驚きや感激から始まるのだろう。なにやら新たな事態、未知のコトバや作品に触れて感激し、知りたくなる。知りたい思いが歳月とともに積み重なって、研究成果につながるのだ。原、江川、木村、安井たち「雪どけ」の世代とくらべて、確かに今日のロシア文学研究は概念操作のツールも増え、アーカイヴにも自由にアクセスできるようになり、一見しごく利口に、スマートになったかに見える。反面、現実の作家やテクストはもとより、現場で発せられるコトバに肌で接する感激に乏しく、体感的には非常に貧しくなったようにも見える。文学や書物というものが、かつてほどアクチュアルで必要不可欠な存在でもなくなった現状は言うまでもない。

もう一度「ソ連という時間」のテクストを、フレッシュな驚きとともにとらえなおせないものか。硬直した紋切り型しか生まない知ったかぶりは、もはや時間の無駄である。賞味期限はとうに切れてしまった。私の先達たちの若き日の姿を再現することで、後にかれらから現に学んだいまだ見ぬモスクワへの清新な驚きと期待で一杯だった自己を想起し、かれらへのささやかなオマージュとしたい。

2

島尾敏雄は一九六五年と六七年の秋にソ連・東欧の旅行に出た。六七年の旅行の印象は『夢のかげを求めて』（河出書房新社、一九七五年）という題名で出版され、島尾の行動も細かく記録されているが、六五年については短いエッセイがいくつかあるだけだ。六五年の訪ソで島尾が現になにを見たのか、誰と会い、なにを思ったか、短いエッセイだけではわからない。[1]
島尾の未刊行資料は、現在鹿児島に保管されている。二〇一七年十二月、イリーナ・コジェーヴニコワの島尾宛書簡を閲覧・撮影するため、私は「かごしま近代文学館・メルヘン館」を訪れた。ついでに島尾の未刊行日記も閲覧した。島尾の日記そのものにはソ連・東欧についての記載はなく、別に「ポーランド・ソヴィエト旅行日記」という資料があり、付属資料も含めて膨大な記録がある。記述は奄美を出発した一九六五年九月八日夜からはじまり、十一月十六日の夕方に鹿児島から奄美へ向けて船に乗るまでが記されている。もう一つ「ソ連・東欧旅行手帳」という資料もあるが、こちらは六七年十月から十二月までの旅行記録で、記述から判断するに『夢のかげを求めて』の刊行に際して利用された。

『ソヴェート文学』編集部でコジェーヴニコワと一緒に写った島尾の写真がある。一九六五年といえば、当時四十八歳の島尾は妻ミホと一緒に千葉県市川市の国立国府台病院精神科に入院したのち東京を引きはらい、奄美大島へ移って十年になる節目の年だった。妻の病気は郷里の奄美でいくぶん落ち着きを見せたようだが、連作短篇集として発表中だったとはいえ、大作『死の棘』（一九七七）はいまだ完成していない。国府台病院（私が十一月十五日に誕生した病院。何度も母の見舞いに訪れた）の隔離病棟でミホと一緒に写った島尾と、モスクワでコジェーヴニコワと一緒に写った島尾と、別人のように顔がまるきりちがっている。もともとハンサムな男性だが、モスクワの島尾敏雄は、それこそ映画俳優（日本版マストロヤンニ）のように写っている。

島尾は「第一回日ソ文学シンポジウム」に参加するためモスクワへ出た。会期は一九六五年九月三十日から十月二日までで、モスクワの文学者中央会館会議室で開催された。テーマは「現代文学におけるヒーロー」というものだった。「ポーランド・ソヴィエト旅行日記」によると、島尾は九月十七日午前に横浜で「バイカル号」に乗船、ロシア文学者の木村浩と同室だった。九月十九日にナホトカ入港、翌日午後にハバロフスク着、夕方の飛行機でモスクワに向かった。モスクワの宿は「レニングラーツカヤ」ホテル。部屋は「五三〇」でやはり木村浩と同室だった。翌二十一日、ソビエト作家同盟の作家たちとシンポジウムの打ち合わせをした後、市内見物に出た。二十二日はトルストイの家、ドストエフスキーの家を訪問し、ボリショイ劇場でオペラ《スペードの女王》を鑑賞した。その後列車でレニングラードへ。

二十三日、ヨーロッパ・ホテルに投宿、市内観光。二十四日、ペテルゴーフへ。「バービエ・レータ」（九月中旬から下旬にかけての晴天。その後は雨模様の寒い日々が来る）で良い天気が続いた。二十五日、飛行機でモスクワへもどり、アルメニアのエレヴァンに発った。二十八日夕方の飛行機でモスクワにもどった。ウクライナ・ホテルに投宿、井上光晴と同室だった。

もっとも、記録は毎日書いていたわけではなく、後日記憶をもとに何日かまとめて書いた部分が多い。二十九日の記述には「この日のことははっきり覚えない」とある。「十月十二日ワルシャワにて」と書き加えられている。夕方、翌日のシンポジウム初日を控えて、ソ連作家たちとの会食に招待された。エレンブルク、シーモノフ、アクショーノフ、エフトゥシェンコが同席していて、原卓也が通訳をした。エレンブルクが夫人と初来日した一九五七年春、夫妻の通訳兼案内役を務めたのが原だった。「若い通訳のハラ君」とエレンブルクは回想録『人々・歳月・生活』に記した。「ヒーロー」と日本語にしてしまうと語弊があるかもしれない。ロシア語では「英雄」の意味もあれば「主人公」の意味もある。残された会議の記録から判断するに、シンポジウムの趣旨は「現代文学において人間をどう描くか」という点にあった。「現代人の姿を両国の文学がどのように解明しているか、人間をどのようなものとして見ており、人間にどのようなものを期待しているか」——図式的・固定的な見方ではなく、急激に変動する現代に生きる人間のダイナミズムをどう有機的に描くことができるのか意見交換するのが目的であると、開会の挨拶に立ったヴィターリー・オーゼロフは述べている。[2]
日本側は長谷川四郎を団長とし、井上光晴、泉大八、小田実、島尾敏雄、菅原克己、中薗英助、中村真一郎、針生一郎、宮本研が出席。同時期に開催された「日ソ翻訳者ゼミナール」に参加した江川卓、原卓也、木村浩、中里迪弥、水野忠夫、工藤幸雄（中村融、丸山政男も）、べつにソ連滞在中だった大原富枝、奥野健男、田村泰次郎も加わった。ソ連側からは最古参のエレンブルクをはじめオーゼロフ、アレクセイ・スルコフ、アナトーリー・ボチャローフ、コンスタンチン・シーモノフなどソ連作家同盟のお歴々のほか、有名なところではエフトゥシェンコ、アクショーノフ、ユーリー・トリーフォノフ、ロマーン・キム、アルカージー・ストルガーツキー、ヴェーラ・マールコワなどが出席した。[3]
会議当日の各出席者の発言記録は、雑誌『新日本文学』（一九六六年一月号・二月号）に掲載されている。ソ連側の通訳はイリーナ・リヴォーワ、ロマーン・キム、日本側の通訳には江川卓と原卓也があたった。原の自由自在なロシア語にあっけをとられたと、参加者の一人だった中村真一郎は回想する。ほかにモスクワ滞在中だった安井侑子も通訳をつとめたと、中村は書いている。[4]島尾は会議当日の詳細な座席表を記録し、ソ連側参加者一覧表に「現代に於ける人間」とシンポジウムの趣旨を日本語でメモした。会期中の発言者と発表テーマを次に記しておく。
［九月三十日］
オーゼロフ「開会の辞」、針生一郎「近代日本文学のヒーロー」、ボチャローフ「現代人の発見」、井上光晴「広島と三池」、エレンブルク「人間の調和的な発展のために」、中村真一郎「一つの魂を全体的に描く」、サムイル・アリョーシン「コンベアー時代の労働者」
［十月一日］
長谷川四郎「歴史をつくる人間」、エフトゥシェンコ「すべての人とものが主人公になる」、小田実「複雑な世界と複雑な方法」、キム「007と文学のカルテル化」、アクショーノフ「新しき世代のヒーロー」、中薗英助「戦士は泰平にむかって槍を投げる」、宮本研「非英雄の時代の主人公」、アナトーリー・グラジーリン「テレビ時代の文学」
［十月二日］
菅原克己「無名の民衆の詩」、トリーフォノフ「ドキュメントの方法」、島尾敏雄「なぜ私は書くのか」、アナトーリー・マモーノフ「人間の真の感情」、泉大八「底辺から頂点までを批判する眼」、ストルガーツキー「未来の世界の青写真」、江川卓「日ソ文学者の共通基盤はなにか」、ボリス・リューリコフ「リアリズムの統一戦線」、針生一郎「相互の無理解の壁をこえて」

個々の発表についてここで論じることはしないが、記録を読むかぎり、エフトゥシェンコがあたかも火を焚きつけるかのように（エフトゥシェンコ特有のヴォルテージの高い調子が日本語訳からもうかがえる）重鎮エレンブルク（すでに退席していた）のブーニンとトルストイをめぐる発言にかみつき、ノーベル文学賞辞退の記憶もまだ新しいパステルナークの名前を援用しながら、社会主義リアリズムの通念をめぐって異論を述べているところ、キムがスパイ小説さながらに、出版界が映画界と結託して小説（表面的にはジェームズ・ボンドの原作者イアン・フレミングのことを言っているのだが、キムの言説には幾重にも底がある）を「カルチャー・インダストリー」の商業主義と覇権的軍事侵略（キムは朝鮮半島でのアメリカによる虐殺を糾弾する）の道具にしたことを批判しているところが興味深い。

小田実や井上光晴がスターリン主義批判やベトナム戦争反対運動に言及しながらソ連側発表者に対してさかんに質問やコメントを寄せてはいるものの、じゅうぶんに聞き取れない同時通訳の制約のせいなのか、総じて議論はかみ合わず、会議自体も盛会に終わったとも思われない。各人が各人の勝手な意見を開陳し、小田や井上のような応答が散発的にあったにせよ議論としては全体的に低調で、日ソ双方の出席者にとって幅広い生産的な文学展望につながることもなかったように見える。

島尾の記した座席表によるとキムの隣に座っていた木村浩が、このときのキムの「挑発的な発言」を回想している。


「日本の大出版社はアメリカ帝国主義の影響の下にあって云々」といったもので、その場にいた私は〈キムさん、どうかしたのかな？　あんなことを大声で喋ったりして……〉と、不審に思ったものだ。ところが、その晩キムさんは私に「きょうの発言は日本の皆さんをけしかけて、日本側から威勢のいい意見を引きだすために、わざとやったことなんですよ。なにしろ、こちらの連中は二言目には〈アメリカ帝国主義の手先〉という発想ですからね」と笑ってみせた。もちろん、それに違いなかった。だが、日本側出席者たちの一部は〈日本語がばかにうまい、推理作家と称する得体の知れぬ朝鮮人が何をいっているのか〉という受け取り方だったように思う。[5]

日ソの国交が樹立してすぐに開催された「日本文学の夕べ」（一九二五年四月）で日本の自然主義小説（私小説）に対するアンチテーゼとして芥川龍之介を翻訳し、プロットと小説の技法に富む芥川作品をソ連聴衆に紹介したキムだったが、かれによる芥川の翻訳作品集も結局出版されずに終わった。親しくしていた作家ボリース・ピリニャークとともに、モスクワ滞在中の秋田雨雀、鳴海完造、米川正夫、中條（宮本）百合子、湯浅芳子らと盛んに交際したキムだったが[6]、じつはかれは秘密警察と深く関わっていた。[7]シンポジウムで、キムが内心なにをどう考えていたのか、キムと親しくしていた木村浩でもわからなかったにちがいない。数多くの謎をかかえたまま、キムはシンポジウム二年後の一九六七年五月に他界した。

3

さて、島尾敏雄の口頭発表である。島尾の発表は記録では「なぜ私は書くのか」と題されているが、草稿にそもそもそのような題名はなかった。おそらく掲載にあたって『新日本文学』編集部が適当な名前をつけたのだろう。のちに『島尾敏雄全集 第十四巻』には「シンポジウム発言草稿」と表題を変えて収録された。[8]
「かごしま近代文学館・メルヘン館」に保管されている「ポーランド・ソヴィエト旅行日記」の十月一日に、島尾は「ひとりおそくまで起きて（三時頃？）明日の意見発表の原稿を書いた」と記した。日記にはさまって、このときの草稿と思われる文書が出てきた。島尾は作家特注の原稿用紙を使わなかった。市販のありふれた原稿用紙である。裏から見て右上が破れており、島尾特有の細かい丸っこい字で、マス目にはしたがわず裏から表へタテに書かれている。『新日本文学』に掲載されたテクストも、『島尾敏雄全集 第十四巻』に収録されたテクストも、「ポーランド・ソヴィエト旅行日記」とともに保管されていたナマ原稿と総じて内容に変わりはないが、細かい表現のニュアンスに異同がある。さすがに原稿現物であるから、書き直しの箇所が目を引く（以下、ナマ原稿にもとづき引用する）。
「現代文学におけるヒーロー（英雄・主人公）」をめぐって島尾はいろいろな意見を聞いているうちにわからなくなり、考えがまとまらないまま絶望的な気持ちで登壇した。「私はこの二日間［三日間の会期中、島尾が登壇するまでの二日間］とてもくるしかった」。それで自分個人にとっての小説観を述べたものらしい。ナマ原稿でいちばんに興味深いのは、書き直しの目立つ部分が、「トッコウタイ」について島尾が言及している箇所であることだ。島尾にとっての死とモノを書くこととの近似・近接を述べた部分である。

［原稿用紙ウラ］
「死は幸福なことに私にも近づき、私はそれに反応を示してきた　このあいだの戦争のとき、いわゆるトッコウタ

イの隊員となって、敵にぶつかって敵に或る損害を与えるかもしれないが自分は必ず死ぬことになっている　突撃の命令が下るのを一年半も待たされた
［挿入］
「ようやく待ちに待った命令が来たと思ったら、敵は気まぐれにもわきにそれて、私は敗戦前日の日に居たことを知った。
「結果はひとつの戦闘も経験しないで（というのは私の場合最初の戦闘は即ち最后の戦闘になったから）［カッコで挿入］戦争は終り、死は私をつかまえないでしばらくは手放してくれている。死は重いけれど、私にはどうにもつかめない。死は女のひとの心に似ていて、つかまえてみたいけれど、つかまえたとたん、逆に私はつかまえられてしまって、起きあがれないのではないかなどとあれこれ想像してみるだけだ
「もう引きかえすことのできない。死の領分に移ってしまった瞬間の人間の意識のことを予感すると　おそろしくてたまらない。
「なんだかそこにむなしい空間があって、もしかしたらそこに宗教が座っているのかもしれない
［原稿用紙オモテ］
「しかしそれを追いだしてしまって、さてそこに私の小説をすえるわけにも行かない　私にできることは〈…〉私が投げこまれているこの世の太った現実をけずってけずってなおその上にもけずってやせほそった細い線に仕上げるような仕事をくりかえすことだ。もちろん私はこの仕事を死がはっきり私をつかんでくれるまでは　つづけたいものだ。」

島尾敏雄は魚雷艇「震洋」の特攻要員となり、一九四四年十月、旧日本海軍震洋特別攻撃隊隊長として奄美諸島・加計呂麻島呑之浦に駐屯した。地元有力者の娘で教員をしていたミホと昵懇になり、目の前に死を控えて、二人の気持ちは神話に近づいた。一九四五年八月十三日、特攻発動命令が発令されたが、発進命令の出ないまま敗戦となった。その間の事情は島尾の出世作『島の果て』（一九四八）、『出孤島記』（一九四九）、『出発は遂に訪れず』（一九六二）など一連の奄美作品群に詳しい。

とりわけ『島の果て』には死を目の前にした南海の夜、恋人との逢瀬をめぐって、まるで神話のように目のくらむような陶酔が描かれており、とおく夜空に峠から仄見える島影や、ガジュマルの大木の樹影、そこへ聞こえてくる狂女のうたごえなど、島尾敏雄の原風景が平易なコトバで描きこまれている。これをエデンとするならば、さしずめ『死の棘』は東京・小岩に投げ出された二人の堕罪と劫罰の失楽園と受けとめることもたやすい。

この点島尾の草稿は、かれにとって死の宿命、それも避けられない宿命死ではなく、かえっていったん自分から逸れていったからこそその近在を否応なしに感じさせる死というものが、いかに作品を仕上げることと緊密に結びついていたかが明瞭にわかる文章だろう。当時執筆中だった『死の棘』の世界が色濃く映り込んでいる（「死は女のひとの心に似ていて、つかまえてみたいけれど、つかまえたとたん、逆に私はつかまえられてしまって、起きあがれないのではないか」）。

猶予された死、とはいえ、いつまたふいに頭上に落ちてくるかもわからない宙づりにされた死、文学的にはドストエフスキーと近似する。おそらく、妻ミホの凶暴な発作と取っ組みあい、妻もろとも地べたに転げまわる島尾の自画像（それはおそらく映画のワンシーンのように繰り返し脳内再生されている）がこの文章に映り込んでいるに相違ない。作家と狂った妻の「共犯関係」、そのエロスとタナトスなどという小ぎれいな文学用語では片付かない、愛憎もろとも、恐怖も羞恥も、嫌悪も忘我もないまぜになった、強烈な体感が島尾の発言に込められていたものと想像される。

4

エフトゥシェンコがシンポジウム二日目に登壇したとき、唐突にも「特攻隊」に触れてきた。ものを書くとき、詩人だろうが散文作家だろうが社会主義リアリズムの方法やタームを考えるわけではない、書くという時点で「作家が考えるのは自分を通して人間の世界を、この世界を通して自分自身を表現したい」と思うはずだ。ヒトは誰でも死ぬのであって、なんのために死ぬのか、生きなければならないのかを考える。おそらく文脈から判断してトルストイ（そしてアフマートワ）を念頭に置いているのだろう、声高なエフトゥシェンコの発言を引用する。

すべての偉大な人、そのなかには偉大な作家も含まれますが、彼らはすべて死すべき存在です。そして彼らは、平凡な月並みな言い方になるかもしれませんが、特攻隊として、善と正義と公平と同胞愛の種子を地上にまくわけです。彼らはいかにヒューマニステックな言葉で飾られようとも、真の意味では、悪に対して特攻隊の飛行機が自爆していくような形で衝突していくべきものだと思います。〈…〉つまり大事なことは何のために闘うか、何のために生き、死ぬかということです。なぜなら人間にとって一番恐ろしいことは、自分が善のための特攻隊であると考えているのに、突然彼が悪のための特攻隊であったということを理解するときだからです。[9]

発表の内容全体から見て、「特攻隊」云々の箇所はいかにも宙に浮いている。なぜエフトゥシェンコはわざわざそんなコトバを使ったのか。あとで島尾も、トーンも高くリズムよく独唱するかのようにエフトゥシェンコが「ことさらに死を意識することを口にしていたのがなぜか耳にのこった」と記した。[10]
一つの憶測を述べておこう。エフトゥシェンコ自身はなにも日本人を相手にしているから「特攻隊」を持ち出したのではなかった。「特攻隊」を口にするだけのコンテクストが、むろんエフトゥシェンコ特有の声高にすぎるヴォルテージでだが、それを口にするだけの理由が存在していた。私見をさきに言うと、詩人特有の高度な直感で、曲解まじりにエフトゥシェンコは島尾敏雄の死をなぞっているのである。「特攻隊」に言い及ぶことで、エフトゥシェンコは間接的に島尾に呼びかけている。それに島尾は無意識ながらも当惑し、「いくらかはさからい気味」[11]に、低くたどたどしいコトバでおのれの死と書きものの連関をつづることになった。文学者どうしの下意識でのやりとりがあったと仮定したい。
それというのもシンポジウムの始まる前夜に、以下のようなエピソードを島尾が記しているのである。九月二十九日の夜、エレンブルクもアクショーノフも居ならぶ会食の席で島尾は、エフトゥシェンコらを相手に自分が特攻（「カミカゼ」）の生きのこりであることを原卓也の通訳で語り、奄美民謡「ユイスラ」二節を披露した。その島尾にエフトゥシェンコは「目まぜ」してきたのだという。「ポーランド・ソヴィエト旅行日記」から引用する。

夕方何時かにロビイに集まり、そろって作家クラブ（?）の部屋でソ連がわの作家たちと会食に招待される。その席で奥の［奥野健男］、田村泰次郎に会う。奥のとならんですわる。エレンブルグが来ていた。シーモノフ、ぼくの前アクショーノフ、原卓也、エフトシェンコ［ママ］。針生［一郎］の紹介でトッコウタイの生きのこりのことば［この下に「カミカゼと言った」と挿入］出て、アクショーノフ、エフトシェンコが関心を示した。
酔うほどに座が少しみだれ井上［光晴］たちがスターリン主義のコーゲキ（?）のような意見を言い［この下に「大声で」と挿入］、あとでタンコーブシをうたう。そのあと［島尾は］すぐたって、日本のうたはあれだけではない、日本の南のはての小さなシマのうたをうたう（井上がなんだ俺が批判されてるみたいだなと言っている、ただし、小さなこえで、）と言ってユイスラを二節うたう。自分でもこころよくうたえた。

この場の空気を想像するとじつに愉快だ。エレンブルク、エフトゥシェンコ、アクショーノフなど同時代ソ連のそうそうたる作家たち（「雪どけ」の旗手たち）を前に、仲間のうたう上品とは言えない炭坑節に対抗して島尾敏雄が奄美民謡をうたいだす。「トッコウタイの生きのこり」と紹介された島尾の込み入ったユーモアがうかがえやしないだろうか。私の師・原卓也の若き日の姿がしのばれる。

その解釈をきかされ、カンタンな文句を言う。原卓也訳す。エフトシェンコ目まぜしてくる。対照的ななにか。

いいや、ユーモアばかりでもないのかもしれない。そもそも井上光晴が翌日のシンポジウム初日に「広島と三池」について演説することにかんがみれば、井上が「タンコーブシ」をうたったのも、たんなる酔いにまかせた気まぐれとも言い切れない。原子爆弾の被害と三池炭鉱ストライキに代表される反産業資本主義闘争こそ、日本国民の置かれた現状であると井上は断じた。[12]その直情的な性急さをなだめるかのように島尾は「ユイスラ」をうたう。奄美も沖縄と同様、本土の帝国主義的〈近代〉に収奪されてきた。しかも米軍の基地問題が居残っている。島尾は深く考えたわけでもないだろうが、おそらく反射的に、日本〈近代〉を乗り越え、相対化しうる「ヤポネシア」「琉球弧」の視座をユイスラ二節にゆだねたのだろう。

およそ島尾が「現代におけるヒーロー」などという、いかにも「文学的」で誇大なテーマに関心を持っていたとも思われない。大上段に構えて「ブンガクとは」「小説とは」「ニンゲンとは」などという議論に大して興味もわかないけれど、自分にしつこくとりつき、小説（というより、島尾からすればただのキレイゴトにすぎない文学的装置も、あらゆる細工も極力ご破算にした剥き出しのルポルタージュ）を書く由縁となったわけのわからない、やむにやまれない個人の体感なら話すことはできる。

文学的議論ではなく、「トッコウタイ」だった自分と奄美の台風のように逸れていった死の宿命、そのイメージと絡み合う自然現象のようにままならない女性を語る（死ななかったことが良かったのか悪かったのか、おそらく当人にもわかっていない）ところに、おそらくは島尾敏雄の創作はもとよりニンゲンの生地がある。その生地におそらくエフトゥシェンコは気づいたのだろう。

島尾はソ連の有名詩人の「目まぜ」に「対照的ななにか」を感じた。「目まぜ」とは「目くばせ」を意味するのか「ウィンク」を意味するのか、正直いまひとつわからない。いずれにしても、自分のかかえる体感・イミとは対照的な違和感をおぼえた。エフトゥシェンコとしては「死」に近接している日本の一作家（おそらくは同志）をその場に認めたことを「目まぜ」で島尾に知らせたかった。「つまり大事なことは何のために闘うか、何のために生き、死ぬかということです。なぜなら人間にとって一番恐ろしいことは、自分が善のための特攻隊であると考えているのに、突然彼が悪のための特攻隊であったということを理解するときだからです」。エフトゥシェンコは特攻の不条理を弁ずる。とはいえ、島尾のために言っておくと、八月十三日に発動命令を受けて、島尾は特攻することもなく敗戦になった。そこに島尾の特異な「死の無意味」があった。

いずれにしても島尾の打ち明け話とユイスラ節が記憶に残って、エフトゥシェンコは会議二日目に「特攻隊と死」を弁じた。いっぽうの島尾は、エフトゥシェンコがシンポジウムの壇上でことさら死を語っていることを気にした。それも、酒席でのなかば忘れられた意識外の記憶が島尾に潜在していたからだろう。

南海からはほど遠いモスクワで奄美民謡をうたう島尾敏雄。十九世紀以来「検閲」にさらされつづけ、「雪どけ」ですこし楽にはなった（とはいえ、やがてひどい反動が来る）ロシア人作家が、国外へ出て妻の検閲と詰問（最期までやむことはなかった）から一時的に自由になった日本人作家の歌声にちんぷんかんぷんながら耳を傾ける。それにしても、同国人とはいえ東京人にはわからないその歌詞を、原卓也はどう訳したのだろうか？

うたいながらもユイスラ節の歌詞（白い鳥／海に出る男を守護する姉妹のウナリガミ）、その体感が、島尾の原体験（アメリカ艦隊に突っ込む魚雷艇／奄美の台風のように逸れていった死の宿命）を「カミカゼ」と手軽な紋切り型でくくりたがるロシア人はもとより、同国人とはいえ東京で活躍する中央文壇人たちにも伝わらない。そのもどかしさ、意味と体感のズレが、シンポジウム最終日の島尾に「トッコウタイ」の自分と小説の関わりを語らせた。エフトゥシェンコの「目まぜ」に感じた違和感と、詩人がことさら特攻隊と死を弁じた記憶が協働して、眠られず明け方の三時までかかって、核心を手探りしながら、地べたに文字の這うがごとき「意見発表」の草稿を島尾に書かせる淵源となった。

5

島尾は無理をせず、なにもこしらえず、自分に正直な発表をした。ありのままの島尾の自然なコトバは、通訳を介してとはいえ、数人のロシア人聴衆にも届いた。直感的に島尾は、ロシア人聴衆に対するときの王道を行ったのである。かまえずこしらえず、まっすぐに向き合うこと。もっとも、ロシア人にかぎった話でもないのかもしれないが。

シンポジウムが終わると、思いがけないことに、数人のひとが島尾に声をかけてきた。「ポーランド・ソヴィエト旅行日記」から引用する（例によって別の日に書かれた）。

十月二日（十月十六日 Bristol［ワルシャワのホテル］で）
Symposium最後の日。みんなひと通り意見を発表するということで、菅原、島尾、泉、針生の順でする。ぼくのときリュボーバ［リヴォーワ］通訳（そばに江川［卓］が居た）詩的な表現でよくわかりましたと彼女言う。自分の席にもどってくるとき、НИНАさん［チェゴダーリ、日本語通訳］が握手して、私の心の中をそっくり言ってくれましたという。自分だけ、ひとりごとを言ったことになるのではないかと思っていた。

「予期しないことだったけれど、私はこの自分の短いそしてせまい考え方を通してさえソ連がわの二、三の人たちとのひとつの交通の場が出来ていたことを知った」と、島尾は帰国してから記事を書いた。[13] この「交通の場」に、ひょっとするとエフトゥシェンコがいたことに、島尾が気づいていたかはわからない。

シンポジウムの義務を果たして、日本の作家たちも肩の荷を下ろしたようだ。島尾のメモにかれらのリラックスした雰囲気がうかがえる。それにしても、島尾のソ連・東欧旅行の記録に目を通してまず驚かされるのは、記録の細かさ（それも後日まとめて書いたものがとても多い）はもとより、まるで解き放たれたかのような島尾の奔放な字体である。「審き」を受けているかのような妻との日々から解放されて、のびのびとふるまっている島尾の姿が新鮮である。文筆の仲間たちとこころ置きなく語らい、久しぶりにくつろいでいる島尾が想像される。

島尾に声をかけてきた人物がさらにいた。友人の文芸評論家・奥野健男たちの通訳をつとめていたイリーナ・コジェーヴニコワである。奥野とはシンポジウムの始まる前日に、ソビエト作家たちとの会食の場でたまたま落ち合った。そこで奥野と同行していた田村泰次郎とも会った。奥野からそのときはじめて、通訳のコジェーヴニコワのことを聞いた。「ポーランド・ソヴィエト旅行日記」からの引用を続ける。

二時頃［シンポジウムが］すんでウズベク（？）料理店での会食へ。日ソ文学者たちがいっしょに。奥のたちの通訳のИРИНАさん［コジェーヴニコワ］が、あなたの発表はとてもよかったという。田村、奥の、ぼく、ИРИНА、大原［富枝］の順で席につく。あなたはロシヤ語が少しできると思っていたという奥野が口添えしてはなす。

コジェーヴニコワと島尾敏雄の長い付き合いがこのとき始まった。コジェーヴニコワは奄美まで島尾を訪問したことはなかったけれども、その後新年のカードをまめに送り、来日すると手紙を書き、島尾の娘マヤの病気と治療の心配をした。島尾の没後に撮影されたコジェーヴニコワが島尾の子どもたち（伸三、マヤ）、孫（真帆）と一緒に写っている写真がいくつか、私の手元に残された。島尾がコジェーヴニコワに送ったらしいマヤ（小学校高学年か？）の古い写真も存在する。写真の裏にキリール文字で「МАЯ」とつづられている。「父に連れられて何度かお会いした懐かしい方」と、島尾伸三氏は私に語った。コジェーヴニコワに島尾がロシア語で送った新年の挨拶状（一九六九年）や、家族連名で送った新年のカード（一九七二年）も、私の手元に残っている。

「かごしま近代文学館・メルヘン館」にコジェーヴニコワの島尾宛書簡（新年のカードも含む）が一九六六年から七六年まで、しめて十二点保管されている。たとえば一九六六年十一月一日の書簡は渋谷の消印で、東京・代官山の「Hotel Perfect Room」の封筒と便箋が使われている。トルストイの展覧会で東京に滞在中だ、奥野健男の家の隣のホテルにいる、モスクワ出発前に送っていただいた本を受け取った、とコジェーヴニコワは書いている。原文は日本語をローマ字で記してある。


親愛なる島尾さま！

この手紙を東京から書きます。日本にトルストイ展覧会の通訳として来ました。もう二週間ここにおります。わがホテルは奥野さん［奥野健男］のうちに［の］隣です。そ［こ］から奥野さんと道子さん［奥野夫人］をたびたび会いました。あなたもとっても会いたいです。しかし大島は東京からずっと遠いです。

どうぞヒマがあれば、手紙を書いてください。

あなたの本をモスクワの出発前、受けました［受け取りました］。どうもありがとう。

日本語はとっても下手ですから、その［この］手紙には間違いはいっぱいです。どうぞ、ゆるしてください。

御家族によろしくお伝えください。

以上をもって。

イリーナ

一九六七年の秋から冬にかけて、島尾はコジェーヴニコワとモスクワで再会した。寒いのでコジェーヴニコワは、島尾に女物の手編みのセーターを持ってきてやった。島尾が試しに着てみるとコジェーヴニコワは、シマオさんニテイマス、ニテイマス、という。似合っていますと、でないこの「ニテイマス」が島尾は気に入ったようで、この時の紀行文『夢のかげを求めて』でなんどか触れている。[14] そんなとぼけたところ、日本語のおかしなところも含めて、コジェーヴニコワの体温のようなもの、ぬくもりが、ローマ字を介してでも読む側に伝わってくる書面だろう。

6

島尾敏雄は多少ロシア語ができた。むろん流暢だったわけではない。長崎高商時代、エストニア出身のドイツ系亡命ロシア人の教官から一対一でロシア語を習ったことがあった。以前からロシア語を習いたいと考えていた。ロシア文学に親しんでいた以上に、もとより横浜、神戸、長崎と、島尾の暮らした場所の身近に多くの亡命ロシア人が住んでいて、なんとなく子どもの頃から欧米人一般とも日本人とも違うかれらの生活に関心があった。親近感をすら覚えていた。ロシア人を父に持つ長崎生まれの作家・大泉黒石の著作を愛した。天主堂に近い南山手町で知り合ったロシア人家族を訪ねて、三十年後かれらの越した横浜へ出かけるようなことまでした。

私の部屋の棟と、その向かいの独立した一棟には亡命ロシヤ人たちが住んでいた。思いだせる姓は、ナバルコフ、トルガノフ、セイフリンなどだが、ほかにもっと何家族も住んでいたようだった。〈…〉私は彼らの生活のあいだに自分を見つけることを、快いリズムを伴うものとして感じた。亡命者という弱い立場が彼らに目を伏せがちの姿勢を与えていたことが、私のこころをつかまえて放さなかったのかもしれない。〈…〉なかでもジェーニャ（エフゲニイ）と呼ぶ少年やたくさんの幼い女の子たち（二人のワーリャ、リューヴァ、そしてジナ）のすがたが忘れられない。彼らは私の夢の根の要素のひとつとして、いろいろなかたちで、くりかえし私の意識の上に浮かび上がってくることを繰り返してきた。おそらくは私は彼らをヨーロッパを理解するひとつの架橋となし得ていたのだったか。蹲踞の姿勢のない生活と憂愁の表情に満ちた容貌は私の胸にしみこみ、そして拒否しながら、何かをささやきつづけていた。[15]

さしずめトーマス・マンの小説の主人公が、スラヴ系の少年やロシア人女性にただならぬ「関心」を抱いたかのように、島尾は亡命ロシア人にしたしげな体感をおぼえてきた。それは寄る辺ないかれらの境遇への同情であったのか、あるいはそれと裏腹の優越心であったのか。島尾と同世代の日本人の多くが感じてきた白人への憧れと反感、その表裏一体のアンビバレンスでもあっただろう。
「ポーランド・ソヴィエト旅行日記」には、島尾が書いたキリール文字が散見できる。かなり達者な筆記体も書いているから、付け刃の独学でいいかげんに習ったわけでもないことがうかがえる。島尾の経歴と奥野健男の経歴をかんたんにロシア語で書いたメモが挟み込まれている。字体から判断するに島尾の書いたメモと推察されるが、かりにそうだとすれば付け刃どころか、かなり体系的にロシア語の文法に取り組んだことが見て取れる。知り合いのロシア人からおぼえた言い回しもあっただろう。島尾のロシア語運用能力が、わずかなりともうかがえる箇所をいくつか引用しよう。

帰り［アシュケナージというイスラエルのヴァイオリニストの演奏会からの帰り］のバスの中で少し酒に酔ったら

モスクワの路上で中薗英助と
（「かごしま近代文学館・メルヘン館」所蔵の写真）

しい男に話しかけられた。ヤポニェッツというとしきりに好意を示し、日本語がしゃべれぬと残念な様子をする（舌をむしるようにして）。トウキョーなどアメリカに行くかなど。ホテルの名をきき Я скажу（？）［おれが言ってやろうか？］と何度も言い、なつかしげに握手して別れる。隣りの女性もウクライナと告げてくれる。蜜の花という花道路わきにレンゲのよう。よいにおい。秋おそくまで咲く花という。（十月七日）
おそらく島尾は、決まった停留所にいちいち停車する通常のバスではなく、乗り合いバス「マルシュルートカ」に乗ったのだろう。乗客が降りたい場所を運転手に大声で告げると、停まってくれるバス。モスクワのひとが島尾の投宿しているウクライナ・ホテルを運転手に告げてくれた様子だ。多少コトバが自由でなくとも、親しげに話しかけてくる当時のモスクワの日常が浮かんでくる。もとより、ロシア人とコミュニケーションを取るときにいちばん大切なのは、コトバの正確さや発音ではない。姿勢・姿態としかいえないこちらの雰囲気である。コセコセせずゆったり、たっぷりしていること。神経質にきょろきょろしないこと。
むかし中條（宮本）百合子がモスクワ滞在中（一九二七―三〇）、専門的にロシア語を勉強したはずの湯浅芳子にもまして、ロシア語が大して自由でもないのにあちこちで人気者になったのも、中條の雰囲気がふくよかに、たっぷりとしていたからだろう。おそらく島尾にも、ロシア人が無用に警戒しないだけの余裕が姿勢と雰囲気に備わっていたのではなかったか。亡命ロシア人と多少つきあいのあったことも手伝ったか。いったん死ぬことが決まっていたニンゲンに恐れるものはとうになかったか。いずれにせよ、島尾は日本にいるときよりも、ずっとくつろいでいた。
［ポーランド大使館でビザを受け取って］ホテルにもどり、**интурист**［インツーリスト、ソ連の国営旅行会社。筆記体で記す］で切符を待つ。工藤［幸雄］はホンヤク者のお別れパーティへ、中薗は荷物まとめに部屋に。ぼく待つほどにらちあかぬ **еще билет**［切符まだ？　筆記体］と言うと、くれる。部屋にもどり **ИЛИНА**［**ИРИНА** の誤り、コジェーヴニコワ］に電話。五時に送りにくるという。四時半中薗と下におりる。長谷川、針生と **кафе**［カフェ、筆記体］で別れのビールのむ。**ИЛИНА** さんくる。**НИНА** さん［チェゴダーリ］達待つ。〈…〉**НИНА** さん来なければ、**белорусский**［ベラルーシ、見事な筆記体］駅まで送るという。（十月八日）
多少ブロークンなロシア語かもしれないが、モスクワとそれなりのコミュニケーションの取れている島尾敏雄が想像される。

7

安井侑子が初めてソ連を訪問したのは一九五七年、「世界青年平和友好祭」という大がかりな催しに参加した折りのことだった。翌年、父・安井郁の国際レーニン平和賞授賞式に臨席するため再度モスクワを訪問したが、五九年にモスクワ大学へ留学した。「雪どけ」をモスクワのリアルタイムのその場で見ていた、貴重きわまりない日本の一目撃者が安井侑子にほかならない。モスクワで長期滞在中、安井はエフトゥシェンコ、ベーラ・アフマドゥーリナ、アクショーノフ、オクジャワらと親しくなり、かれらのごく内輪の友人となった。友情は生涯続いた。最近、みなあいついで他界した。オクジャワは一九九七年六月、アクショーノフは二〇〇九年七月、アフマドゥーリナは一〇年十月、エフトゥシェンコは一七年四月、そして安井は一九年二月に逝去した。

二〇一九年九月五日、モスクワ郊外のペレジェールキノで、たまたま私はオクジャワ夫人のオーリャと出くわした。ちょうど三十年前の一九八九年秋、オクジャワ夫妻が来日したとき、私はかれらと顔見知りになった。オクジャワの死後、モスクワでオーリャとなんどか会った。お宅にもお邪魔したが、ここ数年は疎遠になっていた。安井侑子が亡くなったことをオーリャは知らなかった。ユーコがあなたをこちらによこしたのだね、きっと。あのひとはね、ほんとうにお人形のようにきれいだった！　それこそみんなあのひとに夢中になっていたの！　日の暮れるペレジェールキノで、ユーコをめぐるオーリャの思い出は尽きることがなかった。そう、ユーコもいなくなってしまったのね。

一九九五年に東京・神保町の岩波ホールで、マルレン・フツィエフ監督『私は二〇歳』（一九六二年製作）という映画が公開されたが、スクリーンに展開されたソ連の若者たちの青春像は、安井が現に目にしたモスクワの青春群像にほかならなかった。詩や政治を語り、ジャズにのめりこみ、恋愛にのぼせた。身分もない無責任な若者だから互いにすぐ仲良くなれたし、過去も将来も気にせず、損得も考えず、いまある自分の衝動と仲間との付き合いに没入することができた。それはソ連もアメリカも関係ない、時代の青春の一風景にほかならなかった。安井の著書『青春――モスクワと詩人たち』（晶文社、一九八七年）はこの意味で、貴重な時代のドキュメントである。「雪どけ」は二度ともう帰らなかった。

その安井侑子が「安井夫人」という表記で、原卓也や江川卓、さらにエフトゥシェンコとならんで島尾敏雄の「ポーランド・ソヴィエト旅行日記」に登場する。まずはシンポジウム初日の終わった九月三十日の記述から（実際はあとで十月十五日に、まとめてワルシャワで記載された）。


［ウクライナ・ホテルの］部屋で井上［光晴］と三人［奥野健男も同席］飲む。あと江川［卓］の部屋（五四二）に行く。小田実や中村［真一郎］も来ている。原卓也や安井夫人。十二時近く奥の、原、安井と帰ったあと［奥野と原はペキン・ホテルに宿泊していた］中村、小田とカトリシズムと中村の――と大笑いしながら（メアクルパ メアクルパ メアマクシマクルパ）［わが過ち、わが過ち、わがいと大いなる過ちなり］中村がおまえさんは私のはなしをきくギムがあると、いろいろ女のことを。小田がおもしろがって伴奏。水野［忠夫］と中里［迪弥］がきいていた。水野眠ってしまう。二時頃部屋にもどる。

おそらく、島尾の女性をめぐる「過誤」が念頭に置かれている。ミホの「検閲」を恐れてイミを濁したか？　島尾の発表も終わり、シンポジウムも終了した後すぐの十月二日の記述。

> 宴［ウズベク料理店でコジェーヴニコワと知り合った会食］終ってからウクライナ・ホテルの江川［卓］の部屋に。中村［真一郎］、小田［実］、エフトシェンコ来ている。あとでアクショーノフ、グラジーリン［「マリアム（？）スペイン人のような人」と挿入］来る。江川たち、エフトシェンコが安井夫人を呼んでほしいと強く出ている。奥野と先に部屋を出てペキン・ホテルの原卓也の部屋に行く。安井夫人来ている。ИРИНА［コジェーヴニコワ］と田村泰次郎来る。ИРИНАが「ソヴェート文学」三冊もってきてくれた。明日電話をくれるという。
> 〈…〉［ペキン・ホテル近くのサヴリメーンニク劇場で観劇後］奥野の部屋で話していると原から電話がかかり（江川のところに居るとて）［奥野と］二人でウクライナホテルに行く。ロシヤ人たちはもう帰っていた。江川がエフトシェンコをつきとばしたという。原が自分と安井夫人に本をほしいという。安井さんも読んでみたいと言っていたという。島へと出発を部屋からもって来て呈す〈…〉江川、原がぼくの小説に親近を示す。ロビイで奥の、原、（ペキンホテルに帰る）と別れる。奥のは明朝モスクワを出発し、プラハ、ワルシャワ経由パリに行くはず。〈…〉

引用中「島へ」とあるのは、一九六二年に新潮社から刊行された作品集『島へ』、「出発」とあるのは六四年に同じく新潮社から刊行された作品集『出発は遂に訪れず』のことである。江川卓が「エフトゥシェンコをつきとばした」というのは、いったいなにごとだろうか？「安井夫人」をめぐって、おそらく原、江川、エフトゥシェンコのあいだで、なにやら恋のサヤ当てが演じられた模様である。あの謹厳きわまりなかった先生がたが、といまこの場で文章をつづりながらつい笑いを禁じ得ないのはたぶん私だけでもあるまい。エフトゥシェンコが安井侑子にえらくご執心で、ウクライナ・ホテルまでクルマの暴走運転をしてはパーティを開け、ユーコを呼べと中村真一郎に強制したという。[16]
島尾の記述に見えるのは、おそらくそのときのエピソードだろう。いまや微笑ましい過去の一エピソード、もうもとにはもどらない映画フィルムの一コマだ。そういえば、エフトゥシェンコがこれまた唐突かつことさらに、シンポジウムの壇上でイタリア・ネオレアリスモ映画と並んで新藤兼人『裸の島』に触れていたのも、もとより映画への関心が深かったとはいえ、おそらくは安井侑子の気を引くためだったのかもしれない。安井は一時イタリアの映画人と交際していた。

シンポジウムのあと、島尾敏雄はポーランド（当初はドイツもまわるつもりだったがやめにした）へ出かけることを希望し、招待状やビザの手続きにしばらく追われる。十月六日の記述にソ連日本文学者との懇談会で、万葉集の研究と翻訳で有名な日本文学研究者アンナ・グルースキナと会ったとある。古事記・万葉集に通じていた島尾とグルースキナがなにを話したのか興味深いが、なにも伝わっていない。おそらくその場にはコジェーヴニコワも同席し、彼女の先生にあたるマールコワ（松尾芭蕉や石川啄木の翻訳で有名）もいたことだろう。グルースキナもマールコワも、高名な日本学者ニコライ・コーンラドの弟子であった。別のメモ帳に、三遊亭圓朝『牡丹灯籠』や芭蕉の翻訳のことが記されている。マールコワのほか、アルカージー・ストルガーツキーも同席していたか？

江川卓、水野忠夫、中里迪弥、中村真一郎、小田実らに見送られて、工藤幸雄、中薗英助といっしょに島尾がポーランドへ発ったのは十月八日の夕方だった。「江川が抱きついてきて本を送ってくれという。シマオさん好きだという」。コジェーヴニコワのアテンドで、ベラルーシ駅に向かった。島尾敏雄のポーランド滞在は約十日間だった。

一九六五年秋、原卓也は三十五歳、江川卓は三十八歳、安井侑子は二十七歳、エフトゥシェンコは三十二歳。モスクワで、当時四十八歳の島尾敏雄は図らずも、遅咲きとはいえ日本のロシア文学研究の「青春群像」を写し撮った。あるいはそれは、戦後の日本そのものがまだ威勢の良かった時代の記録だろうか。

8

私は他人の写真を見ることが好きである。他人の視角から切り取られた風景を見たりヒトを見たり、そこに映し出されたヒトの生活と時間を想像することが、なによりも好きである。なにもプロの写真でなくとも構わない。プロの写真はかえって斜に構え、ブンカの顔をこしらえている。

購入した古書のなかから、以前の所有者（あるいはその友人・知人）らしい人物の古い写真が出てきたことがある。はじめは気味悪く思ったけれど、一九五〇年代中頃の撮影とおぼしきその古い写真を見つめているうちに、写し取られた人物の服装や表情から当時の天候が想像され、街や境遇が想像され、家族構成や職業などが見えてくるような気がした。

じぶんの写真、とりわけ自分の過去が切り取られた写真を見ることはしない。おおかたは処分した。過去はもう死んでしまった。フィルムの映画と同じでいったん通り過ぎ、焼け、損なわれれば再生不能だ。不可逆が時間のサガだ。音楽も芝居も、もとより映画も、不可逆のプロセスにイミがある。写真はその不可逆の生活の一瞬をとらえた、水中のぞきメガネのようなものだ。

反面、ちかごろは写真を撮ることのイミがひじょうに希薄になった。料理を見れば写真に撮り、飲み会に行けば写真を撮り、風景はむろん趣味の模型、ファッション、買い物、なにからなにまでスマホの写真に撮る。まさか一瞬先はヤミだから、すべて消えてしまうのだからと言わんがために、強迫的に写真を撮るわけでもあるまい。撮影の特別なイミは失われた。

小津安二郎の映画『麦秋』（一九五一）のラストで、家族全員正面を向き、記念写真を撮る。映画としては破格の異様なスクリーンである。一瞬後には、この家族は離散してしまう。娘は遠くへ嫁に行き、息子夫婦は医師として開業し、老夫婦は奈良へ隠遁する。「いまがいちばん良いときかもしれないねえ」「そうですねえ」——確証もないことを、飛んでいく風船をながめながら老夫婦はなぞりあう。画面とコトバが脳裏で結びつくとき、撮影のストーリーが動き出す。

長年他人のアーカイヴと付き合ってきたが、最初はイミの見えない他人の遺した古い写真の瞬間が別の資料でウラがとれたり、背景が見えたり、当人はもとよりほかの人物の遺した日記に写真の場面が記されていることがわかると、私は小津の映画を思い出す。写真のうえで止まった時間が顫動し、流れはじめるのを身体で感じる。時間のなかで失われていた声が聞こえはじめる。

ここに数葉の写真がある。白黒の、もう半世紀以上も前のきわめて古い写真だ。ベッドのうえに大きな白い犬が寝そべり、そのまわりで男性三人、女性二人が写っている。手前にも大きな褐色らしい犬が写り込んでいる。男性のうち二人は日本人で、二人ともネクタイを締めている。島尾敏雄と中里迪弥だ。中里の右隣にイリーナ・コジェーヴニコワがいる。笑顔が若々しい。犬はボルゾイという種である。いずれの写真も、コジェーヴニコワが遺した文書のなかにまぎれていた。同じときに撮影された写真が数点、「かごしま近代文学館・メルヘン館」に保存されている。
十月十九日の朝、中薗英助と一緒にポーランドからモスクワへ戻ってきた島尾敏雄の記録に、中里迪弥の名前が頻出するようになる。同時にコジェーヴニコワの名前。島尾の担当がチェゴダーリ（ニーナさん）からコジェーヴニコワ（イリーナさん）に替わったのだろうか？　インツーリストはもとより内務省の管轄である。それ以上に、個人的なシンパシーが通いはじめていた。

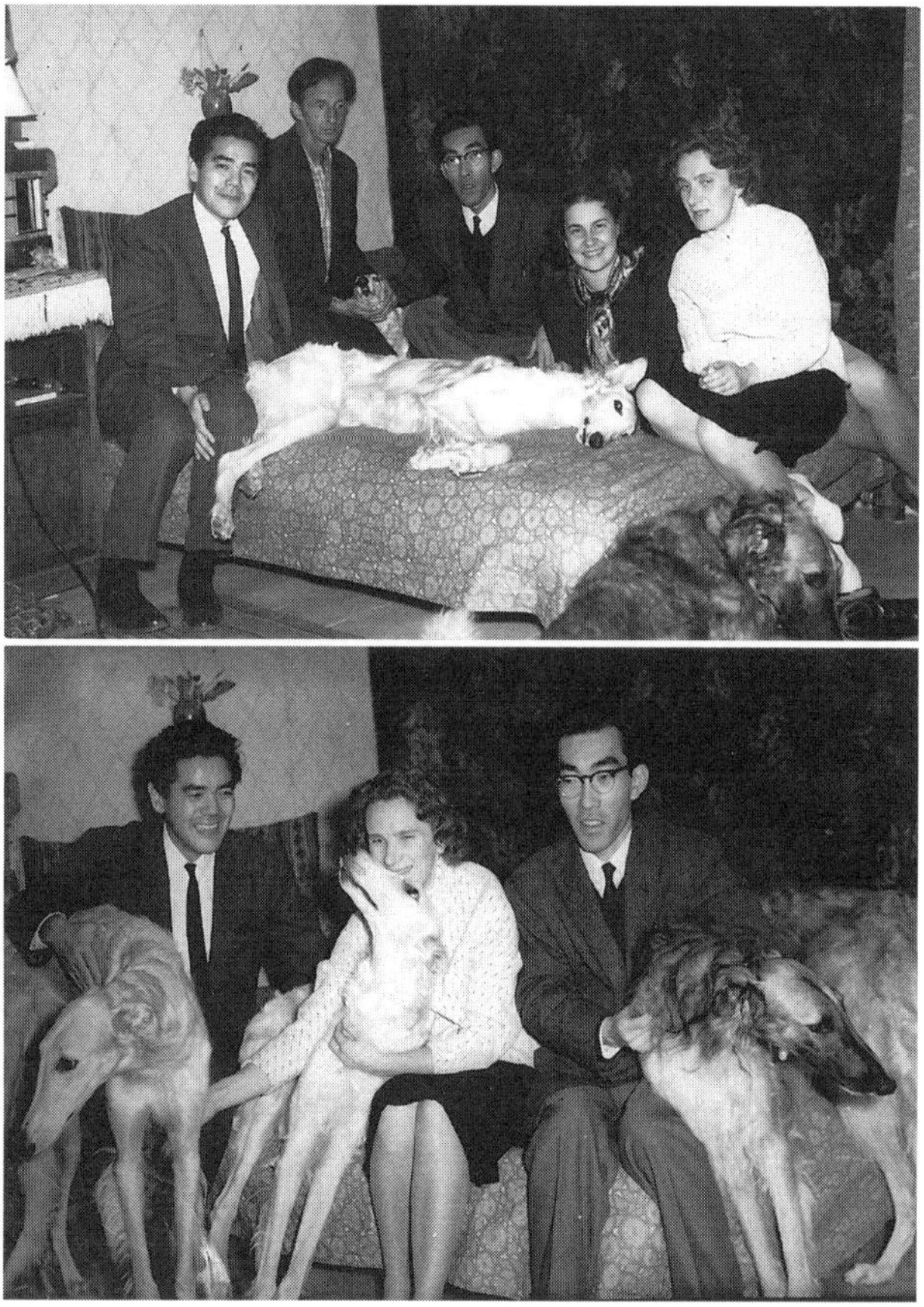

1965年10月22日、ボルゾイのブリーダーの家で
（太田所有の写真）

部屋［ナツィオナーリ・ホテル］にもどりИРИНАさん［コジェーヴニコワ］に電話。午后はどこに行ったか心配したという。出発は遂に訪れずをよんだ［原、江川に呈した

ボルゾイのブリーダーの家で
（「かごしま近代文学館・メルヘン館」所蔵の写真）

のと同じ時に島尾は献じた」、分らないところもあるがとても気に入りましたという。中里と仕事をしている。中里が電話かわりいきさつを彼の言い方で述べる。（十月二十日）

中里迪弥は作家・中里介山の甥にあたる。島尾敏雄は中学の頃より大学生になるまで中里介山の大長篇『大菩薩峠』を愛読した。十八冊を読破した。戦後生き残って帰還したとき、その続編が出るのを待ち焦がれた。「しかし作者はなくなり、遂につづきが読めませんでした。どうして影響を受けないはずがあるでしょう。」[17]
中里迪弥はこのとき、コジェーヴニコワの案内で雑誌『狩猟と狩猟業』の編集部を訪ねていた。中里は伯父の介山から東京奥多摩・羽村の土地を受け継ぎ、好きな狩猟に打ち込んだ。モスクワでも狩猟への関心から猟銃の店に立ち寄り、銃を担いで猟犬を連れている知らない男に声をかけた。同好の士はたがいを見分け、胸襟を開き、コトバを超えてよく理解した。ロシア文学研究者としては異色で、鳥獣の名前や鳴き声はもとより猟犬に詳しく、その視点からユーリー・カザコーフの翻訳のほか、ロシア文学をめぐって独自のエッセイを書いた。

わたしをこの編集部へつれてきてくれたのは、イリーナさん［コジェーヴニコワ］という日本語のかなり達者な女性だった。むずかしい言葉やこみ入った会話になった時には通訳してくれるということになっていた。ひと通りの挨拶や紹介がすむとあれこれ［副編集長ヤストレボフ、外国欄担当ホロストフと］話し始めた。だいたい鉄砲射ちというのはすぐにおたがいの心が通じあうものである。それに話題にことかかないのが常だ。いろいろな狩猟用語がとびだしてくる。ポイント……、地鼻……、高鼻……、忍び……。わたしたち三人でこんなことを話している時、イリーナさんは目を白黒させていた。なにを話しているかわからなかったのである。[18]
のちにコジェーヴニコワはひとを介して、中里に野鳥の声を録音したレコードのセットを贈った。中里は彼女の気づかいを非常に喜んだが、その八ヶ月後の一九六九年四月、不幸にも中里は猟銃で自殺した。介山の遺産をめぐる親類・縁者との骨肉のあらそいに嫌気がさしての自殺だった。享年三十二歳。
原卓也の授業でカザコーフの短篇『テディ』を購読したことがある。たしかロシア語を勉強して二年目のことだった。原が学生をあて学生が訳読し、それに原がコメントを寄せるという昔ながらの訳読の授業で、大してよくも理解できず、真面目に取り組んだもののさほど関心もわかなかったが、いまであれば印象もちがったかもしれない。中里迪弥のことを原が口にしたかもしれないが、まったく記憶にない。いろいろ鳥獣の名前が出てきたが、辞書を引くのが煩わしかっただけだ。作者はもとより訳者のことを聞いておくべきだった。コジェーヴニコワや島尾のこと、エフトゥシェンコのことを聞くべきだった。学生は常に恩知らずである。思い知ったときはいつも遅すぎる。
中里の自殺は島尾敏雄にとっても衝撃だったようで、『日の移ろい』（一九七二年四月十二日の記述）にそのことが触れられている。介山に昔から関心があったから読んだ伝記に迪弥のことが書いてあり、自殺はもとよりその背景にショックを受けた。中里の自殺当時島尾は自転車事故で入院していたため、そもそもかれの早すぎる、暴力的な死を知らなかった。東京からわざわざ電話してきた来日中のコジェーヴニコワからそれを初めて知った。長くなるが引用する。

夜、自治会館からの帰りに買ってきた柞木田龍善というひとの『中里介山伝』を読んでいると、中里迪弥のことにふれた箇所にぶつかった。そこには七十歳を二つ三つ越した、彼の叔母であるひとの日記から引用されていて、その中に書きこまれている中里の様子が異様であった。〈…〉私の中の彼は犬と猟に執着した若い希望に満ちたロシヤ文学研究者としてのすがたである。モスクワでは彼とイリーナさんの三人で、バルゾイ犬を飼っているひとをアパートにたずねた。東京ではニーナさん［チェゴダーリ］の伝言を伝えるためにどこに居るかわからぬ私を終日さがしつづけた。そのときの彼のむきだしの好意にたじろぎながら、しだいに彼とかかわって行くことを運命のように観念しはじめていたと思えるのである。そして彼は猟銃で自らを撃ち貫いて死んだ。事故で入院していた私はそれを知らなかった。たまたま来日していたイリーナさんが東京からの電話の中でそのことを言ったのではじめてわかったのだった。退院して帰宅すると、彼の編集したその伯父の『大菩薩峠』の新装本が送られてきていることを知った。で彼のことを考えたけれどどきどきした気分が尾を引くばかりで、結局はよくわからず、死んでしまったことは残念だ、と思えるだけだ。[19]

私の手元に残った写真は、島尾と中里、コジェーヴニコワの縁（えにし）をいまに伝える貴重なものだ。島尾敏雄という稀有な作家を日本現代文学史に位置づけるイミからも、中里迪弥という早世したロシア文学研究者を記念するイミからも、コジェーヴニコワを通じた二人の「運命的な」つながりを無視するわけにはいかない。

七時前中薗［英助］とタクシーをホテルの前でやっとひろいウクライナ［ホテル］に行く。〈…〉ぼくは中里のところへ（六〇六）。八時六階のロビイに二人［島尾と中里］でИРИНАさん［コジェーヴニコワ］を迎える。ビールと目玉焼、カニのかんづめなどで話す。ぼくの特攻隊の経歴、カトリクとプロテスタントのこと、いかに死ぬか、と如何に生きるかというようなこと（前者中里、後者ИРИНАさん）などなど。〈…〉中里とИРИНАさんをタクシーでその家の近くまで送る。いっしょに短篇を読んでほしいという。中里の心得顔。再び彼の部屋へもどり、即席ラー

メンごちそうになる。介山の大菩薩峠のこと。十一時過下まで送ってもらう。タクシーを待ち彼が行先を念押しする。〈…〉（十月二十一日）
コジェーヴニコワを通じて、島尾と中里がだんだんと胸を開き、日ごとに気持ちと行動を近づけていく様子が「ポーランド・ソヴィエト旅行日記」の記録一つ一つからわかる。島尾の特攻隊の経歴をもとに中里が「いかに死ぬか」、コジェーヴニコワが「如何に生きるか」を語ったというエピソードは、中里が四年後に猟銃自殺することや、コジェーヴニコワが日本との関わりをますます深めて仕事の幅を拡げていくことにかんがみれば、その後の三人の生き様を示唆しているかのようで、ひじょうに感銘深い。
ひょっとするとヒトの言動には、たとえなにげないものでも、種子のようなかたちでその将来がすでに胚胎されているのかもしれない。島尾の「ポーランド・ソヴィエト旅行日記」から、三人でボルゾイ犬のブリーダーを訪ねたくだりを跡づけよう。

9

島尾の記録によれば、中里と一緒にコジェーヴニコワの案内でボルゾイ犬のブリーダーを訪問したのは十月二十二日のことである。その前に、中薗英助もいっしょに赤の広場へ立ち寄って写真を撮った。今に伝わる島尾、中薗、中里の写真は、このとき撮影されたものである（「かごしま近代文学館・メルヘン館」の所蔵）。

［ナツィオナーリ・ホテルから］地下道を通って赤い広場に行く。くもっているが気温は大分ゆるんでいて寒い感じはない。バシーリー寺院内見学（二十コペイカ）。［クレムリンの］城内にちょっとはいってみる通路だけ。レーニン廟番兵の交替時（二時）の行進を見る（三人）。中薗、キム［ロマーン・キム］氏に会う為先に帰る。中里と二人歴史博物館（ミルクをかぶったソフトケーキのような建物）にはいったが二時間もかかるというので三つの室を素通り（考古学出土品など）しただけで、出てタクシーでウクライナ・ホテルに。〈…〉

つづいて二人は木村浩、丸山政男も連れて、コジェーヴニコワの職場である『ソヴェート文学』編集部を訪ねた。「ガイサリヤン氏ともう一人［おそらくБ・アファナーシエフという編集員］と三氏［木村、中里、丸山］ソビエト文学編集のことについて話し合っているのをそばできく。コジェフニコバさん［ここではじめて島尾はキリール文字でなくカタカナで表記する］がそばで通訳してくれる。黒田氏［黒田辰男］のやり方に対する検討のようなこと。ガイサリヤン氏こころよし。」中里迪弥とボルゾイ犬の飼い主を訪ねたのが、この日の夜であった。

八時過コジェフニコバさんロビイに来て、三人タクシーにのり、ガリナさんの家へ。バルゾイ犬四頭家の中に居る。中里犬の専門的な話に主婦が気持ちを開いている。その母［「トヨグリおばそっくり」と挿入］、夫、隣人（やはり犬をもっている青年、ジェーニャ［島尾の長崎時代の知り合いか］のような）十一時過まで居て、写真を何枚もうつし辞す。コジェフニコバさんと明日、ぼくの短篇を読む事を約す。

いかがだろうか。動かない写真の画面に時間がながれ、ひとの呼吸やコトバ、部屋の匂いまでが感じ取れてはこないだろうか？　私の手元に残ったのは、ほかでもないこのときに撮影された写真の一部なのである。飼い主はガリーナ・ゾートワという犬が専門の獣医だった。モスクワ地区ボルゾイ犬クラブの有力会員であったらしい。その犬は、映画『戦争と平和』に出演するほどの名犬たちであった。島尾の記録にあるように、中里は獣医と話に夢中になった。

わたしたちは、立つと人間ぐらいの背丈になる優美なボルゾイたちにかこまれながら、犬たちや狩猟の話に夢中になった。わたしは、日本の猟犬の美しさ、自分の仕込んだ犬たち、危険だが最もスリリングな山鳥射ちなどについて話した。さらに話がはずんだ。……アイリッシュ・セターは、頑固で仕込みに時間がかかるので嫌われている……、力強くて男性的なポインターは、ダイナミックでスピードがあるが、少し荒すぎる……。狩猟にはセターの方がおとなしくて使いよい……。これは獣医さんの意見であり、わたしの意見でもあった。どうしてこうよく話があうのだろう。地球の裏と表ほど離れている人間たちが、わずか数時間話しただけで、どうしてなんのわだかまりもなく理解しあえるのだろう。それまで全く未知の人間だったのに……。[20]

中里の感激が半世紀以上もの時間を超えて伝わってくる。とかくわれわれはコトバができない、外国語がヘタだ、などと言われるけれど、それ以前に「なにも話す内容がない」からそう言われるだけなのではないか。情熱がない。趣味すらない。つたない論文だの研究発表だので、いったい何が伝わるのか。自分に伝えたい内容、相手が共有してくれると嬉しい内実があるのなら相手は、同好の士であればなおのこと、こちらの気持ちを察して同調してくれるはずである。その場が盛りあがるはずである。
中里迪弥はあまりにも早く亡くなったため、ロシア文学研究者としては、たいした仕事も残すことなく終わった。いまに遺された中里の研究論文に目を通しても、時代の制約に縛られた視野の狭さ、気負いのためなのか、さほど感心するようなものはない。だが、中里が他のロシア文学研究者が望んでも得られなかったものをつかんでいたとすれば、それはアタマの知識でなく、狩猟家としてロシアの動植物の生態はもとより、動物や鳥類の習性・からだつきをおのれの経験と体感で補完的に掌握しえたことである。中里のロシア文学研究者としての目には、われわれ書物の徒なんぞには及びもつかない、はかりしれないほど広大なロシアのファウナとフローラが見えていたはずである。それにコトバが、生活、フォークロアがどう響き合うのかも見えていたはずである。貴重な人材が失われて残念だとしか言うほかない。

十月二十四日、島尾敏雄はコジェーヴニコワ(キリール文字の筆記体で記す)から電話を受け、夜に中里と作家ナターリヤ・タラセンコワ宅を訪問することになった。「ひとりで住んでいる。三ヶ月(?)前赤ん坊をなくしたのだという」。アンドレイ・タルコーフスキーの映画『僕の村は戦場だった』の原作者として有名なウラジーミル・ボゴモーロフもやってきた。二人の作家と島尾は二年後にモスクワで再会した。『夢のかげを求めて』で「ナターシャ」「ワロージャ」と出てくるのはかれらのことだ。ロシア人の調子に乗せられて高揚していたのだろう、島尾の達者な筆記体が目立つ。

たのしい会合。Водка［ウォートカ］で何度も乾杯。赤かぶ（ビート）の煮込み［ボルシチだろう］、ハム、きゃべつサラダ、じゃがいも（焼いた）、たくさんのごちそうで十二時近くまで。両氏よりその著書をもらう。Тарашенкова［Тарасенкова の誤り、タラセンコワ］さんからマヤの為にブローチまで。Ирина さん［コジェーヴニコワ］と中里はタクシーをひろい、ぼくは Богоморов［Богомолов の誤り、ボゴモーロフ］が、地下鉄でホテルの前まで送ってくれた。

コジェーヴニコワの父親の具合が悪いことを島尾は同じ日に記している。コジェーヴニコワはモスクワへナチスが進軍してくるニュースを聞きながら母親を病気でなくし、病弱な父親も頼りにならず、戦争中は自身も病気でそれを克服して、戦後はほとんど独力でキャリアを築いた女性だったが、それについては別に稿をあらためることにしよう(本書第七章)。島尾の帰国後の十二月に、彼女の父親は亡くなった。現在「かごしま近代文学館・メルヘン館」に残されているコジェーヴニコワの島尾敏雄宛書簡の第一は、父親の逝去を伝える新年のカード（一九六六年一月五日、名瀬の消印）である。原文はローマ字表記。日本語のおかしなところをそのままに、ここに引用する。

島尾さま！　新しい年は、あなたと御家族のため幸福になるように、こころのどん底から［こころから］祈ります。

お手紙を受けました［受け取りました］。どうもありがとうございます。

わたくしは、いまとってもさびしいです。あなたがたの出発あと、父の状態は悪くなって、十二月の十日亡くなりました。いまナターシャさんのところに住んでいます。

この手紙にはまちがいがいっぱいです。どうぞゆるしてください。

ナターシャさんとボゴモーロフさんは、あなたによろしく伝えます。

ではさようなら。どうぞ身体を大切してください。

奥さん、マヤちゃん、息子さんによろしく。お手紙と御本を待っています。

友情をこめて　イリナ・コジェフニコワ［日本語で署名］

おそらく、帰国後すぐに島尾は手紙をコジェーヴニコワに送ったのだろう。この手紙にも島尾はお悔やみの返事を添えて贈り物を送ったらしいが現存しない。一九六六年四月三日（消印は十三日）付け、ボルゾイ犬の写真の来歴がわかるコジェーヴニコワの手紙を引用しよう。例によって原文は、ローマ字による日本語である。

拝啓
親愛なる島尾さま！

たいへんご無沙汰いたしました。島尾さんと奥さんとマヤさんと息子さんお元気だと思います。島尾さんの仕事は順調に進んでいるでしょうと思います。

お手紙は二枚と素晴らしいコケシと本二冊、ありがとうございます。長い間ご返事を送れなくて、ほんとうに失礼いたしました。

島尾さんわたくしの〝ホビー〟をよく覚えていらっしゃることは、ほんとうにうれしくじゅんじます［存じます］。

同情の手紙［父親が死んだことのお悔やみ］はほんとうにありがとうございます。

一月の半ばごろ、わたくしは北カフカースの山のサナトリウムに行って治療を受けました。山のところは〝キスロヴォーツク〟ともうします。これは温水［温泉］で身体のためにとってもいい山の保養地です。しかし山に行っても病気でさびしく気持ちがわるくてほんとうに困りました。そしてモスクワに帰って少し安心しました。父が亡くなってから、ナターシャさんの家に住んでいましたが、今は自分の家に移っています。しかしナターシャさんといつも会ったり、電話で話したりしております。

そして会うたびに、わたくしたちは島尾さんと中里さんについて話しております。わたくしたちはワロージャ・ボゴモーロフさんとたびたび会います。

お手紙をナターシャさんとワロージャさんに読みあげました。二人とも島尾さんによろしくを送ります。そしてあなたの本を待っております。

写真はどうもありがとうございました。いい記念になります。

〝ボルゾイ犬〟の主人であるゾートワさんの写真を同封いたします。わたくしはゾートワさんの家を訪問しました。その家族を大好きですから。

島尾さんの短篇小説を少しずつ翻訳しておりますが、まだまだ終わりが見えません。

『ソヴェート文学』の第五番［第五号］に発表されたボゴモーロフさんの『ゾーシャ』をお読みになったでしょうか？　この雑誌についてはご意見はいかがでしょうか？［コジェーヴニコワは『ソヴェート文学』誌日本部門担当だった］島尾さんの図書館［鹿児島県立図書館奄美分館］にはこの雑誌はありますか？　図書館に通っているかたがたはその雑誌を読んでいらっしゃいますか？　奥さんとマヤさんは読んでいらっしゃいますか？

『夢にて』を読んで、マヤさんのことを思い出した。

奥野さん［奥野健男］たちはずっと前から日本へ行きましたが［帰りましたが］、お便りはいただきませんでした。

島尾さんが住んでいる大島はどうゆうところでしょうか、とってもおもしろい［興味がある］です。写真を送ってくだされば、しあわせに存じます。

ガイサリヤンさん［『ソヴェート文学』編集長］とアファナーシエフさん［編集員］はよろしく送ります。

これで失礼いたします。

お手紙を待っていております。奥さんとマヤさんとお息子さん［息子さん］にこころからのよろしくをおつたえて［伝えて］ください。

さようなら。

友情をこめて　イリーナ・コジェーヴニコワ

私の手元に残ったボルゾイ犬と一緒の写真は、島尾がコジェーヴニコワに送ったか、このときコジェーヴニコワが島尾に送った一連の写真の一部だったのだろう。すくなくとも「かごしま近代文学館・メルヘン館」に現在残されている写真は、手紙でコジェーヴニコワが送ったと伝えているものにちがいない。

島尾敏雄は律儀な男で、この手紙でコジェーヴニコワが知らせてきたボゴモーロフの新作『ゾーシャ』（島田陽訳）[21]を読み、一九六七年十月末にナターシャ宅でかれと再会したときに共感したと感想を述べている。ポーランド娘と若いソ連軍将校との成就しなかった愛の話。島尾は娘と将校の物語に、自分の戦争中の経験（シマの娘とシマオ隊長）を重ねた。

ナターシャは「ポーランドが好きか」と島尾に聞いた。好きだと答えると「どういうところが好きか」とたたみかける。「あの国が経験した歴史的環境が好きなのだ」と死んだような言葉で島尾が答えると、「アマミやオキナワと似ているからか」とギクリとするようなことを突いてきた。[22]それに島尾はロシア語で答えられない。島尾（シマオ隊長）は立ちすくむ。もっとも、答えられないのは日本語でもおなじだっただろう。

たかが数葉の写真とあなどってはならない。そこに数知れないひとの対話と思い、共感のエピソードが写り込んでいることに、私たち後世の人間は思い知るべきである。

10

翌二十五日、帰国準備をはじめながら、お昼前に別れの挨拶のため島尾は中薗英助とソ連作家同盟を訪ねたあと、中里迪弥と『ソヴェート文学』外国文学編集部へ出かけ、二人はコジェーヴニコワと記念写真を撮った。本稿で紹介した写真である。中里とコジェーヴニコワが一緒の写真は私が所有し、島尾と彼女が一緒の写真は「かごしま近代文学館・メルヘン館」が所蔵している。以下の「バイカル号」船上までの記録を、島尾はまとめて十一月一日に東京で書いた。

四時頃中薗とsecond flore［floor］のBap［Бар の誤り、バー］で少し飲み部屋にもどると丁度四階の鍵番［「鍵番」に下線を引いて疑問符？　ジェジュールナヤ］のところにKожевникова［コジェーヴニコワ］さん来ている。部屋でしばらくはなしていると（出発は遂に訪れずを訳したいから分らぬところを手紙で教えてほしいという）Валя［ワーリャ、不明］が小型バスで迎えに来たという。荷物を持ちウクライナ・ホテルに行く。ロビイにみんな集っていて、木村［浩］、小田［実］はまだのこる。別れをおしみ、さて飛行場に向かう。一行は丸山［政男］、井上［光晴］、中薗、中里、水野［忠夫］の六人、飛行場にはニイナ［チェゴダーリ］、ワーリャ、ロマン・キム、もうひとりの四氏見送って来た。飛行場には日本人が多い。八時半？頃離陸。

木村浩はこの「日ソ文学シンポジウム」を契機に、作家トリーフォノフを通じて生涯の友となる画家ユーリー・ワシーリエフと知り合ったことを補足しておく。[23]モスクワに残って、画家やその仲間との親交をさらに深めたものと想像される。
島尾一行は翌二十六日ハバロフスクへ到着し、二十七日ナホトカへ到着、港へ。「カラフト帰りの朝鮮人の夫と日本人の妻、その子供ら［船に］乗っていて、はじめ部屋がわからずさがしていると二人の朝鮮人の夫たち、ぼくをつかまえウオッカ、ベーコン、アグレツ［キュウリ］、パンきれなどごちそうし（プロムナード・デッキで）色々はなす。あとで中薗もつれ、彼ルポ作家らしいときき とりをする。夜、中薗とカラフト帰りの日本婦人の部屋をたずね色々きく。朝鮮名をもった日本青年の兄弟（大山俊雄［下に「金俊雄」と表記］とその兄）。島尾にはロマーン・キムのことが頭にあったか？

ナホトカから横浜までの船上で、島尾は中里といっしょにコジェーヴニコワへ絵はがきを送った（消印は十一月三日）。「飛行機の中でも汽車の中でも眠れませんでした。なんだかモスクワの日が短かった。日本に帰ってもしばらくはぼんやりしているでしょう。またいつの日かお会いできるでしょう。ナターリヤ、ワロージャさんによろしく。Тосио Симао［キリール文字で署名］」。二十九日午後、横浜に到着した。長谷川四郎をはじめ江川卓、原卓也らが迎えに来ていた。中野区富士見町の親類（ウジックヮとスマおば）宅へ。

十一月四日午後、フェデリコ・フェリーニの映画『8 1/2』を観てから、十九時過ぎの新幹線で上京したミホとマヤを東京駅に迎える。五日午後、江川、原ほかシンポジウムの参加者が列席した「ソ連の作家歓迎会」に出席。十二日夜、ミホ、マヤと寝台列車で東京を発つ。十三日、熊本で下車してマリスト学園に在学中の伸三と会い、鹿児島へ。十六日、夕方の船で奄美へ向かった。

＊

島尾敏雄の一九六五年秋におけるモスクワ滞在ストーリーは以上である。ポーランド、ワルシャワにおける島尾については、本章では割愛した。記録をザッと見るかぎり、演劇への関心やカトリック信仰をめぐって、ひじょうに稔り多いポーランド滞在であったことがうかがえる。べつにあらためて取り組むべきテーマだろう。ソ連以上にポーランドに惹かれて、島尾は二年後単独でふたたび東欧旅行に出た。モスクワ、ポーランドよりもさらに活動をひろげて、プラハ、ベオグラードを旅することになった。

島尾はモスクワ以上に、ポーランドに惹かれていた。なにやらポーランド・ロマン主義のようなものにかぶれていた。「スラヴ的憂愁」などという実体のない勝手な思い入れに自分で酩酊していたふしがある。『死の棘』の島尾は剥き出しの徹底的な（露悪的とすら言える）自然主義者のように思われるが、かれの方法論がやはり手前勝手な「夢」だったり、「世界苦」「憂愁」であったりすることが、そのポーランド惑溺にうかがえる。ポーランドの島尾敏雄は、さしずめ『ヴェニスに死す』のグスタフ・アッシェンバッハだ。

島尾のワルシャワは、専門家による「書物」としてのワルシャワよりも、よほど生き生きしている。かれの内面が街とシンクロし、震動に震動をかさね、印象が増幅される。もはや日記の記述にとどまらない、おのれの内部の波動とシンクロしてくるワルシャワの姿を、音声を書く。ポーランド語は自由でないとはいえ、だからこそ子音だらけの音声の印象を伝える。路面電車の轟音を聞く。街の異相・異貌に、ユダヤ人ゲットーと虐殺の過去を見る。鉛色の空の下、ヴィスワ河の対岸を眺めやると、裂け目のように青空が顔をのぞかせ、こんもりと森の茂る向こうに街の教会が、尖塔が見える。

おそらく一九六五年秋モスクワの「第一回日ソ文学シンポジウム」に一緒に参加し、ともにポーランドへ出かけてからの縁だろう、六七年秋にワルシャワ大学東洋学研究所日本学科に赴任したばかりの工藤幸雄の日本語教室を島尾は何度か見学している。工藤一家と訪ねた万霊節の墓地は島尾によって幻想的に描かれている。ファンタスマゴリア。工藤幸雄自身、『ワルシャワの七年』（新潮選書、一九七七年）という本のなかで、島尾の書きものに出てくる「K」は自分の「影」であると、とぼけたタッチで書いている。ワルシャワをめぐる島尾の紀行文『夢のかげを求めて』は、モスクワをめぐる中條（宮本）百合子の『道標』にも比肩する傑作である。

それでも、一九六五年秋のモスクワで、島尾は自分の「核」というか「ベースキャンプ」と見なすべき知遇を得た。コジェーヴニコワと知り合ったことである。彼女を通じてタラセンコワ、ボゴモーロフと近づきになったことである。六七年の東欧旅行でも、かれらとの親交が島尾にとって大きかったことが、『夢のかげを求めて』のページから見て取れる。

さらに「ポーランド・ソヴィエト旅行日記」には「夢日記」と題された草稿のまとまりが挟み込まれていて、島尾が旅行中見た夢をメモしていたことがうかがえる。島尾にとって夢を見ることは、現実で体験すること以上のイミがあった。『死の棘』全篇をかたちにするプロセスで、「夢」を文章にすることが島尾の有効な方法論として見えてきた。

たとえば一見おだやかな『日の移ろい』の文章に、どれだけの危うさが潜んでいることか。穏やかな日常がちょっとした言葉尻、光のかげりと雲行き、掛け違えた気分で、いかにたやすく、もろく崩れてしまうか。まるで高層ビルの綱渡りである。日常の描写に夢の描写が浸透し、南海の強烈な太陽の下、不吉な様相を呈する。まるで偏頭痛の発作に襲われたかのように突如視界の動きが止まり、世界がいびつにゆがみ、ねじ曲がる。ソ連・東欧に「夢」を結びつけた島尾には、個人的に説得力のある体感があったものと想像される。

シマオ隊長の夢。

他にも言いたいことがたくさんあるが、ひとまず島尾敏雄の一九六五年秋、モスクワ「雪どけ」むかし語りは以上で終わった。

注

1 島尾敏雄「モスクワにて――日ソ文学シンポジウムの私的記録」『島尾敏雄全集 第十四巻』晶文社、一九八二年、三八一―三八六頁。
2 「日ソ文学シンポジウム　現代文学におけるヒーロー」『新日本文学』第二二二号（一九六六年一月）、一七二頁。オーゼロフは一九六五年初めに「新日本文学会」の招聘で、コンスタンチン・チュグノーフとともに来日した。かれらソヴィエト作家代表団は『新日本文学』編集部と会い、会談の場で日ソ文学者シンポジウムの開催と、ソヴィエト文学の翻訳者・紹介者のゼミナール開催が提議された。『ソヴェート文学』第四号（一九六五年）、一九四―一九五頁。
3 「日ソ文学シンポジウム　現代文学におけるヒーロー」『新日本文学』第二二二号（一九六六年一月）、一七〇―二二二頁。同、第二二三号（一九六六年二月）、六六―一〇二頁。
4 中村真一郎『火の山の物語 わが回想の軽井沢』筑摩書房、一九八八年、二七一―二七三、三〇一―三〇三頁。
5 木村浩「ソ連の推理作家ロマン・キムの謎の部分 三つの祖国を持ち歴史に翻弄された男の一生」『文藝春秋』第六二号（一九八四年）、三三二頁。
6 太田丈太郎「ヴォークスをめぐる人々――『日本文学の夕べ』」『「ロシア・モダニズム」を生きる 日本とロシア、コトバとヒトのネットワーク』成文社、二〇一四年、一四三―一五七頁。*Ота Д.* «Никитинские Субботники» в дневниках и воспоминаниях японских писателей. Миры Андрея Белого. Белград-Москва. 2011. С.271-287.
7 アレクサンドル・クラノフ（生田美智子訳）「慶應義塾生ロマン・キムの運命の分水嶺としてのロシア革命」『ロシア史研究』第一〇二号（二〇一八年十一月）、八一―九五頁。
8 島尾敏雄「シンポジウム発言草稿」『島尾敏雄全集 第十四巻』二二一―二二三頁。
9 「日ソ文学シンポジウム　現代文学におけるヒーロー」『新日本文学』第二二二号（一九六六年一月）、二一〇―二一一頁。
10 島尾敏雄「モスクワにて――日ソ文学シンポジウムの私的記録」『島尾敏雄全集 第十四巻』三八五頁。
11 同。
12 「日ソ文学シンポジウム　現代文学におけるヒーロー」『新日本文学』第二二二号（一九六六年一月）、一九三―一九五頁。

13　島尾敏雄「モスクワにて――日ソ文学シンポジウムの私的記録」『島尾敏雄全集 第十四巻』三八六頁。
14　島尾敏雄「夢のかげを求めて――東欧紀行」『島尾敏雄全集 第九巻』晶文社、一九八二年、五一四、五五二頁。
15　島尾敏雄「私の文学遍歴」『島尾敏雄全集 第十四巻』一四八―一四九頁。
16　中村真一郎『火の山の物語 わが回想の軽井沢』二七二―二七三頁。
17　島尾敏雄「中里介山の『大菩薩峠』」『島尾敏雄全集 第十五巻』晶文社、一九八二年、八四―八五頁。
18　中里迪弥『マロースロシア・ソヴェト文学反古籠』未来工房、一九八三年、一二七頁。
19　島尾敏雄「日の移ろい」『島尾敏雄全集 第十巻』晶文社、一九八一年、一七―一八頁。
20　中里迪弥『マロースロシア・ソヴェト文学反古籠』七九頁。
21　ボゴモーロフ「ゾーシャ」『ソヴェート文学』第五号（一九六五年）、四―四七頁。
22　島尾敏雄「夢のかげを求めて――東欧紀行」『島尾敏雄全集 第九巻』三七頁。
23　木村浩「画家ワシーリエフのこと」『ロシア文学の周辺』読売新聞社、一九七一年、三四四―三五四頁。

［補 遺］
「かごしま近代文学館・メルヘン館」に所蔵されているイリーナ・コジェーヴニコワの島尾敏雄宛書簡（全十二通）を以下に紹介する。原文はローマ字の日本語である。「島尾日記」とあるのは、おなじく「かごしま近代文学館・メルヘン館」に所蔵されている島尾敏雄の未発表日記のことである。

(1)一九六六年一月五日（名瀬の消印、新年カード）
島尾さま！　新しい年は、あなたと御家族のため幸福になるように、こころのどん底から［こころから］祈ります。

お手紙を受けました。どうもありがとうございます。

わたくしは、いまとってもさびしいです。あなたがたの出発［一九六五年九―十月の日ソ文学シンポジウム出席のため、島尾はモスクワへ出た。十月二十五日にモスクワを発った］あと、父の状態は悪くなって、十二月の十日亡くなりました。いまナターシャさんのところに住んでいます。

この手紙にはまちがいがいっぱいです。どうぞゆるしてください。

ナターシャさん［タラセンコワ、作家］とボゴモーロフさん［『イワンの少年時代』の作者］は、あなたによろしく伝えます。ではさようなら。どうぞ身体を大切してください。

奥さん、マヤちゃん、息子さんによろしく。お手紙と御本を待っています。

友情をこめて　イリナ・コジェフニコワ［カタカナで署名］

※　「島尾日記」昭和四十一年一月五日
「ИРИНА から手紙が来た。父が死んで НАТАША の家に居るのだという。手紙と本が待遠しいと書いてある。」

(2)一九六六年四月三日（消印は十三日）
拝啓
親愛なる島尾さま！

たいへんご無沙汰いたしました。島尾さんと奥さん［ミホ］とマヤさんと息子さん［伸三］、お元気だと思います。島尾さんの仕事は順調に進んでいるでしょうと思います。

お手紙は二枚と素晴らしいコケシと本二冊、ありがとうございます。長い間ご返事を送れなくて、ほんとうに失礼いたしました。島尾さんわたくしの「ホビー」をよく覚えていらっしゃることは、ほんとうにうれしくじゅんじます［存じます］。同情の手紙［父親が死んだことのお悔やみ］はほんとうにありがとうございます。

一月の半ばごろ、わたくしは北カフカースの山のサナトリウムに行って治療を受けました。山のところは「キスロヴォーック」ともうします。これは温水［温泉］で身体のためにとってもいい山の保養地です。しかし山に行っても病気でさびしく気持ちがわるくてほんとうに困りました。そしてモスクワに帰って少し安心しました。

父が亡くなってから、ナターシャさんの家に住んでいましたが、今は自分の家に移っています。しかしナターシャさんといつも会ったり、電話で話したりしております。

そして会うたびに、わたくしたちは島尾さんと中里さん［中里迪弥］について話しております。わたくしたちはワロージャ・ボゴモーロフさんとたびたび会います。

お手紙をナターシャさんとワロージャさんに読みあげました。二人とも島尾さんによろしくを送ります。そしてあなたの本を待っております。

写真はどうもありがとうございました。いい記念になります。

「ボルゾイ犬」の主人であるゾートワさんの写真を同封いたします［現物は「かごしま近代文学館・メルヘン館」にある。太田が所有する島尾・中里がボルゾイ犬と写っている写真は、コジェーヴニコワが手元に残しておいたもの］。わたくしはゾートワさんの家を訪問しました。その家族を大好きですから。

島尾さんの短篇小説［当時連載中だった連作短篇集『死の棘』の一篇か？］を少しずつ翻訳しておりますが、まだまだ終わりが見えません。

『ソヴェート文学』の第五番［第五号］に発表されたボゴモーロフさんの『ゾーシャ』をお読みになったでしょうか？　この雑誌についてはご意見はいかがでしょうか？　島尾さんの図書館［鹿児島県立図書館奄美分館］にはこの雑誌はありますか？　図書館に通っているかたがたはその雑誌を読んでいらっしゃいますか？　奥さんとマヤさんは読んでいらっしゃいますか？

『夢にて』を読んで、マヤさんのことを思い出した。

奥野さん［奥野健男］たちはずっと前から日本へ行きましたが［帰りましたが］、お便りはいただきませんでした。

島尾さんが住んでいる大島はどうゆうところでしょうか、とってもおもしろい［興味がある］です。写真を送ってくだされば、しあわせに存じます。

ガイサリヤンさん［『ソヴェート文学』編集長］とアファナーシエフさん［その編集員］はよろしく送ります。

これで失礼いたします。

お手紙を待っています。奥さんとマヤさんとお息子さん［息子さん］にこころからのよろしくをおつたえて［伝えて］ください。

さようなら。

友情をこめて　イリーナ・コジェーヴニコワ」

※「島尾日記」昭和四十一年五月十四日
「ИРИНА から長いなつかしい手紙。」

(3)一九六六年六月五日（モスクワの消印は八日）
拝啓
親愛なる島尾さん！

お手紙ありがとうございます。いかがお暮らしですか？　マヤさんはどうしていますか？　まだ東京で治療を受けていますか？

治療の結果はどうですか？　これはべつに儀礼的なあいさつとして言っているのではなく、ほんとうに私が心配しているからです。マヤさんの病状を専門のラテン語で書いた診断書を送ってくだされば、ソ連の専門家にそれを見せて相談ができるのではないかと思うのですが。こころからマヤさんが全快することを望んでいます。

私のほうはべつにニュースはありません。雑誌は前よりも出る回数が多くなったので、仕事はとってもいいです。ときどき悲しくなったり、ときどき元気になったりします。

ナターシャとワロージャからあなたによろしく。

ナターシャは最近イタリアへ観光旅行に出発しました。ワロージャのほうは休んでいたバルチカの海岸［休暇をとっていたバルト海沿岸］からこのあいだ帰りました。

ここはもう本格的な夏で、私はたいへん暑く感じています。あなただったならば、おそらく涼しいと思うでしょう。いま日本にガイサリヤンさん行っています。あなたとっても会いたがっていて、あなたの住んでいる島が東京から遠いことを残念がっていました。

あなたからの手紙を待っています。ローマ字でわざわざ書いてくれなくてもいいです。時間がかかるでしょうから。漢字でももしはっきり書いてくれたら、私はわかります。でも私のほうは、こういうふうに書きましょう。

あなたのおうちのかたがたによろしく伝えてください。

さようなら。

友情をこめて
イリナ［カタカナで署名］
5.VI.66.

※「島尾日記」昭和四十一年六月十六日
「イリナから速達の手紙。マヤのことを口先だけのあいさつでなく心配しているという。ラテン語で病名を知らせてくれればソ連の専門家にきいてみるなどと書いてある。」

(4)一九六六年八月十五日
島尾さま！

お手紙と写真、どうもありがとうございます。私はそれらの写真をとっても興味をもってながめ、あなたの大島を想像しました。きっとそれはたいへん美しい南国の土地でしょう。あなたの息子さんはなんと健康で、美しいかたです。

マヤさんはどうしておられますか？　まだ東京におられますか？　その勉強［治療］の成功はおりますか？　私はその話を教える方法がいまよく研究されると聞きました。もちろんマヤさんはそれがどんなにあのひとにとって大事なことか、わかっていらっしゃるのです。

あなたの本はまだ着きません。

私はナターシャとワロージャにあなたの手紙の内容を話し、写真も見せてあげました。あのひとたちはあなたによろしくと申し上げます。本を送っていらっしゃったこと［の］ために、感謝します。

ガイサリヤンさんとあなたと会いできなかった［お会いできなかった］ことをたいへん残念です。あなたにくれぐれもよろしくとのことです。黒田教授［早大露文科の黒田辰男］はいまモスクワに来られました。私は少し忙しくなりました。

この夏のだいぶぶんは、私はモスクワの郊外の別荘に暮らしました。そこには私のとっても好きな場所がおられます［あります］。

昨年私は父とこの別荘に来られました［来ました］。父は死ぬ前ここの美しさを見たこととたいへんうれしく思っています。そこではモスクワ川［が］流れていて、辺りは松林で、鳥もたくさんおります。冬には私はいつもここにスキーにゆき、夏もまたも幾年もまいりました。

私はいま、いぬいとみこ『うみねこの空』［本書第五章］の子どものための本を翻訳を急いで終わりかけています。出版所との契約を結んだのはもうずっと前のことなので、この翻訳を九月の末まで［に］終わらなければなりません。

そのあとであなたの短篇の翻訳をやります。

これが近い将来の私の仕事の計画です。

残念のことですが、まだすぐには休暇になりません。ところがぜひ海に行きたいと思っています。

お元気で良い仕事をなさるように、お祈りいたします。

最近どんなものを書きなりましたか［お書きになりましたか］？

またお手紙を［お］送りくださるようにお願いします。

御家族のみなさまにくれぐれもよろしく。

では、さようなら。

友情をこめて
イリーナ・コジェーヴニコワ［ロシア語で署名］
15.VIII.66.

※「島尾日記」昭和四十一年八月二十五日
「Ирина から手紙。今いぬいとみ子の童話の翻訳をしているそれが終ればぼくの短篇の翻訳を出す計画をしているという。」

(5)一九六六年十一月一日（渋谷の消印、代官山 Hotel Perfect Room の封筒）
親愛なる島尾さま!

この手紙を東京から書きます。日本にトルストイ展覧会の通訳として来ました。もう二週間ここにおります。わがホテルは奥野さん［奥野健男］のうちに［の］隣です。そ［こ］から奥野さんと道子さんをたびたび会いました。あなたもとっても会いたいです。

しかし大島は東京からずっと遠いです。

どうぞヒマがあれば、手紙を書いてください。

あなたの本をモスクワの出発前、受けました［受け取りました］。どうもありがとう。

日本語はとっても下手ですから、その［この］手紙には間違いはいっぱいです。どうぞ、ゆるしてください。

御家族によろしくお伝えください。

以上をもって。イリーナ

※「島尾日記」昭和四十一年十一月六日
「Ирина から手紙来ている。トルストイ展のため通訳として東京に来ているという。」

(6)一九六七年九月二十七日
島尾さま
お手紙ありがとうございます。

毎日毎日島尾さんに手紙を書こうと思っていたとき、だんだん半年が経ちました。どうぞ許してください。

島尾さまはすぐモスクワにいらっしゃるのは、ほんとうにありがたいニュースです。どうぞナホトカで電報を打ってください。

ミホさんとマヤさんと伸三さんにくれぐれ［も］よろしくお伝えくださいませ。

ではまた。
27.9.67
イリーナ・コジェーヴニコワ［ラテン字で署名］
tel.5 6 83 79（ウチ）
8 8 31 58（編集局）

※「島尾日記」昭和四十二年十月七日
「Ирина さんと Josef Kreiner［ヨーゼフ・クライナー、オーストリア出身の民族学者。加計呂麻島を研究］から返事が来ていて、待っているという。」

(7)一九六七年十二月十九日（モスクワの消印、新年カード）
親愛なる島尾さん、ミホさん、マヤさん、伸三さん！

新年おめでとうございます。

あなたがたのお幸せとご健康をこころから祈ります。

以上をもって。イリーナ・コジェーヴニコワ

(8)一九六八年九月十九日（名瀬の消印）
親愛なる島尾さん！

お元気ですか？　ミホさん、マヤさん、伸三さんは大丈夫ですか？

こんなに遅く手紙を書くことをどうぞ許してください。ほんとうは冬に幾度カゼを引いて病気にかかりました。あとで心臓がちょっと悪くなって困りました。こんな理由で春早くモスクワの郊外の別荘に移りました。夏のときたくさん旅行しました。いまだいたい大丈夫です。

島尾さんが［島尾さんから］いただいた本、『文芸』（N.3,4,5）、カレンダーを受け取りました。ほんとうにありがとうございました。旅行記［一九六七年のソ連・東欧旅行］を読んで、島尾さんのモスクワの滞在を楽しく思い出した。旅行記の内容をナターシャ、ワロージャ、マクシム［ゴローホフ、『夢のかげを求めて』に登場するトルストイ博物館主任研究員］に伝えました。

ナラオカさん［？］はクロダ・ノブキ［？］を通じてセーターを渡しました。心配しないでください。

島尾さんが贈れた［贈った］本を、すぐナターシャさんのうちに持ってきました。ナターシャさんはお礼を申しあげます。近いうちに最近発行された本を送ります。マクシムの奥さんの身体の状態は前と同じです。

ナターシャ、ワロージャ、マクシム、ゾーヤ［コジェーヴニコワの家の同居人、演劇女優］はよろしくを申しあげます。

お元気とご成功を祈ります。御家族のかたにどうぞよろしく。

お便りするまでさようなら。ではまた。

イリーナ・コジェーヴニコワ

(9)一九六九年十二月二十六日（モスクワの消印、新年カード）
親愛なる島尾ミホさん、島尾敏雄さん、マヤさん、伸三さん、明けましておめでとうございます。お元気で、お無事に。あなたがたのことをたびたび思い出します。島尾敏雄さんはいまお元気ですか？　本当に心配します。マクシム、ナターシャ、ワロージャからよろしく。こころをこめて。イリーナ

(10)一九七三年十二月二十六日（モスクワの消印、新年カード）
親愛なる島尾さん！　新年おめでとうございます。ミホさん、マヤさん、伸三さんによろしく。お元気に。ご無事で。こころをこめて。

イリーナ・コジェーヴニコワ

(11)一九七五年一月三日（モスクワの消印、新年カード）
親愛なる島尾様！　新年おめでとうございます。おかわりがありませんか？　お元気ですか？　ミホさん、マヤさん、伸三さん

によろしく。どうぞお元気で。こころをこめて。イリーナ・コジェーヴニコワ　追伸：シュミートフスキー横町、もう住んでいません。どうぞ編集所に手紙を送ってください。
(12)一九七六年十二月二十九日（モスクワの消印、新年カード）
親愛なる島尾ミホさん、島尾敏雄さん、マヤさん、伸三さん、明けましておめでとうございます。新しい年がとても良い年であるように、こころから祈ります。どうぞお元気に。イリーナ・コジェーヴニコワ

第七章　イリーナさんというひと

1

イリーナさんは一九二五年九月十六日に生まれ、二〇一一年十二月七日に他界した。レーニンの没した翌年、革命後初めて日ソの国交が樹立した年に生まれ、ソ連が瓦解した二十年後に亡くなった。ソ連で起こった大きな事件のほとんどを、自分の一代で経験することになった。

イリーナさんのプライベートを知るヒトは少ない。知り合いにも、自分のことはあまり話さなかったようだ。両親のこと、親類や兄弟のこと、私たちはイリーナさんについて、本人が亡くなってしまった現在、もう知ることはできない。イリーナさんはモスクワのワガーニコヴォ墓地に、両親とともに眠っている。

イリーナさんと付き合いのあった日本の友人たちも、彼女のプライベートをくわしく知ることはなかった。彼女が話さなかったからなのか、あるいはなんとなくプライベートを聞きづらかったか。それも彼女がソ連のヒトにしては、ひんぱんにモスクワと東京を行き来していたからだ。ふつうのソ連人には外国へ出ることすら無理な時代だったから、おそらくイリーナさんは内務省のその筋と通じていたのかもしれない。当時のソ連のジャーナリストであるなら、それも当然だったのかもしれない。

それでも、イリーナさんの日本の友人たちは、分け隔てなく彼女と接した。音楽のような声だった。その歌うような伸びやかな日本語を、いぬいとみこはなつかしく思った。一九六五年、モスクワの「第一回日ソ文学シンポジウム」で知り合ってから親交のあった奥野健男の長女・百瀬由利さんは、イリーナさんのことを奥野が「女らしい素晴らし

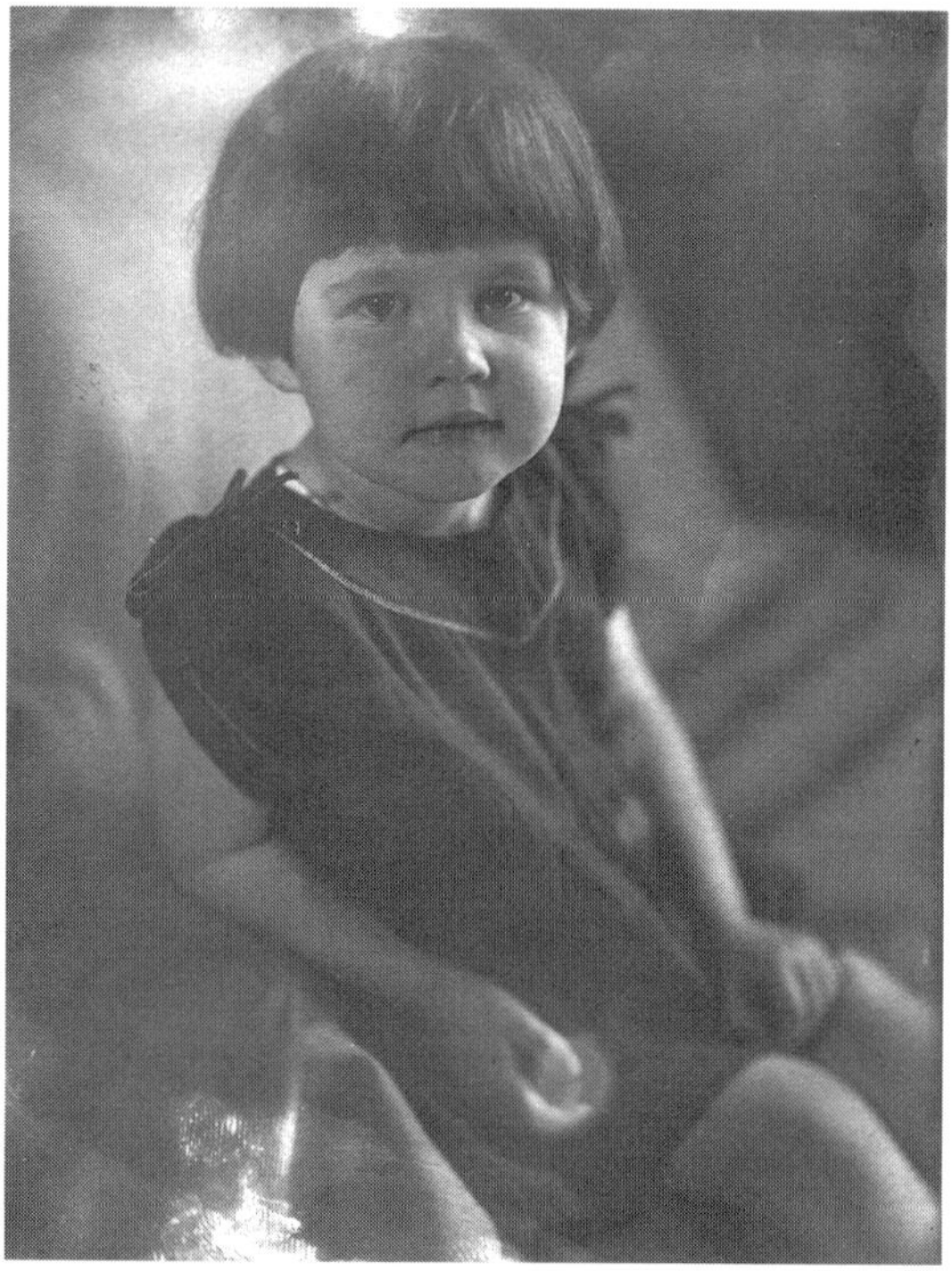

幼少時のイリーナさん（1920 年代末）

1950 年、25 歳のイリーナさん（卒業式だろうか？）

少女時代のイリーナさん（1940 年頃）

い女性だ」と絶賛していたという。来日のたびに家を訪れ、軽井沢にもなんどか一緒に出かけた。
イリーナさんは、由利さんとか由利ちゃん、道子さん［奥野の妻］とか、ちゃんとかさんでわたしたちを呼ぶ優しいイントネーションがとても優雅で、後にロシア語にも愛称やちゃんにあたる表現があると知りました。〈…〉いつもにこにこと優しい穏やかなイリーナさんから、いくつかロシア語のあいさつを教わりました。[1]
奥野の妻・道子とは大親友で、季節のカードや誕生日には国際電話を欠かさなかった。イリーナさんが亡くなったと聞いて、母はとてもさみしがっていた、という。
ブブノワの絵の教え子サーシャ（アレクサンドル・ロゾヴォーイ）が、モスクワのキエフ駅近くのアトリエで雑談していたとき、ふと思い出したかのように言った。――そういえば、イリーナ・ペトローヴナが、むかしパイロットになりたかったと言っていた。一九三〇年代は、北極横断アメリカ無着陸飛行で、国全体が航空機ブーム一色だったから、それで航空大学に入ったらしい。でもあとで自分には向かないと思って、外国語の勉強を始めたのだそうですよ……。

2

イリーナさんが誕生した頃の日ソ関係を振り返って見よう。

一九二五年、日ソ国交正常化をめぐる条約（「日ソ基本条約」）が結ばれると、文化交流の大きな催しがいくつも行われた。なかでも、朝日新聞がシベリア横断モスクワ・ヨーロッパ訪問飛行を計画し、日本側は七月二十五日に東京発、八月二十三日にモスクワ着、その後欧州主要都市を歴訪した。ソ連側も初の航空機国産化に成功したこの年、モスクワ＝北京＝東京飛行を計画、六月十日未明にモスクワを出発、悪天候に悩まされながらも、七月十三日正午に北京に到着した。八月三十日に北京を離陸、翌日にソウル到着、ようやく九月二日に所沢飛行場に着陸した。

果敢な飛行を称えて、ミハイル・グローモフ（一八九九―一九八五）ほか三名に対し「帝国飛行協会総裁久邇宮殿

1925年9月2日、所沢飛行場に降り立ったグローモフとローゼヴィチ（「ジュコーフスキー中央航空水力学研究所 ЦАГИ」博物館にて2018年9月、太田撮影）

下」より「有功章」が贈与され、日本政府からは「御紋章入銀杯各一組」が授与された。異例の授与だったようで、当時の新聞でも「従来訪日外国飛行家に対し勲章を贈与されたことはあるが、此度の銀杯下賜は全く最初のことで、特別のせん議によるものである」[2]と特筆されている。「克ク我民心ヲ作興シ併テ日露両國間ノ親和輯睦ニ貢献スル所不尠ノミナラス我航空界ノ進歩ヲ促シ斯界發展上ニ効セル功績顕著ノ者」であるとして、一九二五（大正十四）年九月五日付けで、外務大臣・幣原喜重郎より内閣総理大臣・加藤高明に宛てて上申書が提出されたのだった。[3]
モスクワの「ジュコーフスキー中央航空水力学研究所 ЦАГИ」博物館には、このときの一行の写真（東京朝日新聞が撮影し、社主・村山龍平の名前で航空士エヴゲーニー・ローゼヴィチに贈ったもの）が展示されている。写真を見るかぎり、歓迎ムード一色だったようだ。グローモフが抱え上げているのは本居みどり、童謡作曲家・本居長世の長女である。
英仏独伊に比べれば、航空界では日本もソ連も後進そのものだった。単なる外交上の配慮ばかりでもないだろう、後進なりにまだ握手しあえた、お互いを称えあえた稀有の機会が、グローモフらのモスクワ＝北京＝東京大陸横断飛行だった。グローモフ一行は、一連の歓迎会のあと六日に大阪・奈良に立ち寄り、八日に帰国した。
このグローモフこそ、一九三七年六月二十日に北極横断アメリカ無着陸飛行を成し遂げたヴァレーリー・チカーロフとならぶ（あるいはそれ以上の）エース・パイロットである。チカーロフの教官であった。アンドレイ・ツポレフの設計したＡＨＴ－２５に乗り、まずチカーロフ、バイドゥコーフ、ベリャコーフ三名のチームがモスクワから北極横断で、アメリカ・ワシントン州のヴァンクーヴァーまで無着陸航続記録を樹立した。グローモフ、ユマーシェフ、ダニーリンのチームは、その約一ヶ月後の七月十四日、チカーロフ組の記録を一五〇〇キロも超えて、メキシコ国境に近いカリフォルニア州サン・ジャシントまで、無着陸直線航続世界記録を更新した。[4]
翌一九三八年、日本の「航研機」がその記録を破った。とはいえ日中戦争の最中で、ノモンハン事件が勃発すると、航空界での握手はもう考えられなくなった。
航研機の設計に参加した木村秀政が一九六七年、「ジュコーフスキー中央航空水力学研究所」にツポレフを訪ねた際の写真（木村の著書で掲載されているものと同じ）が博物館に飾られている。ＡＨＴ－２５も航研機と同じ赤い翼をしていたが、ツ

ツポレフ「AHT-25」（「ジュコーフスキー中央航空水力学研究所」博物館にて 2018 年 9 月、太田撮影）

木村秀政とアンドレイ・ツポレフ、右端の人物は不明（「ジュコーフスキー中央航空水力学研究所」博物館にて 2018 年 9 月、太田撮影）

ポレフに聞いてみると、なんでも、北氷洋で不時着したときに発見しやすいようにするためだ、という。航研機も満洲の黄色い原野に不時着したとき、発見されやすいよう翼を赤くしたのだった。木村は、航空技師が国をちがえても、似たようなことを考えるのをとても面白く思った。ツポレフは楽しそうに、木村相手に飛行機の話をした。お互いあんまりおしゃべりに夢中になり、予定の時間をすっかりオーバーして、秘書に注意されるほどだった。[5]
グローモフも同じ一九六七年、四十二年前に東京＝モスクワ間を飛んだ日本の飛行士の安辺浩（満洲では満洲航空の総裁をつとめた）とモスクワのシェレメーチェヴォ空港で初めて会った。たった四十二年の間に、東京＝モスクワ間には定期航空路（日本航空とアエロフロートの共同運航）が開設された。安辺はその一番機のツポレフＴｙ－１１４に乗ってモスクワにやってきた。かつて七十三時間二十分かかった距離がわずか十時間半、それも無着陸で到着してしまう。ほかでもないこの空路を飛んだパイロットとして、日本側からモスクワへ飛んだ同輩と会って、グローモフは感無量だった。グローモフ自身が日本へ出かけたことは、一九二五年以来、一度もなかった。[6]
木村秀政の写真に「日本航空ＪＡＬ」の名前が見えるのは、東京＝モスクワ定期航空便就航に、木村もなんらかのかたちで関わっていたからではなかったか？　あるいは、単にこの定期航空便を利用してモスクワへ来たからかもしれない。一九六七年は日ソの航空界にとって、ちょっとした節目だったものと思われる。

3

イリーナさんはなにをきっかけに、日本語を学びはじめたのだろうか？　一九七一年、「ソ連所蔵名品百選展」で来日した折のインタビューが新聞に掲載されている。

正直なところ、私はもともとから日本文学に特別の興味があったわけではありません。きっかけが出来たのはちょうど十八歳の娘盛りのころでした。あの大戦争にようやくピリオドが打たれ、平和と緑と生活が手元に帰ってきてくれる時代に変わったのです。モスクワの工場で働いていた私は、さあ思いっきり勉強がやれるぞ、とうきうきし、大張り切り。そこで「世界でいちばんむずかしい語学を身につけてやろう」とモスクワ東洋大学［東洋学院］に入学して、日本語を専門に選択したようなわけでした。

たしかに、ヨーロッパ系の語学に慣れた民族にはとっつきにくいし、学びづらいものです。そのころは、モスクワには日本の人はあまり住んでおりませんでしたのでなかなか本式の会話をするチャンスもなく、なんとなく心細かったのですが、五年間先生からたっぷりしごかれて卒業しました。その間に、日本の文化の奥深いのと芸術品も並はずれているのに改めて心を打たれたのでした。[7]

中央にヴェーラ・マールコワ、その後ろにイリーナさん
（撮影年不明）

これは「プレス用」の発言だろうから、イリーナさんも日本の新聞読者がわかりやすい、耳あたりの良いようなことしか述べていない。イリーナさんの日本語の先生の一人にヴェーラ・マールコワがいたことはこれまでも何度か触れたが、マールコワの先生ニコライ・コーンラドが収容所から解放（「日本のスパイ」容疑で逮捕・投獄されていた）され、レニングラードから移ってモスクワに居住しはじめたのが一九四一年九月なので、ひょっとするとイリーナさんがコーンラドその人から直接薫陶を受けることもあったかもしれない。コーンラドの古い本二点が[8]、イリーナさんの遺したアーカイヴにあった。

　イリーナさんのアーカイヴには、来歴のわからないひじょうに古い写真が多数ある。なかでも「一九三七年の休暇（九―十月）、ゲレンジーク」と手書きでメモされたアルバムがある。ソチに近いクラスノダール地方の避暑地での写真で、おそらく職場の同僚たちなのだろう、二十代から四十代とおぼしき男女が楽しそうに写っている。

　写真から判断するに、この写真の持ち主は、丸眼鏡をかけた男性である。年齢は若そうに見えるが、実際は見かけよりも老けているのかもしれない。裸の男性たちとドミノに興じ、浜で寝転び、伊達者風におどけ、

Отпуск 1937 г.
(сентябрь-октябрь)
Геленджик

СССР ИМЕЕТ
ПРАВО НА ТРУ

女性たちと楽しそうに笑っている。きっと仲間うちでも人気者だったのだろう。よく写真を見ると、一九三七年当時のスローガンが、労働者の「休息の家」だろうか？　その屋根に掲げられているのがわかる。「ソ連市民は労働の権利を有する」と読める。眼鏡をかけた誰か政治家の肖像写真が軒先に掲げられている。当時首相を務めていたヴャチェスラフ・モーロトフだろうか？

この丸眼鏡の男性が誰なのか、わからない。この楽しそうな男女の同僚たちが一九三七年の「大粛清」、ならびにナチスとの戦争を生き延びたのか、その後どうなったのか、もはや誰にもわからない。

このアルバムに挟み込まれていたのが、本章の冒頭に掲げた三歳か四歳くらいのイリーナさんの幼少時の写真と、十代後半と思われるイリーナさんの写真である。それぞれ一九二〇年代末、一九四〇年代初めと推定される。この男性はイリーナさんの親戚、あるいは父親なのだろうか？　不明である。

イリーナさんは日本語を学びはじめた経緯を、亡くなる直前に出版された創作短篇集あとがきでくわしくものがたっている。それによると、インタビュー記事の談話で受け取られるような楽観的な状況ではとてもなかった。

戦争が始まった、と家族で声をひそめてラジオのニュースを聞いた。モスクワは短い間に姿を変えた。空襲警報のサイレンが鳴り、プーシキン広場に対戦車防御物があらわれ、お店のショーウィンドウも板戸や砂嚢でふさがれた。夕刻には銀色の防空気球が空にあがり、そのまわりで軍服を着た防空団の女性たちが任務にあたった。母親のタチヤーナ・マトヴェーエヴナは戦争勃発後まもなく病気で亡くなり、コロームナのソフホーズにいた父親のピョートル・アレクサーンドロヴィチも生活力がないうえに病弱で、モスクワから疎開しようにも頼りにならず、家も生活費もままならぬまま、やっとの思いで勉強をつづけた。

あるときトロイアを発見したシュリーマンのことを本で読んで、シュリーマンの独特な外国語学習法に興味を持ち、勢い込んで世界で一番難しいとされる日本語を学ぼうと、モスクワ東洋学院に入学した。

〈…〉日本語の難しさは多くの人たちが考えるように漢字にあるのではない、東洋の考え方が西洋のそれとまったく違っていることだ。理解しがたくても、感じとらなければならない。最初の一、二年は、いつも暗中模索しているかのようだった。
学生時代がとても楽しかったとは言えない。日本語の勉強に時間をすべて奪われていた。おそらく「生きた」日本人を私たちは目にしたことがなかったことにも、困難の一端があったのだろう。日本についてのイメージは、このうえなく漠としたものだった。[9]

イリーナさんが二年生のとき、戦争が終わった。

〈…〉五月八日から九日にかけての真夜中に、勝利を知ったときは衝撃を受けた。夜が明けてから友だちと赤の広場に出かけた。だれかが呼び出したわけでも催しを組織したわけでもまったくなかったのに、街の中心は——マネージ広場から赤の広場、ワシーリエフスキー・スプースク［聖ワシーリー寺院脇、モスクワ河岸に降りる下り坂］、そこに隣接する通りという通り、橋にいたるまで——ヒトまたヒトでごったがえしていた、私たちと同じく心のアピールに応えてやってきた群衆でいっぱいだった。知らないものどうしで抱擁し、接吻し合い、みな笑顔を浮かべていた。みなに一致した共通のよろこびがあった。[10]
同じ頃、モスクワ中心部の群衆の中を、次男のボリースを前線でなくしたチューコーフスキーの孤独な姿が見受けられた。眼は鉛を注がれたように濁り、なにも眼に入らない様子で、ポケットに両手を突っ込み、背をかがめて歩いていた。あんまりいたましいので、声をかけることすらできなかった。[11]

4

日本語学習の経緯について、イリーナさんが黙っていることがある。おそらく、いままで誰にも打ち明けたこともなかったのではないか？　イリーナさんが遺した古い手紙がいくつかある。ソ連に抑留されていた日本人捕虜からの手紙が出てきた。

日付は一九四八年八—九月、ロシア語のものと日本語のものがある。タタールスタン共和国、ヴォルガ河沿いのカザン市の西にゼレノドーリスク Зеленодольск という街があり、そこに少なくとも一九四八年六月から九月にかけて、日本人捕虜がドイツ人捕虜とともに収容されていた。その日本人捕虜からイリーナさんに宛てた手紙である。

「抑留者」というと、とかく私たちはイルクーツクやハバーロフスクなどシベリアの収容所のことを思い浮かべるが、極東から遙かに離れた場所にも日本人捕虜が収容されたラーゲリがあり、そこで強制労働させられていた。

ロシア語の手紙の署名は「ヨコヤマ・カネモリ」とあり、日付は一九四八年九月三十日。筆跡から判断するに、文法的な誤りが散見できるとはいえ、ずいぶん専門的にロシア語を勉強した人物らしく思われる。ロシア語の意味不明な箇所もそのままに、以下全文を引用する。


あなたがモスクワへお帰りになって、もう半月になります。いかがお過ごしでしょうか？　ここゼレノドーリスクは素晴らしい秋日和です。まもなくマロース［厳寒］が来ます。私たちになにも変わりはありません。わたしも元気で、毎日労働に出ています、もう労働にも慣れました。労働のあとはチェーホフのロシア語短篇を読んでいます。ロシア語を習うのはとてもおもしろい、わたしにはまだ難しいですが、平気です。おぼえていらっしゃいますか——「なによりもまず、人生ぜんたいをプリズムに通してみないといけない、つまり別の言い方をすると、そこに七つの要素があるということです。その一つ一つを別個に吟味してみる必要があるのです」［チェーホフ『いいなづけ』からの引用］。こころからあなたが立派な作家、ジャーナリストになることを願っております。今月二十九日［後述の水埜公治が、モスクワからお土産を受け取った日と同じ］にアレクセイ・トルストイの三部作『苦悩のなかを行く』を受け取りました。とてもうれしい。こういう喜びは第一級のものですね、あなたのご親切、忘れません。心からうれしく、お形見にこの本を読み上げようと思います。ほんとうにどうもありがとうございます。感謝の印にわたしからなにか差し上げられるものがあればいいのですが、あいにくなにもありません。かわりに、わたしの善意の心魂をあなたにお送りいたしましょう。いつか、きっと日本へいらしてくださいね。あなたがいらっしゃることをわたしはこころより待っています、日ソ友好の事業に賛同しております。最後にわたしからあなたに助言したく思います。勉強することはあなたの義務です、人類の喜びです。ご自分のためばかりでなくご自身の祖国のためにも勉強しなければいけませんよ。どうかお元気でお幸せに！　わたしのこと、あなたに日本語を教えた一日本人のことを忘れないでくださいね。「さようなら」とは言いますまい、また会う日まで、世界中のどこかでまたお目にかかりましょう！　そんな時代がきっとやってきます。あらためて、どうかごきげんよう、あなたに平和と自由のお誓いをします。

ヨコヤマ・カネモリより

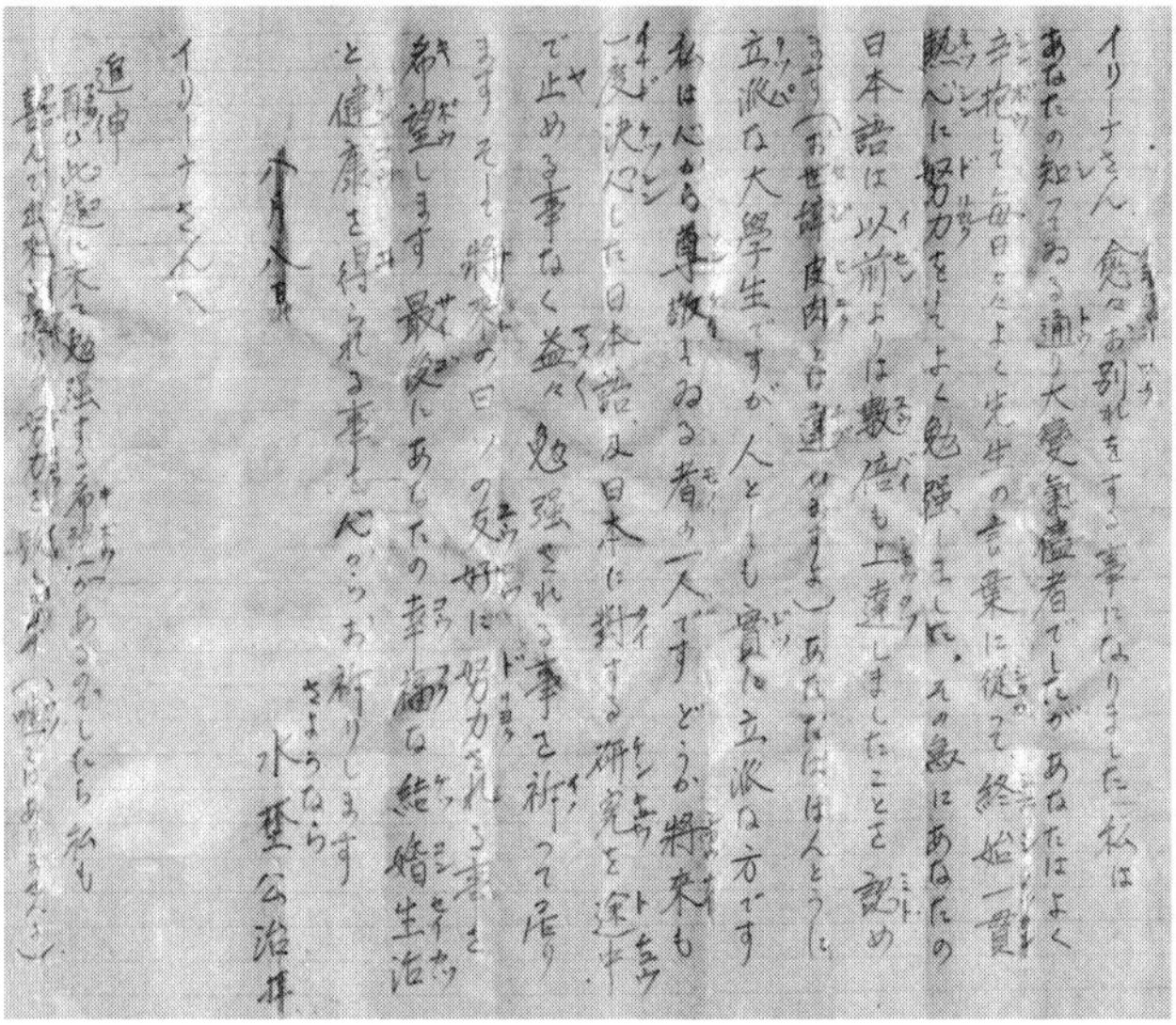
イリーナさん　愈々お別れをする事になりました　私は
あなたの知つてゐる通り大変気短者でしたがあなたはよく
辛抱して毎日よく先生の言葉に従つて終始一貫
熱心に努力をしてよく勉強しました。その為にあなたの
日本語は以前よりは数倍も上達しましたことを認め
ます（お世辞や皮肉とは違ひますよ）あなたはほんとうに
立派な大学生ですが人としても実に立派な方です
私は心から尊敬する者の一人です　どうか将来も
一度決心した日本語及日本に対する研究を途中
で止める事なく益々勉強される事を祈つて居り
ます　そして将来の日ソの親好に努力される事を
希望します　最後にあなたの幸福な結婚生活
と健康を得られる事を心からお祈りします
さようなら
八月八日　水埜公治拝
イリーナさんへ
追伸
暇の此処に来て勉強する希望があるのでしたら私も
喜んで出来る[illegible]

一九四八年、当時イリーナさんは、モスクワ東洋学院の五年生（ロシアの最高学年）であったはずである。ラーゲリで日本人捕虜にロシア語を教え、かつ生身の日本人から「生きた」日本語を習ったのだろうか？　イリーナさんは当時どうやらすでに作家かジャーナリストになることを決心していたらしい。それを日本語の「先生」に語り、また将来の日ソ友好・文化交流の夢を語ったのだろうか？　手紙の検閲があっただろうから、型どおりのことしか書かれていないのかもしれないとはいえ、このような印象は以下の日本語の手紙からも強められる。「水埜公治」という、どうやらインテリの将校だったらしい、非常に達筆の人物による手紙である。手紙は旧字体・仮名遣いで書かれ、一枚一枚丁寧に折りたたまれている。まず八月八日付けの手紙から引用する（現代仮名遣いに修正した）。
イリーナさん、愈々お別れをすることになりました。私はあなたの知っている通り大変気儘者でしたが、あなたはよく辛抱して毎日々々よく先生の言葉に従って終始一貫熱心に努力をしてよく勉強しました。その為にあなたの日本語は以前よりは数倍も上達しましたことを認めます（お世辞皮肉とは違いますよ）あなたはほんとうに立派な大学生ですが、人としても實に立派な方です。私は心から尊敬している者の一人です。どうか将来も一度決心した日本語、及日本に対する研究を途中で止める事なく益々勉強される事を祈って居ります。そして将来の日ソの友好に努力される事を希望します。最後にあなたの幸福な結婚生活と健康を得られることを心からお祈りします。

さようなら。

八月八日　　水埜公治拝

5

イリーナさんはどうやら複数の日本人捕虜から日本語の個人指導を受けていた様子である。日本との講和条約すら公には俎上になかった時代に、すでにロシアのラーゲリで「日ソの友好」という言葉が、たとえ当局由来の「宣伝」ではあれ捕虜の口から出ていたことに、正直、戸惑いと驚きを禁じ得ない。言うまでもなく日ソ国交が回復するのは一九五六年（手紙の八年後）、平和条約は結ばれないまま、今日に至っている。
イリーナさんはなんらかの理由で九月なかばまでラーゲリに居残った。九月十五日付けの手紙で水埜は彼女をどういうわけか「百合子さん」と呼びかけている。「イリーナ」というロシア語の音が日本語の「ユリ」の音を惹起したのか、若々しい女性を百合のように理想視したのか、わからない。万葉集の翻訳で知られるアンナ・グルースキナが「清水浪子」と名乗っていたことを思うと、イリーナさんたち日本語を習っている女子学生のあいだで日本名を名乗る習慣が、戦後のある時期まで残っていたのかもしれない。生き生きとした若さのためだろうか、イリーナさんは水埜に保護者的な気持ちはむろん、なにかしら抒情的とすら形容できる感銘を与えたようである。
百合子さん、お誕生日おめでとう。益々御健康を御祈り申します。次に突然ですが、ラポーター［ラボータ、労働のこと］

の人員が増加になり語学の先生も殆んど召集せられ、その為に折角の誕生日而も最後の御別れの大切な日なのに命令に依り私はラポーターに参ります。大変残念で仕方ありませんが御許し下さい。本は三冊御返し申します。午後三時前には帰って来ますから若し汽車の時間がありましたらまた御会いする事も出来ると思います。では左様なら。呉々も御体大切に。お父様によろしく。
九月十五日午後十一時　　　　公治拝

翌日の九月十六日がイリーナさんの誕生日であった。誕生日や父親のこと、自分の病気（肋膜を悪くしていた）のことなど、かなりプライベートなことまでイリーナさんは水埜に話した様子だ。手紙から判断するに、誕生日を区切りとして、翌十七日の午前中、イリーナさんはとうとうモスクワへ出発した。それまでに水埜はもう一通、イリーナさんに手紙を手渡した。こころの琴線に触れるかのような文面である。

〈…〉この手紙はモスコー迄は大変時間が長いのでその間にあなたに読んで貰う為に書くことにしたのです。百合子さん、愈々あなたとお別れせねばならない時が来ました。想い出せばあなたとお会いしたのは多分六月十日頃だったと思います。あの部屋で、あの姿で、あの帽子で、その時私はこのお嬢さんは大変美しいオシャレな人だと思いました。〈…〉その後私はここに住む様になり今日は九月の十七日です。丸三ヶ月の期間あなたと勉強したのです。その時間は勿論短い月日ですが、毎日の様に二人だけで勉強したのですから、次第々々に（だんだん）よい友達になり又あなたはいつも云う様に大変温しい優しい頭のよい努力のするそして先生の教えることをよく守る立派な生徒でした。私は今迄沢山の生徒を教えたことがあるのですが［教員をしていたのか？　達筆の英字を書く、英語の歌が好きだった様子］、あなたの様に熱心に、一生懸命に勉強した生徒はありませんでした。〈…〉この三ヶ月間よく勉強して呉れました。そのためあなたは大概のことは日本語で話せる様になり又聞き取れる様になったのです。今年のソ連邦の農業収穫率は百％を超過して居ると思いますが、あなたの収穫率は二百％三百％を超過して居る事と確信して居ります。それは十月に学校が始って会話の時間になれば、きっと教授は驚かれることと思います。その時に教授の知らない言葉を質問して教授を攻撃してはいけませんよ。〈…〉これが一生のお別れになるかも知れません、そんなことを思うとあなたとお別れする明日のことが何だか恐ろしい〈…〉ほんとうに恋人と永久の別れをする時の様な感じです。どうかどうか百合子さん、あなたの理想とされて居る立派な方と結婚されて一生を楽しく送って下さることを心の奥底より祈って居ります。〈…〉そして若し日本であなたとお会い出来る時があればその時には昔の話、私の教えた日本語で、而も私は俘虜ではなく思い切って楽しいお話を致しましょう。
さようなら。
あなたの先生　公治より
九月十六日夜
百合子さんへ

つづいて九月十七日から二十六日まで、水埜は「日本語教材」として「返事なき手紙」と題し、めんめんと自分の身辺を記している。「想えばカザンで初めて会ってから約三ヶ月間、時には喧嘩をし、叱りも誉めもし或は友達の様に仲好く、心配をする時には一緒に心配を又笑う時には一緒に笑って過した生活でした」（九月十七日）。日本人捕虜の日常の一端がうかがえるので、長くなるが以下に引用する。

あなたがモスコーに出発しましたのでこれで愈々語学の先生も失職してしまいました。昨夜ラポーターの人員を増加せよとの命令があり将校を除く全員は殆んど出動する様になりました。従って私の様に体位一級クラスの者はたとえ将校であっても毎日の様に働かなくてはならなくなりました。ところが下赤さんが二十三日ラポーターに出る様になりましたので律子さん［イリーナさん同様日本語を学ぶロシア人学生］の臨時の先生として私に行く様に命ぜられました。〈…〉今夜は月見、日本では月見と云って九月の満月（圓い月）の時には一年中の最も美しい月として観賞する習慣があります。〈…〉私は夕食後一人で表に出てこの一年に一回の月を見て大変感傷的な気持になりました。〈…〉今百合さんはモスコーに到着して地下鉄に乗って心はお父さんの許に走って居ることでせう等と思い乍ら。
（九月十八日）

今日はラーゲルの国際運動会の予定だったのですが、朝から雨が降って中止になりそうです。〈…〉然し天気が少し良くなって試合が開始されました。日本人は人数は少ないですが仲々頑張りました一〇〇〇米で藤本さんは最後の決勝点の前で雨のために足を滑らして転んだために二等になり遂にゲルマンに栄冠を取られましたが二、三、四、五等はヤポンスキーでした。（九月十九日）
今日も下赤さんの交代として律子さんに日本語を教えました。唯話をするだけで実に空虚なものです。あなたは今日色々のお友達と会った事でしょう。（九月二十日）
昨夜と同じ様に午後律子さんとの勉強です。矢張りあの部屋で。教えて居て時々これが百合さんだったらと思いますが、律子さんの大きい声でその夢は現実にかわります。あなたはほんとうに静かな声で、静かな表情で先生の言葉の一言一句一生懸命聞いて居ました。（九月二十一日）
今日から愈々ラポーター〈…〉若い人達と元気よく歌を歌い乍ら朗らかに労働者に転向、朝六時半には出発現地に着けば既に機械はグルグル廻って私達を待って居ます。機械と人間との競争。（九月二十二日）
今日のラポーターは「カパーチ」［穴掘り］横山さんだとか親しい友と仲よく根気よく同じ仕事を続けて居ます。〈…〉可愛い子供が今日も私の処に来て話をしますが、私は勿論何を云って居るのか解りません。時々抱いては昔を偲んで居りますが、私が抱いても決して泣かずに安心して抱かれて居ます。あなたの云う恐しい分室の俘虜だと云う事を知らずに（これは一寸皮肉ですね）。（九月二十三日）
作業中の日本人捕虜に子どもが話しかけてくる、しかも抱いても怖がらない、というのは意外なディテールだ。水埜は自分の子どもたちを思い出したのだろうか。
昨日一昨日の重ラポーターの為に今日は軆全体が傷いです。長い間美しいお嬢さんとお話をして居て労働をしなかった罰でしょう。〈…〉今日はラストボール（セメントヲネッタ土）の運搬です。これも仲々骨の折れる仕事です。〈…〉じっとして居ると寒いです。だって三階の練瓦の上に立って居るのですから。ターチカ（一輪車）を推して三、四回運搬して来ると温くなります。（九月二十四日）
どうやら住宅建設の作業をさせられていた様子である。
今日は休みの番に当りました。朝からゆっくりあなたへの手紙を書いて居ました処、炊事のジャガイモ（カルトーシカ）の皮をむく作業が臨時に出来ました。〈…〉午後六時の点呼の時でした。突然乾草運搬として五名を出せとの命令です。私は今日建築作業に出て居りませんので又々私の番です。〈…〉この作業は前に百合さんにお話したボルガの鉄橋の付近で船から乾草を運ぶ仕事です。今日は雨が降って道路は大変悪いその上晩のことですから外は暗くて歩くのに困難です。〈…〉私はふと疲れて鉄道線路の方を見るとカザンからの列車が今しも（丁度）鉄橋を渡ろうとして居ります。私はすぐあの列車だ、あなたを乗せてモスコーに行ったのはと直感し、ああそうだ今時間は九時だなと思い乍ら、その列車の窓の燈の列が見えなくなるまで茫然と見送るのでした。（九月二十五日）
友達等が君はいつも此の頃手紙をよく書いて居るが何を書いて居るのかと不思議に思って居ります。〈…〉私はこれは返事なき手紙でこれが最後の手紙になるのだから、尚日本語の練習書の積りで書いて居るのだと答えましたところ、どうだか知らないがあやしいぞ、恋文の様だよとひやかします。僕は即座（すぐにと云う意）に俘虜に恋なんかあるかい、熱心に勉強した彼女への贈物だ、僕には妻もあり子供も五人もあるのだよと大笑いしました」「私の日記もこれで終ります。〈…〉百合さんこの便りは読み完ったならば焼き捨てて下さい。勿論友達にも見せてはいけません。

それに翻訳もしてはいけません、禁じます。と云うのはあなたは将来小説家になるかも知れませんから。

（九月二十六日）

6

日本人将校・水埜公治の手紙をイリーナさんのアーカイヴに私が見いだしたのは、二〇一七年三月のことである。当初はいったいこの人物がどういう経歴の持ち主なのか、皆目見当もつかなかった。万が一シベリア抑留者の名簿に名前がないか「全国強制抑留者協会」に問い合わせたが、なにもわからなかった。ところが、七月にふと思いついて中国帰還者の名簿に水埜公治の名前がないか「ＮＰＯ中帰連平和記念館」事務局に問い合わせたところ、同姓同名の人物の住所が見つかった。イリーナさん宛手紙全文のコピーを同封し、その住所へ手紙を書いたところ、八月六日の広島原爆の日、水埜公治の孫にあたる方から返事をいただいた。本人は平成八（一九九六）年五月に他界している。

水埜公治は満洲の第一二六師団砲兵一二六連隊二大隊所属の少尉であった。[12] 一九一一年十一月十三日、大阪市南区三津寺町に生まれた。父・與兵衛は大阪市議会議員を務めていた。イリーナさん宛の手紙にうかがえる（英語の歌を口ずさむ）ように、かなり裕福な家庭に育ったらしい。箕面市に転居後、昭和七（一九三二）年、大阪外国語学校蒙古語部を卒業、私に返事をくださった孫にあたる方の記憶では、少し中国語を話した。昭和十一（一九三六）年、広島出身の女性と結婚、男二人・女三人の五人の子ども（ほかに長女がいたが、誕生後満洲で逝去）に恵まれた。満洲に渡ったのがいつ頃なのか不明だが、おおかた結婚と同時に大陸へ向かったのだろう。

日本が無条件降伏を受け入れた頃、水埜は敗戦を知らず、一九四五年の八月二十七日までソ連軍相手に牡丹江付近で交戦していた。


投降して牡丹江の収容所に収容され、広島に大きな爆弾が落ちて全滅したという話を聞きました。広島には家内と子ども五人を残してきましたが、おそらくダメだろう。親戚もたぶんダメだろうと考え、帰ってもしかたがないという気持ちになりました。[13]

妻と子ども五人の消息について、家族全員原爆で全滅したわけではなかった。実際は、三人の女児は満洲からの引き揚げに際して死没、男児二人のうち長男は引き揚げ半年後に広島で病没した。[14]現在も存命なのは次男一人で、私に連絡をくださった方はその次男の子どもである。三人の孫がいる。
牡丹江の収容所から、いつヴォルガ河畔のゼレノドーリスクまで連れてこられたのかは不明である。いずれにしても一九四八年六─九月には、ゼレノドーリスクのラーゲリで強制労働に従事していた。それが中華人民共和国の誕生にともない一九五〇年七月、日本人捕虜九百六十九名がスターリンから毛沢東へ「贈られる」ことになり、遼寧省・撫順の収容所に移管された。[15]「日本侵華戦争罪犯名冊」によれば、水埜は一九五六年七月十八日に不起訴釈放されている。[16]帰国後、妻の実家の広島佐伯郡に身を寄せ、養鶏業を営んだ。次男の大学卒業にあわせて養鶏業はやめ、撫順時代の仲間の会社に勤め、やがて退職した。[17]晩年の生活は安定していたが、広島の学生たち相手の平和教育活動や、中国帰還者連絡会の活動に熱心に取り組んだ。[18]
孫の一人（次女）の方から、祖父がロシア民謡を懐かしげに歌っていた記憶があると教えていただいた。孫三人のうち長男の方によると、たまたま仕事でソ連へ出かける孫に対し、祖父は「モスクワ近くの収容所で若くて綺麗なロシア人女性に日本語を教えて文通をしていたことがある。ソ連は憎いがロシア人個人は好きだ」と話した。「イリーナ」という名前を聞いた記憶はないけれども、「百合さん」という名前を聞いた記憶がかすかにある。収容された地名は聞いていないが、「モスクワの近く」まで貨車に乗せられ、連れていかれたと聞いた、生活は過酷でとても寒かった。水埜はピアノも少し弾けた。うまくはないが、ちゃんと曲になっていた。ピアノを弾くようになったのは、おそらく退職後のことではなかったか。[19]
ここまで細部が符合（ゼレノドーリスクが「モスクワの近く」とは言えないにせよ）すると、状況的にはイリーナさんと文通していた水埜公治と、中国帰還者の水埜公治は同一人物のようだ。そう頻繁に見かける姓名でもないので、ほぼ間違いないだろう。
念のため、孫の方に水埜公治晩年の肉筆書簡を見せていただき、筆跡を確かめた。右がイリーナさんに宛てた一九四

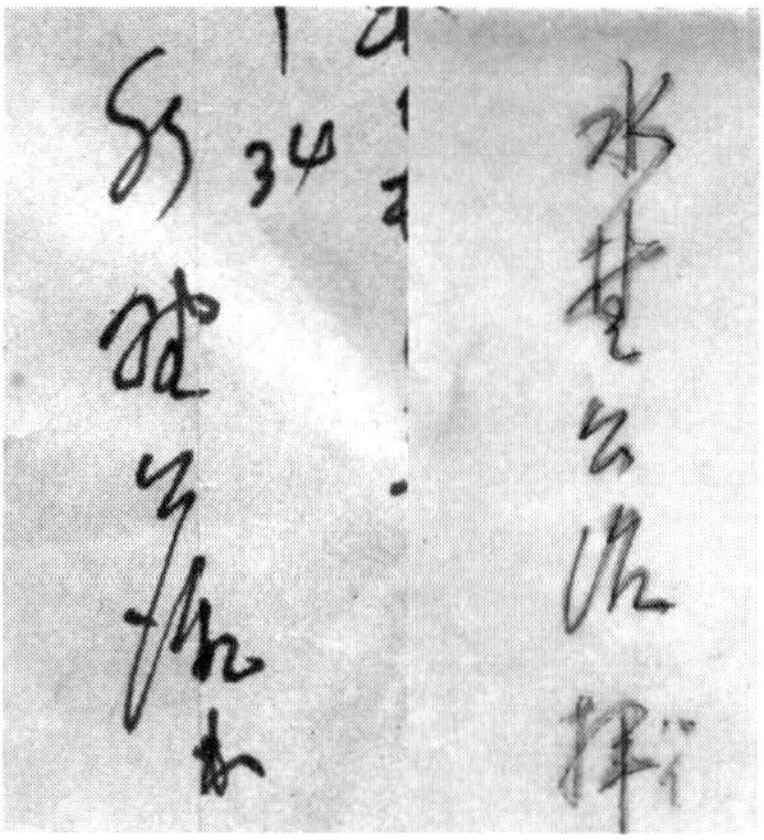

八年九月現在、三十七歳当時の水埜の筆跡、左は一九九三年十二月現在、八十二歳の水埜の筆跡である。四十五年もの歳月により「水埜」の字体は崩れてしまったが、「公治」の筆跡はみごとに一致した。

7

以上、水埜のたどった生涯を念頭に置いて、イリーナさんが六十年以上ものあいだ、手元に保管していた水埜の古い手紙を再読すると、文面とはべつの「音声」、手紙のテクストの「倍音」が聞こえてくるような気がする。

イリーナさんは一九四八年の六月半ばから九月半ばまでの三ヶ月間、ヴォルガ河畔のラーゲリで日本人俘虜から日本語の個人授業を受けていた。日本語ネイティヴのいない当時のモスクワで、自ら志願したのか当局から派遣されたのかは不明だが、イリーナさんのほかモスクワ東洋学院で日本語を勉強する学生たちは、日本人捕虜から個人教授でプラクティカルな日本語を習ったわけである。そのことについてイリーナさんは、逝去する直前の創作短篇集あとがきでも触れていない。手紙が存在しなければ、これについて私たちが知ることもなかった。逆に言えば、いずれ後世の私たちが知ることを意図して、焼き捨てるようにと指示されたにもかかわらず、イリーナさんは日本人捕虜の手紙を亡くなるまで手元に残していたのだろうか？

幾重にも、疑問に疑問が重なるばかりである。

一九四八年九月二十九日、水埜はモスクワのイリーナさんから手紙を受け取ったようで、その返事をしたためている。おそらくイリーナさんは日本語で手紙を書いたのだろう、水埜は「間違って居るところは餘りありません。よく意味は解りましたから安心して下さい」と太鼓判を押している。

水埜は、イリーナさんの「女の先生」によろしくと述べている。おそらくそれは、イリーナさんの手元に残された写真から判断するに、ヴェーラ・マールコワのことだろう。モスクワに帰ってからイリーナさんはその先生宅を訪問し、イリーナさんの日本語が格段に上達していたからだろう、彼女に日本語を教えた水埜のことをその女の先生が誉

北氷洋（ムルマンスクか？）を背景に

イリーナさんと森瀧市郎（1965年4月、モスクワ）

めたというのだ。

仮にその先生がじっさいにマールコワであるならば、イリーナさんから聞いた水埜の日本語教育の話から、一九二〇年代末から三〇年代にかけてのレニングラードで自身が日本語を習った鳴海完造のことがまざまざとマールコワの脳裏に浮かんだはずだ——「敬愛するマルコワさん、私はレニングラード大学であなたといっしょに日本語を勉強した鳴海です。忘れずに覚えておいででしょうか」[20]。マールコワと鳴海の文通が始まるのは「雪どけ」の頃だから、この手紙からようやく九年も経ってから（一九五七年三月四日）のことだ。

イリーナさんは水埜に「御土産としてモスコーの写真とチャイコフスキーの楽符と誕生日の贈り物」を送った。「モスコーの写真、日本へのお土産として子供達にも見せましょう。それから楽符は日本でピアノをひくことにしましょう」。水埜はさしずめ「新しき星菫派」よろしく、音楽にも通じていたようである。晩年の、ピアノを弾く水埜の姿が目に浮かぶ。


〈…〉白菊について書くのを忘れました。一番大切なことです。あの白菊を洋服にさしてモスコーに帰られたのですもの。洋服にとてもよく似合って居ました。今でも眼の前に浮び出て来ます。私も百合さんが立派な人になって日本で若しお会いする時があれば白菊を必らず思い出すことでしょう。

生前、イリーナさんは何度か広島を訪問した。水埜と再会したかは不明である。とはいえ、古い手紙をいつまでも保管していたことから察するに、イリーナさん自身は日本人捕虜のことを終生忘れてはいなかった。おそらく、それが彼女の日ソ文化交流の仕事を支える礎だったのだろうと想像される。

一九五六年、日ソの国交が回復し、イリーナさんに活躍の機会がようやくまわってきた。それまではせっかく日本語を習いながらも、得られた語学能力を実地に生かす舞台がなかったのだ。

イリーナさんはまず新聞『イズヴェースチヤ』の外信部で働きはじめた。遠くノリリスクやディクソンなど、探検家よろしく、北氷洋やアムール河沿岸にまで出かけた。日本とはもうなんの縁もないように思われていた矢先、日本とソ連の文化交流がはじまり、『ソビエト婦人』『ソヴェート文学』とイリーナさんはキャリアを重ねることになった。その後のイリーナさんの活躍は、本書でほんの一端を見たとおりである。

だが、あるとき気がつくと、日本研究の仕事が続けられなくなってしまっていた。まるで足下から床が抜けてしまったかのようで、なにも手がつかなくなってしまった。戦争中、十八歳だった頃と同様、不眠が続いた。病気になったか、大切なヒトをなくしたのか。あるいは、ソ連という国がこの世から消えたことを言っているのか。

イリーナさんの遺著となった創作短篇集に「アンドレイを通り過ぎて Мимо Андрея」という小品が収録されている。ダーチャのならぶ郊外に、金属音を軋らせて電車が走る。停車場へ向かう道のわきに、機関銃を抱えた兵士の像が立っている。昼も夜も、夏も冬も、その兵士は立っている。住人は停車場の行き帰りに兵士の前を通り過ぎる。立ち続けてもう二十余年、兵士はいつしか風景の一部になり、住人もすっかり見慣れてしまった。時折、学校の先生と子どもたちが、花束を足もとに置いていった。兵士はまたも一人になった。雲は流れ、近くでは川が流れ、時間も流れた。兵士の碑銘もすり切れて、「А」という文字しか見えない。

「わたし」は小学校三年生のときに、兵士は「アンドレイ」だということにした。アンドレイはあるときは『戦争と平和』のボルコンスキー公爵に、あるときにはエース・パイロットのチカーロフにも似ていた。かれは同じ中庭で育った幼なじみ、ピオネール班長で北洋航路開拓員、極地のパイロットだった。毎日かれをめぐって色々なつづきものの物語を考えた。物語は読んだ本（ソ連児童書を想起されたい）によって変わったけれど、アンドレイは物語のなかでも、アンドレイのまま変わらなかった、いつもいちばんに素敵で勇敢なアンドレイだった。
この碑の前を通り過ぎるとき、「わたし」はつい足をゆるめる。巨大なブーツを履き、揺るぎなく大地を踏みしめているこの碑に生きた人間を、わたしのあのアンドレイを想像することはもうどうしてもできないのだ。結局わたしたちはアンドレイと出会うことはなかった。だから他のヒトたちも通りすがりに、ここに、重々しいブーツの下に誰かの生命と、誰かの愛が埋められているのだと思い出すこともない。もし思い出すとしても、それは年老いた母親たちと、孤独のままに終わったわたしたちだけなのだろう。[21]

物理的な文書はヒトの過去を映し出す。たとえわずかでも、ヒトの残した生命の痕跡を残している。電子化したところで物理的な文書に残されている生命の痕跡、においや肌触り、インクの濃淡、シミや汚れまでは伝わらない。イリーナさんがなにを思っていたのか、私たちにはもうわからない。私たちにできることは、イリーナさんの残した文書から彼女の生きた姿を補完し、彼女の感じたコトバ（それはすなわち、彼女が出会って生きてきた、いろいろな人たちのコトバにほかならない）を、その「倍音」と「反響」を甦らせることだ。私はそのように考えている。

注
1　二〇一七年四月二日付け、百瀬由利氏より太田宛私信。
2　『東京朝日新聞』大正十四（一九二五）年九月五日、二面。九月八日、三面。
3　国立公文書館アジア歴史資料センター <https://www.digital.archives.go.jp/das/image/M0000000000000047341>（参照・二〇一九年十一月十日）
4　*Громов М.М.* На земле и в небе. *Жуковский*, 1999. С.227-241.
5　木村秀政『わがヒコーキ人生』日本経済新聞社、一九七二年、一九五―一九六頁。
6　ミハイル・グロモフ「モスクワ＝東京間のさいしょの飛行」『今日のソ連邦』第一六号（一九六七年八月十五日）、四二―四三頁。グローモフの長女ソーフィヤさんと二〇一九年九月十七日に、地下鉄駅「バリカードナヤ」から出てすぐにそびえる「スターリン様式」の高層アパートにあるグローモフ宅で面会した。日本の思い出をお父様が口にしたことはなかったか、という私の質問にソーフィヤさんは、グローモフは晩婚で、わたしはグローモフが五十歳になってから生まれたので、とくに父から直接日本をめぐる思い出を聞いたことはありません。日本政府から授与された銀杯も、どこかにいまもあるのでしょうが、わたしは見たことがありません。父はわたしに音楽を学ばせてくれました、なかばプロに近いところまで行ったけれど、やめてしまった。父は乗馬が大好きでした……。グローモフが絵画に取り組んでいたことが、アパートの調度でわかった。ソーフィヤさんは、現在グローモフの博物館を計画中である。

7　『日本経済新聞』昭和四十六年五月五日、二十面。
8　*Конрад Н.И.* Краткий очерк грамматики японского разговорного языка. Л., 1935; О государственной латинице в Японии. М., 1945.
9　*Кожевникова Ирина.* Моя подруга яблоня. М., 2010. С.153.
10　Там же. С.154.
11　*Благинина Елена.* Он был целой страной // Воспоминания о Корнее Чуковском. М., 1983. С.167.
12　『帰ってきた戦犯たちの後半生　中国帰還者連絡会の四〇年』新風書房、一九九六年、［九九］頁。
13　「十五年戦争と広島・座談会」『平和教育研究』第一三号（一九八五年）、五二頁。
14　『転落と再生の軌跡　中国戦犯は如何に生きてきたか』シンセイアート、二〇〇三年、四三九頁。
15　大澤武司『毛沢東の対日戦犯裁判　中国共産党の思惑と一五二六名の日本人』中公新書、二〇一六年。
16　『帰ってきた戦犯たちの後半生　中国帰還者連絡会の四〇年』［七六］頁、［九九］頁。
17　『転落と再生の軌跡　中国戦犯は如何に生きてきたか』四三九頁。
18　二〇一七年八月十一日付け、水埜公喜氏より太田宛私信。
19　二〇一七年十月七日付け、水埜公喜氏より太田宛私信。
20　太田丈太郎『「ロシア・モダニズム」を生きる　日本とロシア、コトバとヒトのネットワーク』成文社、二〇一四年、三六九―三七〇頁。
21　*Кожевникова Ирина.* Моя подруга яблоня. С.17-18.

あとがき

イリーナ・コジェーヴニコワについては以上である。それなりに、彼女の生きた生涯とその環境、そして彼女の関わったコトバの数々が、不分明の箇所も多いとはいえ、あぶり出しの絵のように浮かびあがったものと期待する。

二〇一五年秋にイリーナさんの文書と初めて関わって以来、私自身の生きる姿勢、ものの見え方、考え方もずいぶん変わった。死んだ文書から「ヴォイス」を聞き取ることの意味がわかってきた。もう以前のようには生きられなくなった。大きな地震もあった。

彼女の遺したブブノワの文書に関わりだしたことから、まるきり美術の専門家でもないのに、この四年間でブブノワについて五度もロシアで講演することになった。プーシキンはもとよりブブノワにもゆかりの深いトヴェーリ州ベルノーヴォにも出向いた。スターリッツァや、トルジョークなど、トヴェーリ州の風景が私の一部になりつつある。ハールジエフのブブノワ宛書簡原本と関わったことで、自分からはたらきかけたわけでも毛頭ないのに、ハールジエフのアーカイヴをめぐって重要な出版物が刊行され、展覧会も開かれた。その出版物に、こんどは自分も参加することになった。「青年同盟」展に立ち会うこともできた。すべては偶然のたまものである。

偶然ばかりでない。意識して取り組んだことも数多い。イリーナさんの文書と遭遇してこの四年間、チュコーフスキーを誰よりも愛し、その著作を読んでなつかしむばかりか、モスクワのかれのアーカイヴに通じるようになった。ペレジェールキノのかれの家で、ロシアの聴衆に話をすることを夢見た。チュコーフスキーの家が、いまやなくてはならない自分の場所になった。

児童書でのマルシャークはもとより、ゴーリキーの巨大な存在が地平線に見えてきた。ブロークやベールイなど象徴派や、モダニズムの作家だけでは絶対に掴みとれないロシア文学の間口の広さ、ロシア語の旺盛な活力と自在さを体得しつつある。

初出一覧を以下に示す。


第一章「イリーナさんのアーカイヴ」

「イリーナ・コジェーヴニコワのアーカイヴについて」『海外事情研究』第四五巻（通巻九〇号・二〇一八年三月）、熊本学園大学付属海外事情研究所、二五―四六頁。

この前半に訂正・加筆した。

第二章「ブブノワとシェープキナ――実現しなかった帰国の夢」

「モスクワで発見されたブブノワ書簡について」『ロシア語ロシア文学研究』第五〇号（二〇一八年）、日本ロシア文学会、一二七―一四六頁。

思い違いがあったので訂正し、加筆した。

第三章「米川正夫のワルワーラ・ブブノワ宛書簡」

「米川正夫のブブノワ宛書簡」『異郷に生きるVI　来日ロシア人の足跡』成文社、二〇一六年、二四三―二五四頁。

訂正・加筆をほどこした。

第四章「ハールジエフとブブノワの往復書簡――「青年同盟」をめぐって」

「ニコライ・ハールジエフ、ワルワーラ・ブブノワ未発表往復書簡について」『海外事情研究』第四六巻（通巻九一号・二〇一九年三月）、熊本学園大学付属海外事情研究所、一―二六頁。

リアルタイムの状況に即して、大幅に訂正・加筆をほどこした。

第五章「チュコーフスキーとの再会――日ソ児童文学をめぐる断片」

書き下ろし。

第六章「島尾敏雄の「雪どけ」――モスクワ、一九六五年秋」

書き下ろし。

第七章「イリーナ・コジェーヴニコワのアーカイヴについて」『海外事情研究』第四五巻（通巻九〇号・二〇一八年三月）、熊本学園大学付属海外事情研究所、二五―四六頁。

この後半に訂正・加筆した。


ご覧の通り、本書の半分以上は書き下ろしの記事である。


本書執筆にあたっては、勤務先の熊本学園大学付属海外事情研究所の叢書の一部として刊行の機会をいただいたことが大きい。前著と同様、成文社の南里功さんからは、出版のお声をかけていただき、本当に感謝している。

イリーナさんの文書をめぐっては、多くの方から支援を受けた。

まず、モスクワの私の大親友ヴァレーラ・ザラトゥーヒンさん、幕張でかれが私に向けたなにげない質問から、コジェーヴニコワ文書へのアクセスが開いた。それはおそらく、いったん開くと閉じることのできない「パンドラの箱」だったのかもしれない。開かない方が良かったのかもしれない。とはいえ、いずれ誰かが開かなければならない箱だった。ヴァレーラには普段より、演劇はもちろんソ連児童書について教えてもらっている。ソ連空軍のエース・パイロット、ミハイル・グローモフの長女ソーフィヤさんと知り合うことができたのも、ほかならぬヴァレーラのおかげだった。幸運は友人を通じてやってくる。

沼辺信一さんには、ソ連児童書以外にも、つねづね私の書きものについて的確で、正鵠を射たご指摘とご批評をいただき、心より感謝している。平井博の版画荘とソ連児童書との関わり、それを仲介することになった中山省三郎について、沼辺さんのご指南がなければ、とてもにわか仕込みで得られる知見ではない。沼辺さんの慧眼に感服している。

いぬいとみこの写真と資料については、東京・練馬区でいぬいの「ムーシカ文庫」を受け継ぐ「ロールパン文庫」を運営する小松原宏子さんに目を通していただいた。また、田中穣二さんからは、田中かな子由来の古い文書を拝借した。死蔵されていた文書が息を吹き返すのを待たずに、田中さんが他界したのは残念でならない。高山敦子さんは前著以来、毎度じつに丁寧に私の書きものを読んでくださり、とりわけ日本の児童文学に縁遠い私には、高山さんのコメントはたいへんに有益だった。

アレクサンドル・ロゾヴォーイさんには、二〇一七年「ベールイの家博物館」でのブブノワ小展覧会で知り合って以来、ひじょうに良くしていただいている。ブブノワの小展覧会が開催される度に、講演者として毎度私を主催者に紹介してくださっているのはロゾヴォーイさんにほかならない。生前のブブノワもコジェーヴニコワも知らない私にとって、ロゾヴォーイさんとの談話がなにより最重要の情報源であり続けている。いずれかれを訪ねて、スフミにも出かけてみたい。

ほかにも次の方々に、イリーナさんとその文書をめぐって協力と、貴重な証言をいただいた（五〇音順）――岩浅武久さん、小野有五さん、島尾伸三さん、田中泰子さん、水埜公喜さん、宮本立江さん、百瀬由利さん、安井亮平さん、吉村弥依子さん（かごしま近代文学館・メルヘン館）、米川哲夫さん、渡邉由美さん。そして、私をかわらず応援してくれるモーニカ、ミーシャ、レーナ、ヴァロージャ、オーリャたち、モスクワの仲間、大親友たち。

つつしんで、ここにあつく御礼申し上げる。


本書を執筆しながら、私が東京外国語大学でロシア語を教わった先生方のことが思われてならなかった。とりわけ、原卓也のことがしのばれてならなかった。生前に、どうしてもっとコジェーヴニコワのことはむろん、ブブノワや島尾敏雄（エフトゥシェンコ相手にユイスラ二節を島尾が歌ったその場に原は居合わせたのだ）のことを聞かなかったのだろうか？　池田健太郎や中里迪弥のことも？　間近に聞く機会はあんなにたくさんあったのに、なぜなのか？　すべて学生ゆえの無知と、惰性のせいにしか思われない。気づいたときは、いつもすでに遅いのだ。

原卓也先生の思い出に、本書を捧げることにしたい。富士見台のお宅を辞去した際に、冬の夕暮れ、振り返って仰いだお姿が、昨日のように記憶に焼き付いている。あれが最後となった。

二〇一九年十一月十五日

五十四歳を迎えた日に
太田 丈太郎

人名索引

あ

か

さ

た

な

は

ま

や

ら

わ

著者紹介

太田　丈太郎（おおた　じょうたろう）

1965年、千葉県松戸市生まれ。

東京外国語大学外国語学部ロシア語科卒業。

東京外国語大学大学院外国語学研究科スラブ系言語専攻修士課程修了。

東京大学大学院人文科学研究科博士課程露語露文学専攻中退。

現在、熊本学園大学商学部教授。

専門は20世紀ロシア文学・ロシア文化研究。

著書に『「ロシア・モダニズム」を生きる――日本とロシア、コトバとヒトのネットワーク』成文社、2014年など。

イリーナさんというひと――ソ連という時間をさがして
2020年3月26日　初版第1刷発行
著　者　太田丈太郎
装幀者　山 田 英 春
発行者　南 里　 功
発行所　成　文　社
〒258-0026 神奈川県開成町延沢580-1-101
電話 0465 (87) 5571
振替 00110-5-363630
http://www.seibunsha.net/
落丁・乱丁はお取替えします
組版　編集工房 dos.
印刷・製本　シナノ

Printed in Japan
ISBN978-4-86520-048-5 C0022

歴史
太田丈太郎著
「ロシア・モダニズム」を生きる
日本とロシア、コトバとヒトのネットワーク
A5判上製
424頁
5000円
978-4-86520-009-6
一九〇〇年代から三〇年代まで、日本とロシアで交わされた、そのネットワークに迫る。個々のヒトの、作品やコトバの関わり、その彩りゆたかなネットワーク。それらを本邦初公開の資料を使って鮮やかに蘇らせる。掘り起こされる日露交流新史。　２０１４

歴史
長縄光男、沢田和彦編
異郷に生きる
来日ロシア人の足跡
A5判上製
274頁
2800円
978-4-915730-29-0
日本にやって来たロシア人たち――その消息の多くは知られていない。かれらは、文学、思想、芸術の分野だけでなく、日常生活の次元において、いかなる痕跡をとどめているのか。数奇な運命を辿った人びとの足跡を追うとともに、かれらが見た日本を浮かび上がらせる。　２００１

歴史
中村喜和、長縄光男、長與進編
異郷に生きるII
来日ロシア人の足跡
A5判上製
274頁
2800円
978-4-915730-38-2
数奇な運命を辿ったロシアの人びとの足跡。それは、時代に翻弄されながらも、人としてしたたかに、そして豊かに生きた記録でもある。日本とロシアの草の根における人と人との交流の跡を辿ることで、異郷としての日本をも浮かび上がらせる。好評の第二弾――　２００３

歴史
中村喜和、安井亮平、長縄光男、長與進編
遥かなり、わが故郷
異郷に生きるIII
A5判上製
294頁
3000円
978-4-915730-48-1
鎖国時代の日本にやってきたロシアの人や文化。開国後に赴任したペテルブルクで榎本武揚が見たもの。大陸や半島、島嶼で出会うことになる日露の人々と文化の交流。日本とロシアのあいだで交わされた跡を辿ることで、日露交流を多面的に描き出す、好評の第三弾――　２００５

歴史
中村喜和、長縄光男、ポダルコ・ピョートル編
異郷に生きるIV
来日ロシア人の足跡
A5判上製
250頁
2600円
978-4-915730-69-6
ポーランド、東シベリア、ウラジヴォストーク、北朝鮮、南米、北米。ロシア、函館、東京、ソ連、そしてキューバ。時代に翻弄され、数奇な運命を辿ることになったロシアの人びと。さまざまな地域、時代における日露交流の記録を掘り起こして好評のシリーズ第四弾――　２００８

歴史
中村喜和、長縄光男、ポダルコ・ピョートル編
異郷に生きるV
来日ロシア人の足跡
A5判上製
368頁
3600円
978-4-915730-80-1
幕末の開港とともにやって来て発展したロシア正教会。日露協商、ロシア革命、大陸での日ソの対峙、そして戦後。その間にも多様な形で続けられてきた交流の歴史。さまざまな地域、時期における日露交流の記録を掘り起こして好評のシリーズ第五弾――　２０１０

歴史
中村喜和、長縄光男、沢田和彦、ポダルコ・ピョートル編
異郷に生きるVI
来日ロシア人の足跡
A5判上製
368頁
3600円
978-4-86520-022-5
近代の歴史の中で、ともすれば反目しがちであった日本とロシア。時代の激浪に流され苦難の道を辿ることになったロシアの人々を暖かく迎え入れた日本の人々。さまざまな地域、さまざまな時期における日露交流の記憶を掘り起こす好評のシリーズ、最新の論集――　２０１６

価格は全て本体価格です。